Julia Hänni

Rechtsphilosophie

D1671079

Julia Hänni

Prof. Dr. iur., Richterin am Schweizerischen Bundesgericht, Lausanne,
Honorarprofessorin an der Universität St. Gallen

Rechtsphilosophie

IN A NUTSHELL

2. Auflage

Bibliografische Information der Deutschen Nationalbibliothek

Die Deutsche Nationalbibliothek verzeichnet diese Publikation in der Deutschen Nationalbibliografie; detaillierte bibliografische Daten sind im Internet über http://dnb.dnb.de abrufbar.

© 2025 Dike Verlag AG, Zürich/St. Gallen

ISBN 978-3-03891-688-8 (Dike Verlag AG, Zürich/St. Gallen)
ISBN 978-3-406-82705-1 (C.H.Beck, München)

Dike Verlag AG · Weinbergstrasse 41 · 8006 Zürich
www.dike.ch · info@dike.ch

«Hier konnte niemand sonst Einlaß erhalten,
denn dieser Eingang war nur für dich bestimmt.
Ich gehe jetzt und schließe ihn».

Franz Kafka, Vor dem Gesetz

Vorwort zur zweiten Auflage und Dank

Ich freue mich, die zweite Auflage der *Rechtsphilosophie – in a nutshell* vorlegen zu können. Sie umfasst Aktualisierungen und punktuelle inhaltliche Vertiefungen. Diese betreffen insbesondere die Vorsokratiker, den Epikureismus und Hedonismus, den Neuplatonismus, die politische Philosophie Kants sowie die Postmoderne.

Für die Neubearbeitung danke ich für die wertvolle Unterstützung von MLaw Mattia Brugger, M.A. et MLaw HSG Gregory Aloisi, Dr. Stefan Györke, Fürsprecher Andreas Feller und für Vorschläge in einer frühen Phase Dr. Leonie Riemenschnitter. Ebenso danke ich Frau lic. iur. Elisabeth Tribaldos, Dr. Nevin Bucher und Herrn Markus Ernst vom Dike Verlag für die sehr gute Zusammenarbeit.

Lausanne, im September 2024   Julia Hänni

Vorwort zur ersten Auflage und Dank

Für die Entstehung dieser Schrift bin ich verschiedenen Personen zu Dank verpflichtet. Dazu gehören meine Assistierenden BLaw Frédéric Barth, MLaw Leonie Riemenschnitter, MLaw Lukas Meyer und MLaw Stefanie Hug. Frau Sandra Schnyder bin ich für die Transkription der mündlichen Aufnahmen sehr dankbar. Sodann haben Studierende der Universität St. Gallen, Ralph Horat, Noah Mazenauer, Madeleine Noël, tatkräftig bei der Bereinigung der Texte mitgeholfen. Ein besonderer Dank für wertvolle Anregungen geht an Dr. med. Stefan Györke, Fürsprecher Andreas Feller, Prof. Dr. Dr. h.c. mult. Alois M. Haas und Bundesrichter Dr. Andreas Zünd.

Die Recherchen zur nordamerikanischen Rechtsphilosophie sind in den USA an der Yale University, New Haven, durchgeführt worden, jene zur asiatischen Rechtsphilosophie in Indonesien, am National Hindu Dharma Institute, Denpasar. Beiden Universitäten danke ich für die Gastfreundschaft und die Forschungsmöglichkeiten.

Dem Dike Verlag, Zürich, insbesondere der Programmleiterin Dorothea Schöll und der Herstellungsleiterin Caroline Mendelin, danke ich für die vorzügliche Zusammenarbeit.

Luzern, im Mai 2019   Julia Hänni

Inhaltsverzeichnis

Inhaltsverzeichnis

Inhaltsverzeichnis

Abkürzungsverzeichnis

Abs.	Absatz
Apol.	Apologie des Sokrates (Dialog von Platon)
Art.	Artikel
Aufl.	Auflage
BGE	Urteil des Schweizerischen Bundesgerichts (Amtliche Sammlung)
BGG	Bundesgesetz über das Bundesgericht vom 17. Juni 2005; SR 173.110 (Prozessgesetz des obersten Schweizerischen Gerichts)
BGr.	Unpubliziertes Urteil des Schweizerischen Bundesgerichts
Bd.	Band
Bde.	Bände
BV	Bundesverfassung der Schweizerischen Eidgenossenschaft vom 18. April 1999 (SR 101)
BVerfGE	Entscheidungen des Bundesverfassungsgerichts Deutschland
bzw.	beziehungsweise
ca.	circa
Cels.	Contra Celsum (Streitschrift von Origenes gegen Kelsos)
Civ.	De cive (Werk von Thomas Hobbes)
co.	corpus articuli, der «Hauptteil» eines Artikels
Comm. in Cant.	Kommentar zum Hohenlied (Werk von Origenes)
Comm. in Io.	Kommentar zum Johannesevangelium (Werk von Origenes)
Comm. in Mt.	Kommentar zum Matthäusevangelium (Werk von Origenes)

Conf.	Confessiones (autobiographisches Werk von Augustinus)
c. Pelag.	Schriften gegen die Pelagianer (Schrift von Augustinus)
d.h.	das heisst
DE	Dits et écrits (Schriftensammlung von Michel Foucault)
De anim.	De anima (Schrift von Aristoteles)
De offic.	Von den Pflichten (Werk von Cicero)
Diog. L.	Diogenes Laërtios (antiker Doxograph)
DK	Diels-Kranz; Hermann Diels und Walther Kranz gaben 1903 das Werk «Die Fragmente der Vorsokratiker» heraus, in welchem sie Lehrmeinungen griechischer und römischer Autoren veröffentlichten. Nach dieser Ausgabe werden Quellen mit DK als Abkürzung für Diels-Kranz, einer dem Autor zugewiesenen Ziffer, der Bezeichnung des Abschnitts sowie der Nummer des Fragments zitiert (z.B. DK 11 A 12).
dt.	deutsche/r
EGMR	Europäischer Gerichtshof für Menschenrechte
EMRK	Konvention zum Schutz der Menschenrechte und Grundfreiheiten vom 4. November 1950 (SR 0.101)
Enn.	Enneaden (gesammelte Werke von Plotin; Hrsg. Porphyrios)
Epist.	Epistulae morales (Briefe über Ethik verfasst von Seneca)
etc.	et cetera (und so weiter)
et al.	et alii (und andere)
f.	folgende/r
ff.	fortfolgende
fin.	final/finaliter (abschliessend)
fr.	Fragment
Gal.	Brief des Paulus an die Galater (Bibel, Neues Testament)
geb.	geboren

Gen.	Genesis, 1. Buch Mose (Bibel, Altes Testament)
gest.	gestorben
GG	Grundgesetz für die Bundesrepublik Deutschland
GK	Grosse Kammer des Europäischen Gerichtshofs für Menschenrechte
GL	Gebrauch der Lüste (II. Teilband von Sexualität und Wahrheit, Werk von Michel Foucault)
GMS	Grundlegung zur Metaphysik der Sitten (Werk von Immanuel Kant)
Gorg.	Gorgias (Dialog von Platon)
gr.	Griechisch
Hom. Opif.	Über die Erschaffung des Menschen (Werk von Gregor von Nyssa)
Hrsg./hrsg.	Herausgeber/herausgegeben
Jh.	Jahrhundert
Kap.	Kapitel
komment.	kommentiert
KpV	Kritik der praktischen Vernunft (Werk von Immanuel Kant)
Krat.	Kratylos (Dialog von Platon)
KrV	Kritik der reinen Vernunft (Werk von Immanuel Kant)
KrV A/B	Kritik der reinen Vernunft erste Auflage 1781/ zweite Auflage 1787
lat.	lateinisch
Leg.	Leges (gr. Nomoi; in Dialogform verfasstes Werk von Platon)
lit.	litera (Buchstabe)
Lk.	Lukasevangelium (Bibel, Neues Testament)
Mt.	Matthäusevangelium (Bibel, Neues Testament)
MdS	Metaphysik der Sitten (Werk von Immanuel Kant)

Met.	Metaphysik (Textsammlung von Aristoteles zur Ontologie)
n. Chr.	nach Christus
Nr.	Nummer
Od.	Odyssee (Epos von Homer)
Or.	De oratione (Werk von Origenes)
OR	Schweizerisches Obligationenrecht vom 30. März 1911 (SR 220)
Parm.	Parmenides (in Dialogform verfasstes Werk von Platon)
PG	Phänomenologie des Geistes (Werk von Hegel)
Phaid.	Phaidon (in Dialogform verfasstes Werk von Platon)
Phdr.	Phaidros (in Dialogform verfasstes Werk von Platon)
Pol.	Politeia (De re publica; Werk von Platon)
Praef.	Praefatio (Einleitung)
Princ.	De principiis (Werk von Origenes)
Prot.	Protagoras (in Dialogform verfasstes Werk von Platon)
PU	Philosophische Untersuchungen (Werk von Ludwig Wittgenstein)
resp.	respektive
Rz.	Randziffer
S.	Seite
s.	siehe
SAARC	South Asian Association for Regional Cooperation
ScG	Summa contra gentiles (Werk von Thomas von Aquin)
sog.	sogenannte/r
sogl.	sogleich
STh	Summa theologiae (Werk von Thomas von Aquin)
Theait.	Theaitetos (Dialog von Platon)
TJ	A Theory of Justice (Werk von John Rawls)
TRE	Theologische Realenzyklopädie

Tusc.	Tusculanae disputationes (Werk von Cicero)
u.a.	unter anderem
übers.	übersetzt
Übers.	Übersetzung
UNO	United Nations Organization (Organisation der Vereinten Nationen)
ÜS	Überwachen und Strafen (Werk von Foucault)
v.	von
v.a.	vor allem
v. Chr.	vor Christus
vgl.	vergleiche
Xen. Mem.	Xenophons Memorabilien
z.B.	zum Beispiel
ZGB	Schweizerisches Zivilgesetzbuch vom 10. Dezember 1907 (SR 210)
Ziff.	Ziffer
zit.	zitiert

Literaturverzeichnis

Achternkamp Anne, Natural Law in Origen's Anthropology, Zeitschrift für Antikes Christentum / Journal of Ancient Christianity, 1/2019, S. 138 ff.

Adamson Peter, Classical Philosophy. A History of Philosophy without any Gaps, Oxford 2014

Alexy Robert, Recht, Vernunft, Diskurs. Studien zur Rechtsphilosophie, Frankfurt a.M. 1995

– Theorie der Grundrechte (Habil.), Frankfurt a.M. 1994

– Theorie der juristischen Argumentation, Frankfurt a.M. 1978

Allan Donald James, Die Philosophie des Aristoteles, übers. und hrsg. v. Paul Wilpert, Hamburg 1955

Apel Karl-Otto, Diskurs und Verantwortung, Frankfurt a.M. 1988

von Aquin Thomas, Die katholische Wahrheit oder die theologische Summa des Thomas von Aquin, deutsch wiedergegeben durch Ceslaus Maria Schneider, 12 Bde., Regensburg 1886–1892

– Summa contra gentiles, hrsg., übers. und mit Anmerkungen versehen v. Karl Albert et al., 4. Aufl., Darmstadt 2013

Aristoteles, Metaphysik, übers. und eingeleitet v. Thomas Alexander Szlezák, Berlin 2003

– Politik, übers. Von Olof Gigon, Düsseldorf 2006

– Über die Seele. De anima, übers. v. Klaus Corcilius, Hamburg 2017

Armstrong Karen, Die Achsenzeit, München 2006

Augustinus, Confessiones, eingeleitet und kommentiert v. Walter Siewert, Münster 1987

– De beata vita, übers. v. Simone Adam, Freiburg 2017

– De diversis quaestionibus I 2, hrsg. und erklärt v. Kurt Flasch, 3. Aufl., Mainz 2012

– De libero arbitrio, hrsg., eingeleitet und übers. v. Johannes Brachtendorf, Paderborn etc. 2006

– De ordine, übertragen v. Carl Johann Perl, Paderborn 1966

- Selbstgespräche. Von der Unsterblichkeit der Seele, hrsg. v. Hanspeter Müller, 3. Aufl., Zürich/München 2002

- Vom Gottesstaat [de civitate dei], aus dem Lateinischen übertragen von Wilhelm Thimme, eingeleitet und kommentiert von Carl Andresen, München 2007

Austin John, The Providence of Jurisprudence Determined and the Uses of the Study of Jurisprudence, London 1954 [Nachdruck 1998]

Baruzzi Arno, Rechtsphilosophie der Gegenwart, Darmstadt 2006

Baum Manfred, Positive und negative Freiheit bei Kant, in: Jahrbuch für Recht und Ethik, Vol. 16, Berlin 2008, S. 43 ff.

Baumann Peter, Erkenntnistheorie, Stuttgart 2002

Bhagavad Gītā, Der Gesang des Erhabenen, hrsg. und übers. v. Michael von Brück, Frankfurt a.M. 2007

Becker Maria, Die Kardinaltugenden bei Cicero und Ambrosius: De officiis, Basel 1994

Becker Michael/Schmidt Johannes/Zintl Reinhard, Politische Philosophie, 3. Aufl., Paderborn 2012

Bergbohm Carl, Jurisprudenz und Rechtsphilosophie, Bd. I, Leipzig 1892

Bielefeldt Heiner, Philosophie der Menschenrechte, Darmstadt 1998

Bierling Ernst Rudolf, Juristische Prinzipienlehre, Bd. I, Freiburg i.Br./ Leipzig 1894

Bock Gisela, Frauen in der europäischen Geschichte. Vom Mittelalter bis zur Gegenwart, München 2005

Böckenförde Ernst-Wolfgang, Geschichte der Rechts- und Staatsphilosophie, 2. Aufl., Tübingen 2006

Bolsinger Eckard, Autonomie des Rechts? Niklas Luhmanns soziologischer Rechtspositivismus – Eine kritische Rekonstruktion, in: Politische Vierteljahresschrift 42/2001, S. 3 ff.

Borch Christian, Niklas Luhmann, New York 2011

Braun Johann, Rechtsphilosophie im 20. Jahrhundert, München 2001

von Brück Michael, Einführung in den Buddhismus, Frankfurt a.M./Leipzig 2007

Brunkhorst Hauke/Kreide Regina/Lafont Cristina (Hrsg.), Habermas Handbuch, Stuttgart 2009

Butler Judith, Das Unbehagen der Geschlechter, übers. v. Kathrina Menke, 23. Aufl., Stuttgart 2023

Capelle Wilhelm (Hrsg.), Die Vorsokratiker, 9. Aufl., Stuttgart 2008

Carr Brian/Mahalingam Indira (Hrsg.), Companion Encyclopedia of Asian Philosophy, London/New York 1997

Cicero, De legibus. Paradoxa stoicorum. Über die Gesetze. Stoische Paradoxien, hrsg., übers. und erläutert v. Rainer Nickel, 3. Aufl., München/ Zürich 2004

– Tusculanae disputationes, übers. und hrsg. v. Ernst Alfred Kirfel, Stuttgart 2005

Coleman Janet, The Philosophy of Law in the Writings of Augustine, in: Miller Fred D. Jr./Biondi Carri-Ann (Hrsg.), A History of the Philosophy of Law from the Ancient Greeks to the Scholastics, Dordrecht 2007

Conze Edward, Buddhistisches Denken, Frankfurt a.M. 1988

Deussen Paul, Sechzig Upanishad's des Veda, Leipzig 1897

Diels Hermann/Kranz Walther (Hrsg.), Die Fragmente der Vorsokratiker, 3 Bde., Zürich 2004–2005

Dīghanikāya, Die Reden Gotamo Buddhos. Aus der längeren Sammlung Dīghanikāyo des Pāli-Kanons übers. v. Karl Eugen Neumann, München 1927–1928

Drecoll Volker H. (Hrsg.), Augustin Handbuch, Tübingen 2014

Dreier Horst, Rechtslehre, Staatssoziologie und Demokratietheorie bei Hans Kelsen, Baden-Baden 1986

– Hans Kelsen zur Einführung, Hamburg 2023

Duncker Arne, Gleichheit und Ungleichheit in der Ehe. Persönliche Stellung von Frau und Mann im Recht der ehelichen Lebensgemeinschaft 1700–1914, Köln 2003

Düring Ingemar, Aristoteles. Darstellung und Interpretation seines Denkens, 2. Aufl., Heidelberg 2005

Düwell Marcus/Steigleder Klaus (Hrsg.), Bioethik. Eine Einführung, 4. Aufl., Frankfurt a.M. 2016

Dworkin Ronald, A Matter of Principle, Cambridge (MA) 1985

– Bürgerrechte ernstgenommen, übers. v. Ursula Wolf, Frankfurt a.M. 1984

Ehs Tamara (Hrsg.), Hans Kelsen. Eine politikwissenschaftliche Einführung, Baden-Baden/Wien 2009

Eisler Rudolf, Kant-Lexikon. Nachschlagewerk zu sämtlichen Schriften, Darmstadt 2008

Engländer Armin, Diskurs als Rechtsquelle? Zur Kritik der Diskurstheorie des Rechts, Tübingen 2002

Epiktet, Handbüchlein der Moral, übers. v. Kurt Steinmann, Stuttgart 2008

Epikur, Ausgewählte Schriften, übers. und hrsg. v. Christof Rapp, Stuttgart 2010

Euklid, Die Elemente, übers. und hrsg. von Clemens Thaer; Einleitung von Peter Schreiber, 4. Aufl., Frankfurt a.M. 2005

Fiedrowicz Michael, Handbuch der Patristik, Freiburg i.Br. 2010

Finlayson James Gordon, Habermas. A Very Short Introduction, Oxford 2005

Flasch Kurt, Augustin. Einführung in sein Denken, Stuttgart 1980

– (Hrsg.), Interpretationen. Hauptwerke der Philosophie. Mittelalter, Stuttgart 1998

– Das philosophische Denken im Mittelalter, 3. Aufl., Stuttgart 2013

Fögen Marie Theres, Römische Rechtsgeschichten. Über Ursprung und Evolution eines sozialen Systems, Göttingen 2002

Foucault Michel, Die Ordnung der Dinge, übers. v. Ulrich Köppen, Frankfurt a.M. 1971

– Dits et Écrits, Schriften 4 Bde., Frankfurt a.M. 2001 ff.

– Histoire de la folie à l'âge classique. Folie et déraison, Paris 1961

– Histoire de la sexualité I. La volonté de savoir, Paris 1976

– Surveiller et punir. Naissance de la prison, Paris 1975

Frauwallner Erich/Pohlus Andreas, Geschichte der indischen Philosophie, Aachen 2003

Frühbauer Johannes J., John Rawls' Theorie der Gerechtigkeit, Darmstadt 2007

Gabriel Markus, Der Neue Realismus, Berlin 2014

Garbe Richard, Die Samkhya-Philosophie, Leipzig 1917

Gerhard Ute, Frauen in der Geschichte des Rechts. Von der Frühen Neuzeit bis zur Gegenwart, München 1997

Gericke Helmuth, Mathematik in Antike und Orient, Berlin 1984

Gersh Stephen, The Medieval Legacy from Ancient Platonism, in: Gersh Stephen/Hoenen Maarten J.F.M. (Hrsg.), The Platonic Tradition in the Middle Ages, Berlin/New York 2002, S. 3 ff.

Goppel Anna/Mieth Corinna/Neuhäuser Christian (Hrsg.), Handbuch der Gerechtigkeit, Stuttgart 2016

Gudopp-von Behm Wolf-Dieter, Thales und die Folgen. Vom Werden des philosophischen Gedankens, Würzburg 2015

Gutas Dimitri, Avicenna and the Aristotelian Tradition, 2. Aufl., Leiden/Boston 2014

Habermas Jürgen, Erläuterungen zur Diskursethik, Frankfurt a.M. 1991

– Faktizität und Geltung, Frankfurt a.M. 1992

Hacker Paul, Grundlagen indischer Dichtung und indischen Denkens, Wien 1985

Hagedorn Cornelia, Bioethik und Recht in Japan. Die demokratische Legitimität der Rechtsetzung im Bereich der Biomedizin, Zeitschrift für Japanisches Recht 2008, S. 27 ff.

Halfwassen Jens, Der Aufstieg zum Einen, Untersuchungen zu Platon und Plotin, 2. Aufl., München etc. 2006

– Plotin und der Neuplatonismus, München 2004

Hannemann Ulrich (Hrsg.), Das Zend-Avesta, Berlin 2011

Hänni Julia, Juristische Hermeneutik – die Sinnermittlung der Juristen, in: Bäcker Carsten/Klatt Matthias/Zucca-Soest Sabrina (Hrsg.), Sprache – Recht – Gesellschaft, Tübingen 2012, S. 75 ff.

- Ludwig Wittgenstein und die juristische Hermeneutik. Zur Korrelation von Welt, Sprache und Ethik, ARSP Beiheft 117, in: Senn Marcel/ Fritschi Barbara (Hrsg.), Rechtswissenschaft und Hermeneutik, Stuttgart 2009, S. 209 ff.
- Phänomenologie der juristischen Entscheidung, in: Koppelberg Dirk/ Landweer Hilge (Hrsg.), Recht und Emotion. Verkannte Zusammenhänge, München 2016, S. 227 ff.
- Philosophieren heisst über die Grenzen des Denkens hinausgelangen: was Platon mit der modernen Physik verbindet, NZZ 13.2.2021, S. 36
- Verfassungsstruktur des Judikativen Rechts (Habil.), Zürich etc. 2022
- Vom Gefühl am Grund der Rechtsfindung (Diss.), Berlin 2011
- Zur Selbstbestimmung des Patienten aus rechtsphilosophischer Perspektive, in: Dörr Bianka S./Michel Margot (Hrsg.), Biomedizinrecht. Zürich/St. Gallen 2007, S. 1 ff.

Harman Graham, Speculative Realism. An Introduction, Medford 2018

Hart Herbert Lionel Adolphus, Recht und Moral. Drei Aufsätze, übers. und hrsg. v. Norbert Hoerster, Göttingen 1971

- The Concept of Law, Oxford 1961

Hegel Georg Friedrich Wilhelm, Grundlinien der Philosophie des Rechts. Naturrecht und Staatswissenschaft im Grundriss, Berlin 1821

- Phänomenologie des Geistes, Stuttgart 2020

Heidegger Martin, Der Spruch des Anaximander, Gesamtausgabe Bd. 78, hrsg. v. Ingeborg Schüßler, Frankfurt a.M. 2010

Heinold Alexander, Die Prinzipientheorien bei Ronald Dworkin und Robert Alexy, Berlin 2011

Heinzmann Richard, Philosophie des Mittelalters, 3. Aufl., Stuttgart 2008

Heraklit, Fragmente, hrsg. v. Bruno Snell, 14. Aufl., Zürich/München 2007

Hesiod, Theogonie, übers. v. Raoul Schrott, München 2014

Hetzel Andreas, Die Wirksamkeit der Rede. Zur Aktualität klassischer Rhetorik für die moderne Sprachphilosophie, Bielefeld 2011

Hobbes Thomas, De cive. Vom Bürger, übers. v. Andree Hahmann, Stuttgart 2017

– Leviathan, übertragen v. Jutta Schlösser, Hamburg 1996

Höffe Otfried, (Hrsg.), Ciceros Staatsphilosophie, Berlin/Boston 2017

– Ethik. Eine Einführung, 2. Aufl., München 2018

– (Hrsg.), John Rawls. Eine Theorie der Gerechtigkeit, Berlin 2013

– (Hrsg.), Politeia, 3. Aufl., Berlin 2011

Homer, Ilias, übers. v. Roland Hampe, Stuttgart 2001

– Odyssee, übers. v. Roland Hampe, Stuttgart 1986

Honsell Heinrich, Römisches Recht, 8. Aufl., Berlin 2015

Horn Christoph, Augustinus. De civitate dei, Berlin 2015

– Philosophie der Antike. Von den Vorsokratikern bis Augustinus, München 2013

Horn Christoph/Müller Jörn/Söder Joachim (Hrsg.), Platon. Handbuch, 2. Aufl., Stuttgart 2017

Horten Max, Die Metaphysik Avicennas. Enthaltend die Metaphysik, Theologie, Kosmologie und Ethik, Frankfurt a.M. 1960

Ibn Rushd [Averroës], Die entscheidende Abhandlung und die Urteilsfällung über das Verhältnis von Gesetz und Philosophie, hrsg. und übers. v. Franz Schupp, Hamburg 2009

– Harmonie der Religion und Philosophie, übers. v. Marcus Joseph Müller, in: Müller Marcus Joseph (Hrsg.), Philosophie und Theologie von Averroes, München 1875, S. 1 ff.

Ibn Sina [Avicenna], Das Buch von der Genesung der Seele. Eine philosophische Enzyklopädie Avicennas. übers. und erläutert v. Max Horten, Bonn 1907

– Remarks and Admonitions. Part one. Logic, übers v. Shams Constantine Inati, Toronto 1984

– The Metaphysics of the Healing. A Parallel English-Arabic Text, übers. und kommentiert von Michael E. Marmura, Utah 2005

Jaspers Karl, Die massgebenden Menschen. Sokrates, Buddha, Konfuzius, Jesus, München 1964

– Einführung in die Philosophie, 34. Aufl., München/Berlin 2021

– Vom Ursprung und Ziel der Geschichte, Frankfurt a.M./Hamburg 1955

Jellinek Georg, Allgemeine Staatslehre, Berlin 1921

Kammler Clemens/Parr Rolf/Schneider Ulrich Johannes (Hrsg.), Foucault Handbuch, Stuttgart 2014

Kant Immanuel, Die Metaphysik der Sitten, in: Königlich Preußische Akademie der Wissenschaften (Hrsg.), Kant's Gesammelte Schriften, Bd. 6, Berlin 1914, S. 204 ff.

– Grundlegung zur Metaphysik der Sitten, in: Königlich Preußische Akademie der Wissenschaften (Hrsg.), Kant's Gesammelte Schriften, Bd. 4, Berlin 1911, S. 385 ff.

– Kritik der praktischen Vernunft, in: Königlich Preußische Akademie der Wissenschaften (Hrsg.), Kant's Gesammelte Schriften, Bd. 5, Berlin 1913, S. 1 ff.

– Kritik der reinen Vernunft, 1. Aufl., in: Königlich Preußische Akademie der Wissenhaften (Hrsg.), Kant's Gesammelte Schriften, Bd. 4, Berlin 1911, S. 1 ff.

– Kritik der reinen Vernunft, 2. Aufl., in: Königlich Preußische Akademie der Wissenhaften (Hrsg.), Kant's Gesammelte Schriften, Bd. 3, Berlin 1911, S. 1 ff.

– Zum ewigen Frieden, in: Königlich Preußische Akademie der Wissenschaften (Hrsg.), Kant's Gesammelte Schriften, Bd. 8, Berlin 1923, 341 ff.

Kaufmann Arthur, Problemgeschichte der Rechtsphilosophie, in: Kaufmann Arthur/Hassemer Winfried/Neumann Ulfried (Hrsg.), Einführung in die Rechtsphilosophie und Rechtstheorie der Gegenwart, 8. Aufl., Heidelberg etc. 2011

Kelsen Hans, Reine Rechtslehre. Einleitung in die rechtswissenschaftliche Problematik, 2. Aufl., Wien 1960

– Vom Wesen und Wert der Demokratie, Stuttgart 2018

Keown Damien, Buddhism. A Very Short Introduction, 2. Aufl., Oxford/ New York 2013

– Are there Human Rights in Buddhism?, Journal of Buddhist Ethics 2/1995, S. 2 ff.

Kersting Wolfgang, Die politische Philosophie des Gesellschaftsvertrags, Darmstadt 2005

– John Rawls zur Einführung, Hamburg 2001

– Vertragstheorien. Kontraktualistische Theorien in der Politikwissenschaft, Stuttgart 2016

– Wohlgeordnete Freiheit. Immanuel Kants Rechts- und Staatsphilosophie, Berlin 2011

Knab Rainer, Platons siebter Brief. Einleitung, Text, Übersetzung, Kommentar (Diss.), Tübingen 2006

Knott Kim, Hinduism. A Very Short Introduction, 2. Aufl., Oxford/New York 2016

Koch Arnd/Löhnig Martin (Hrsg.), Die Schule Franz von Liszts. Sozialpräventive Kriminalpolitik und die Entstehung des modernen Strafrechts, Tübingen 2016

Konfuzius, Gespräche, neu übers. und erläutert von Hans van Ess, München 2023

Kriesi Hanspeter, Bewegung in der Schweizer Politik. Fallstudien zu politischen Mobilisierungsprozessen in der Schweiz, Frankfurt a.M./New York 1985

– Direct Democratic Choice. The Swiss Experience, Lanham 2005

– Entscheidungsstrukturen und Entscheidungsprozesse in der Schweizer Politik, Frankfurt a.M. 1980

– Grundlagen der politischen Willensbildung, in: Thürer Daniel/Aubert Jean-François/Müller Jörg Paul (Hrsg.), Verfassungsrecht der Schweiz, Zürich 2001, S. 413 ff.

Laozi, Daodejing. Das Buch vom Weg und seiner Wirkung, übers. v. Rainald Simon, Stuttgart 2009

Latacz Joachim, Homer. Der erste Dichter des Abendlands, 4. Aufl., Düsseldorf/Zürich 2003

Leaman Oliver, An Introduction to Medieval Islamic Philosophy, Cambridge 1985

– Averroes and his Philosophy, Oxford 1988

Locke John, An Essay Concerning Humane Understanding, London 1690

– Ein Brief über Toleranz, übers., eingeleitet und in Anmerkungen erläutert v. Julius Ebbinghaus, Hamburg 1996

– Zwei Abhandlungen über die Regierung, übers. v. Hilmar Wilmanns, Halle a.S. 1906

de Lubac Henri, Typologie. Allegorie. Geistiger Sinn, Freiburg 1999

Lubin Timothy/Davis Donald/Krishnan Jayanth, Introduction, in: Lubin Timothy/Davis Donald/Krishnan Jayanth (Hrsg.), Hinduism and Law. An Introduction, Cambridge 2010, 1 ff.

Luf Gerhard, Freiheit und Gleichheit. Die Aktualität im politischen Denken Kants, Wien/New York 1978

Luhmann Niklas, Das Recht der Gesellschaft, Frankfurt a.M. 2001

– Soziale Systeme, Frankfurt a.M. 1984

– Legitimation durch Verfahren, 6. Aufl., Frankfurt a.M. 2001

Lutherbibel, hrsg. v. Deutsche Bibelgesellschaft, Stuttgart 2017

Lyotard Jean-François, La condition postmoderne: rapport sur le savoir, Paris 2002

Mahlmann Matthias, Rechtsphilosophie und Rechtstheorie, 8. Aufl., Baden-Baden 2024

Majjhima Nikāya, Die Lehrreden des Buddha aus der Mittleren Sammlung, übers. v. Mettiko Bhikku, Uttenbühl 2014

Malinar Angelika, Hinduismus, Göttingen 2009

Mansfeld Jaap/Primavesi Oliver, Die Vorsokratiker, Stuttgart 2012

Manthe Ulrich, Geschichte des römischen Rechts, 6. Aufl., München 2019

Marenbon John, Platonism – A Doxographic Approach. The Early Middle Ages, in: Gersh Stephen/Hoenen Maarten J.F.M. (Hrsg.), The Platonic Tradition in the Middle Ages, Berlin/New York 2002, S. 67 ff.

Mayer-Maly Dorothea/Simons Peter M. (Hrsg.), Das Naturrechtsdenken heute und morgen. Gedächtnisschrift für René Marcic, Berlin 1983

McCarthy Thomas, Kritik der Verständigungsverhältnisse. Zur Theorie von Jürgen Habermas, übers. v. Max Looser, Frankfurt a.M. 1980

McHale Brian, Constructing Postmodernism, London/New York 1992

Meillassoux Quentin, Nach der Endlichkeit. Versuch über die Notwendigkeit der Kontingenz, übers. v. Roland Frommel, Zürich 2008

Mensching Gustav, Buddha und Christus – ein Vergleich, Stuttgart 1978

Mill John Stuart, On Liberty, London etc. 2011

Miller Fred D. Jr., Early Jewish and Christian Legal Thought, in: Miller Fred D. Jr./Biondi Carri-Ann (Hrsg.), A History of the Philosophy of Law from the Ancient Greeks to the Scholastics, Dordrecht 2007

Moreland James P., Universalien. Eine philosophische Einführung, Frankfurt 2009

Morioka Masahiro, Seimeigaku ni nani ga dekiruka. Nôshi feminizumu, yûsei shisô (Lebenswisschaftliche Ansätze zur Bioethik. Eine neue Perspektive auf Hirntod, Feminismus und Behinderung), Tokyo 2001

Mühlhoff Rainer, Automatisierte Ungleichheit. Ethik der Künstlichen Intelligenz in der biopolitischen Wende des Digitalen Kapitalismus, Deutsche Zeitschrift für Philosophie (DZPhil) 2020, S. 867 ff.

Mühlhoff Rainer, Die Macht der Daten. Warum künstliche Intelligenz eine Frage der Ethik ist, Osnabrück/Paderborn 2023

Münker Stefan/Roesler Alexander, Poststrukturalismus, 2. Aufl., Stuttgart 2012

Muthreich Michael, Theoretische Grundlagen im Gottesbegriff bei Avicenna, Giessen 1999

Nagarjuna, Die Philosophie der Leere [= Nāgārjunas Mūlamadhyamaka-kārikās], Übers. des buddhistischen Basistextes mit kommentierenden Einführungen von Bernhard Weber-Brosamer und Dieter M. Back, 2. Aufl., Wiesbaden 2002

Nakano Tôzen, Chûzetsu songenshi nôshi kankyô. Semei rinri to bukkyô (Abtreibung, Tod mit Würde, Hirntod, Umweltethik und Angelegenheiten des Buddhismus), Tokyo 1998

Nühlen Maria, Philosophinnen der griechischen Antike, Wiesbaden 2021 *von Nyssa Gregor,* Gespräch mit Makrina über Seele und Auferstehung, in: Des heiligen Bischofs Gregor von Nyssa Schriften, Bibliothek der Kirchenväter, 1. Reihe Bd. 56, München 1927

Olechowski Thomas, Kelsens Rechtslehre im Überblick, in: Ehs Tamara (Hrsg.), Hans Kelsen. Eine politikwissenschaftliche Einführung, Baden-Baden/Wien 2009, S. 47 ff.

Olivelle Patrick, The Law Code of Manu, Oxford 2004

- Upanisads, Oxford 2008

Origenes, Acht Bücher gegen Celsus, übers. v. Paul Koetschau, München 1926

- Geist und Feuer. Ein Aufbau aus seinen Schriften v. Hans Urs von Balthasar, Einsiedeln 1991

- Origenes' Johanneskommentar Buch I-V, hrsg., übers. und kommentiert v. Hans Georg Thümmel, Tübingen 2011

- Vier Bücher von den Prinzipien, hrsg. v. Herwig Görgemanns/Heinrich Karpp, 3. Aufl., Darmstadt 1992

- Werke, hrsg. v. Erwin Preuschen, Leipzig 1899 ff.

Ott Walter, Der Rechtspositivismus, 2. Aufl., Berlin 1992

- Die Vielfalt des Rechtspositivismus, Baden-Baden 2016

Parmenides, Fragmente, hrsg., übers. und erläutert v. Ernst Heitsch, 2. Aufl., München/Zürich 1991

- Vom Wesen des Seienden, hrsg. v. Udo Hölscher, Frankfurt a.M. 1986

Pawlik Michael, Der Rechtsbegriff bei H.L.A. Hart, in: Griller Stefan/Rill Heinz Peter (Hrsg.), Rechtstheorie: Rechtsbegriff – Dynamik – Auslegung, Wien/New York 2011

- Die Reine Rechtslehre und die Rechtstheorie H.L.A. Harts. Ein kritischer Vergleich, Berlin 1993

Persily Nathan, Can Democracy Survive the Internet?, in: Journal of Democracy, 2017, S. 63 ff.

Platon, Werke in acht Bänden, hrsg. v. Gunther Eigler, Darmstadt 2011

Plotin, Schriften in deutscher Übersetzung, hrsg. v. Richard Harder et al., Hamburg 2020

Pogge Thomas, John Rawls. His Life and Theory of Justice, Oxford 2007

– Rawls and Global Justice, in: Canadian Journal of Philosophy 18/1988, S. 227 ff.

Porphyrios, Einführung in die Kategorien des Aristoteles, übers. v. Hans Günter Zekl, in: Zekl Hans Günter (Hrsg.), Aristoteles, Organon, Bd. 2: Kategorien, Hermeneutik, Hamburg 1998

Potacs Michael, Rechtstheorie, Stuttgart 2015

Prechtl Peter/Burkard Franz-Peter (Hrsg.), Metzler Lexikon Philosophie. Begriffe und Definitionen, Stuttgart 2008

Proklos Diadochus, Elemente der Theologie, übers. v. Ingeborg Zurbrügg, Remscheid 2004

– Kommentar zum platonischen Parmenides, mit einer Einleitung und Anmerkungen, übers. v. Hans Günter Zekl, Würzburg 2010

Pseudo-Dionysius Areopagita, Über die himmlische Hierarchie. Über die kirchliche Hierarchie, eingeleitet, übers. und mit Anmerkungen versehen v. Günter Heil, Stuttgart 1986 [Nachdruck 2008]

von Pufendorf Samuel, Acht Bücher vom Natur- und Völkerrecht, 2 Bde., Hildesheim/Zürich/New York 2001 [Nachdruck der Ausgabe v. 1711]

Radbruch Gustav, Gesetzliches Unrecht und übergesetzliches Recht, Süddeutsche Juristenzeitung 1946

– Fünf Minuten Rechtsphilosophie, Rhein-Neckar-Zeitung vom 12.9.1945

– Rechtsphilosophie, 3. Aufl., Leipzig 1932

Raiser Thomas, Das lebende Recht, Baden-Baden 1999

Rapp Christof, Metaphysik, München 2016

– (Hrsg.), Epiktet, Handbüchlein der Moral und Unterredungen, 12. Aufl., Stuttgart 2023

– Vorsokratiker, München 2007

Rawls John, A Theory of Justice, Cambridge (MA) 1971, revised edition 1999

– Political Liberalism, New York 1993

– The Law of Peoples, Cambridge (MA) 1999

Reemts Christiana, Origenes. Eine Einführung in Leben und Denken, Würzburg 2004

Ricken Friedo, Religionsphilosophie, Stuttgart 2003

Riedweg Christoph, Pythagoras, München 2007

Riedweg Christoph/Horn Christoph/Wyrwa Dietmar (Hrsg.), Grundriss der Geschichte der Philosophie. Die Philosophie der Antike 5. Philosophie der Kaiserzeit und der Spätantike, 3 Bde., Basel 2018

Ritter Joachim/Gründer Karlfried/Gabriel Gottfried (Hrsg.), Historisches Wörterbuch der Philosophie, 13 Bde., Basel 1971 ff.

Röd Wolfgang, Geschichte der Philosophie Bd. I. Die Philosophie der Antike 1. Von Thales bis Demokrit, 3. Aufl., München 2017

Röhl Klaus F./Röhl Hans Christian, Allgemeine Rechtslehre. Ein Lehrbuch, 3. Aufl., Köln/München 2008

Rudolph Ulrich, Islamische Philosophie, 4. Aufl., München 2018

Ruoff Michael, Foucault-Lexikon, 4. Aufl., Paderborn etc. 2018

Ruschenbusch Eberhard, Solon: Das Gesetzeswerk – Fragmente, Übersetzung und Kommentar, 2. Aufl., Stuttgart 2014

Sarasin Philipp, Michel Foucault zur Einführung, 8. Aufl., Hamburg 2023

Schimmel Annemarie, Sufismus. Eine Einführung in die islamische Mystik, 5. Aufl., München 2014

Schmidt-Glintzer Helwig, Der Buddhismus, 4. Aufl., München 2019

Schneid Mathias, Aristoteles in der Scholastik. Ein Beitrag zur Geschichte der Philosophie im Mittelalter, Eichstätt 1875

Schöpf Alfred, Augustinus. Einführung in sein Philosophieren, München 1970

Schrödinger Erwin, Die Natur und die Griechen, Leipzig 1956

Schumann Hans Wolfgang, Buddhismus. Stifter, Schulen und Systeme, München 2005

Seelmann Kurt/Demko Daniela, Rechtsphilosophie, 7. Aufl., München 2019

Seneca, De clementia, hrsg. v. Karl Büchner, Stuttgart 1981

- De vita beata, übers. und hrsg. v. Fritz-Heiner Mutschler, Stuttgart 1990

- De beneficiis, in: Philosophische Schriften Lateinisch-Deutsch, Bd. 5, hrsg. v. Manfred Rosenbach, Darmstadt 1989

- Epistulae Morales Ad Lucilium. Briefe An Lucilius, Bd. 1, hrsg. und übers. v. Gerhard Fink, Düsseldorf 2007

- Epistulae Morales Ad Lucilium. Briefe An Lucilius, Bd. 2, hrsg. und übers. v. Rainer Nickel, Düsseldorf 2009

Senn Marcel, Rechts- und Gesellschaftsphilosophie. Historische Fundamente der europäischen, nordamerikanischen, indischen sowie chinesischen Rechts- und Gesellschaftsphilosophie, 2. Aufl., Zürich/St. Gallen 2017

Shimada Sôichirô, Paradigmenwechsel im japanischen Organtransplantationsgesetz und die verbleibenden Probleme, Zeitschrift für japanisches Recht/Journal of Japanese Law, Hamburg, 33/2012, S. 77 ff.

Shapiro Scott J., What is the Rule of Recognition (and Does it Exist)?, in: Adler Matthew/Himma Kenneth Einar (Hrsg.), The Rule of Recognition and the U.S. Constitution, Oxford/New York 2009

Smith Brian, Questioning authority: Constructions and deconstructions of Hinduism, International Journal of Hindu Studies 1998, S. 313 ff.

Stausberg Michael, Zarathustra und seine Religion, München 2011

Steineck Christian, Der Leib in der japanischen Bioethik. Mit einer Diskussion der Leibtheorie von Merleau-Ponty im Licht bioethischer Probleme, Würzburg 2007

- Ist der Hirntod ein kulturbergreifendes Todeskriterium? Japanische Perspektiven, in: Biller Adorno Nikola/Schaber Peter/Schulz Baldes Annette (Hrsg.), Gibt es eine universale Bioethik?, Paderborn 2008

- Leib als Eigentum. Zur aktuellen Diskussion in Japan, in: Taupitz Jochen (Hrsg.), Kommerzialisierung des menschlichen Körpers, Berlin/Heidelberg/New York 2007, S. 301 ff.

von Stietencron Heinrich, Der Hinduismus, München 2016

Stock Wiebke-Marie, Theurgisches Denken. Zur «Kirchlichen Hierarchie» des Dionysius Areopagita, Berlin/Boston 2008

Symmachus Quintus Aurelius, Der Streit um den Victoriaaltar. Die dritte Relatio des Symmachus und die Briefe 17, 18 und 57 des Mailänder Bischofs Ambrosius (= Texte zur Forschung. Bd. 7), hrsg. v. Richard Klein, Darmstadt 1972

Szlezák Thomas A., Homer oder Die Geburtsstunde der abendländischen Dichtung, München 2012

– Platon. Meisterdenker der Antike, 2. Aufl., München 2021

Taber John, Vedānta, in: Edelglass William/Garfield Jay (Hrsg.), The Oxford Handbook of World Philosophy, Oxford/New York 2011, S. 147 ff.

Teubner Gunther, Die Episteme des Rechts. Zu erkenntnistheoretischen Grundlagen des reflexiven Rechts, in: Grimm Dieter (Hrsg.), Wachsende Staatsaufgaben – sinkende Steuerungsfähigkeit des Rechts, Baden-Baden 1990, S. 115 ff.

Tharoor Shashi, Why I Am a Hindu, London 2018

Theologische Realenzyklopädie (TRE), 36 Bde., Berlin/New York 1977 ff.

Trelenberg Jörg, Augustins Schrift De Ordine, Tübingen 2009

Tufekci Zeynep, Algorithmic harms beyond Facebook and Google: Emergent challenges of computational agency, in: Colorado Technology Law Journal 13, 203 ff., 2015

Tufekci Zeynep, Engineering the Public: Big Data, Surveillance and Computational Politics, First Monay 2014 (https://doi.org/10.5210/fm. v19i7.4901)

Ueberweg Friedrich, Grundriss der Geschichte der Philosophie, Basel 1983

Ulrich Rudolph, Islamische Philosophie, 4. Aufl., München 2018

Vattimo Gianni, Das Ende der Moderne, übers. und hrsg. von Rafael Capurro, Stuttgart 1990

Villa Paula-Irene, Poststrukturalismus: Postmoderne + Poststrukturalismus = Postfeminismus?, in: Becker Ruth/Kortendiek Beate (Hrsg.), Handbuch Frauen- und Geschlechterforschung, 3. Aufl., Wiesbaden 2010, S. 269 ff.

Voßkuhle Andreas, Rechtsprechen, in: Kube Hanno et al. (Hrsg.), Leitgedanken des Rechts. Paul Kirchhof zum 70. Geburtstag, Bd. I, Heidelberg 2013

van der Waerden Bartel Leendert, Die Pythagoreer. Religiöse Bruderschaft und Schule der Wissenschaft, Zürich/München 1979

Wagschal Uwe, Diskurs der Machtpolitik: Welche Interessen setzen sich in der Direktdemokratie am erfolgreichsten durch?, in: Freitag Markus/Wagschal Uwe (Hrsg.), Direkte Demokratie. Bestandsaufnahmen und Wirkungen im internationalen Vergleich, Berlin 2007, S. 303 ff.

Walzer Michael, Spheres of Justice. A Defense of Pluralism and Equality, New York 1983

Weber-Grellet Heinrich, Rechtsphilosophie und Rechtstheorie, 8. Aufl., Münster 2021

von Wedemeyer Inge, Die goldenen Verse des Pythagoras, Heilbronn 1993

Welzel Hans, Die Naturrechtslehre Samuel Pufendorfs. Ein Beitrag zur Ideengeschichte des 17. und 18. Jahrhunderts, Berlin/New York 1958 [Nachdruck 1986]

Whitehead Alfred North, Process and Reality. An Essay in Cosmology, New York 1978

Willaschek Marcus/Stolzenberg Jürgen/Mohr Georg/Bacin Stefano (Hrsg.), Kant Lexikon, 3 Bde., Berlin/Boston 2021

Windelband Wilhelm, Lehrbuch der Geschichte der Philosophie, 6. Aufl., Tübingen 1912

Wittgenstein Ludwig, Philosophische Untersuchungen. Kritisch-genetische Edition, hrsg. v. Joachim Schulte, Frankfurt 2001

Wöhrle Georg (Hrsg.), Die Milesier. Anaximander und Anaximenes, Berlin/Boston 2012

– Die Milesier. Thales, Berlin 2009

Xenophon, Xenophons Memorabilien, hrsg. v. Andreas Weidner, Wien 1920

Zhuangzi, Das Buch der daoistischen Weisheit. Auswahl, hrsg. v. Günter Wohlfart, übers. v. Stephan Schuhmacher, Stuttgart 2016

– Das wahre Buch vom südlichen Blütenland (darin enthalten: Über die Gleichheit der Dinge), übers. v. Richard Wilhelm, bearbeitet von Michael Holzinger, 4. Aufl., Berlin 2016

Zima Peter V., Moderne / Postmoderne, 4. Aufl., Tübingen 2016

Žižek Slavoj, Die Tücke des Subjekts, übers. v. Andreas Hofbauer et al., Frankfurt a.M. 2001

Internetquellen

Akademieausgabe von Immanuel Kants Gesammelten Werken: https://korpora.zim.uni-duisburg-essen.de/kant/verzeichnisse-gesamt.html

Bibliothek der Kirchenväter (deutsche Übersetzungen von Werken aus der Patristik): https://www.unifr.ch/bkv/

Deutschlandfunk (Beitrag zum spekulativen Realismus): https://www.deutschlandfunk.de/spekulativer-realismus-ueber-eine-neue-art-auf-der-erde-zu.1184.de.html?dram:article_id=346024

Historisches Lexikon der Schweiz: http://www.hls-dhs-dss.ch/

Hübner Dietmar, Politische Philosophie (2006, Youtube): https://www.youtube.com/watch?v=YbPsNE_Zm-Q

Internet Encyclopedia of Philosophy: https://www.iep.utm.edu/

Lexikon der Argumente (Strukturierung philosophischer Argumente): https://www.philosophie-wissenschaft-kontroversen.de/

Perseus (freier Zugang zu einer Vielzahl griechischer und lateinischer Originale): http://perseus.uchicago.edu/

PhilPapers (umfassende Bibliografie zu philosophischer Fachliteratur): https://philpapers.org/

Project Gutenberg (freier Zugang zu einer Vielzahl von Originalwerken – englische Version): http://www.gutenberg.org

Projekt Gutenberg (freier Zugang zu einer Vielzahl von Originalwerken – deutsche Version): https://gutenberg.spiegel.de/

Sammelpunkt (Elektronisch archivierte Theorie): http://sammelpunkt.philo.at/

Stanford Encyclopedia of Philosophy: https://plato.stanford.edu/

Tipitaka (Drei-Korb), der Pali-Kanon des Theravada-Buddhismus: http://www.palikanon.com/

Bildnachweise

Abb. 1   Skulpturen von Platon und Sokrates vor der Akademie von Athen
         (S. 40). Foto: Julia Hänni.

Abb. 2   Blüte in VIS- und UV-Spektrum (S. 43). *Potentilla reptans*
         L. Rosaceae. © Birna Rørslett-NN/Nærfoto.

Abb. 3   Höhlengleichnis nach Platon (S. 46). Illustration: Bruno Muff.
         Copyright: Dike Verlag AG.

Abb. 4   Darstellung des Sündenfalls im neuen Bremer Rathaus (S. 81).
         Quelle: Pixabay.

Abb. 5   Buddha-Statue (S. 223). Quelle: Pixabay.

Einführung

Die vorliegende Schrift ist im Zusammenhang mit der Vorlesung «Rechtsphilosophie» an der Universität St. Gallen entstanden. Sie wird dort im Bereich des Kontextstudiums, der sog. Reflexionskompetenz, angeboten. Mit dem Begriff der Reflexionskompetenz wird eine Eigenschaft angesprochen, die für die juristische – insbesondere die praktische – Arbeit unerlässlich ist. Denn Rechtsordnungen und die darauf basierenden juristischen Entscheidungen greifen – sowohl schützend als auch beschränkend – in die Lebensentwürfe und auch in die Wertansichten der davon betroffenen Personen ein. So haben Gerichte etwa zu entscheiden, unter welchen Bedingungen eine ausländische Person infolge Straffälligkeit trotz eines prekären Gesundheitszustands des Landes verwiesen wird, wann eine Person definitiv zu verwahren ist, ob eine Abtreibung zulässig ist oder ob der Name eines Finanzintermediärs nach Feststellung unzulässiger Entgegennahme von Publikumseinlagen öffentlich publiziert werden soll. Die Urteile haben weitreichende Folgen für das Leben der betroffenen Personen. Dies gibt Anlass, vertieft über die Grundlagen des Rechts nachzudenken und die Reflexion über Gerechtigkeit – für das Recht typischerweise in der Form der Analyse von Elementen einer gerechten Entscheidung – fundamental zu pflegen.

Diese Eigenheiten des Rechts führen zu einer Reihe sehr grundsätzlicher Fragen. Sie betreffen in der Anwendung Detailfragen von Spezialerlassen; dahinter stehen allerdings archetypische Gerechtigkeitsfragen. Diese haben die spezifischen zu beurteilenden Fallkonstellationen zum Gegenstand, reichen jedoch in ihren Grundlagen so weit wie etwa die Diskussion, wie Wirklichkeit zu verstehen ist, was Aufgabe des Menschen in dieser Wirklichkeit ist, wie der Mensch durch eine Rechtsordnung geschützt werden soll und was die Schutzbedürftigkeit des Menschen ausmacht – sowie, was vor ihm geschützt werden soll. Die Archetypen der Gedanken dazu finden sich in verschiedenen Epochen; grundlegende Reflexionen über den Menschen in der Wirklichkeit sind mehrere tausend Jahre alt, man denke etwa an die vedischen Weisheitslehren von etwa 1500 v. Chr., deren Prägung bereits durch die vorvedischen Kulturen vor dem 3. Jahrtausend v. Chr. nachweisbar ist.

Im Rahmen dieser Schrift geht es darum, verschiedene Grundlagen, die sich Philosophinnen und Philosophen als Interpretation der Wirklichkeit und der Gerechtigkeit angeeignet haben, anhand kurzer Auszüge aus den Originalquellen übersichtlich darzustellen und immer wieder auf heutige Gerechtigkeitsfragen zu beziehen. Insofern soll mit der durch sie offenbarten Sinndimension ein Zugang zu den Grundlagen unserer Denkkultur eröffnet werden, an denen sich massgebliche juristische Entscheidungen und Gerechtigkeitsfragen immer wieder orientieren. Auch wenn sich die konkreten gesellschaftlichen Fragen – teilweise – geändert haben, betreffen sie die gleichen rechtsphilosophischen *topoi*, wie sie schon seit Jahrhunderten diskutiert wurden.

Die archetypischen Gerechtigkeitspositionen, die in der Folge durch die Jahrhunderte hindurch in kurzer Form dargestellt werden, sprechen Elemente von Gerechtigkeitsempfindungen an, mit denen wir auch aus der Alltagserfahrung vertraut sind. Die Denker, die anschliessend besprochen werden, repräsentieren insofern idealtypische Positionen, wie sie immer wieder Gegenstand der Auseinandersetzungen sind, sowohl in der rechtsphilosophischen Diskussion als auch in politischen Debatten. Dabei werden die unterschiedlichen Positionen dem eigenen Gerechtigkeitsempfinden vereinzelt sehr stark und andernorts weniger entsprechen.

Die Lektüre der *topoi* reflektiert insofern auch die eigene Position; man ist der einen oder anderen Argumentationsform mehr zugeneigt. Bei den Studierenden zeigen sich nicht selten Impulse, die einzelnen Positionen mit eigenen Ideen zu ergänzen. Insofern soll die Schrift auch dazu beitragen, die eigene rechtsphilosophische Position kennenzulernen und damit die eigene Werthaltung zu ergründen und weiterzuentwickeln, die nicht nur in die politische Gestaltung einer Rechtsordnung, sondern auch in die Normerkenntnis für die Beurteilung des Einzelfalls einfliesst. Diese Werthaltung ist Bezugspunkt der Reflexionskompetenz und gleichermassen Ausdruck der Persönlichkeit, auf die man – trotz Aneignung spezifischer juristisch-technischer Fertigkeiten – in der wissenschaftlichen Reflexion und auch in der praktischen juristischen Tätigkeit immer wieder zurückgeworfen ist.

Es geht demnach darum, in kurzer Form die wesentlichsten Denkstrukturen der Jahrhunderte zu analysieren, die argumentativ als Gerechtigkeitselemente verwendet werden. Gemeinsam ist ihnen, dass die Relevanz ihres Inhalts nicht auf die Zeit ihrer Entstehung reduziert werden kann, sondern in unserem Gerechtigkeitsverständnis und in unseren Verfassungsordnungen fortdauert.

1. Teil: Antike

§ 1   Achsenzeit

1.   Übersicht über die Entwicklungen

Die ins Auge gefasste Analyse beginnt mit einem Zeitabschnitt, der in die Epoche der Antike fällt und der immer wieder als Übergang von mythisch-religiösen Denkformen zur philosophischen Welterklärung dargestellt wird. Bezeichnet wird er als sog. **Achsenzeit**. Der von Karl Jaspers geprägte Begriff umschreibt die Zeit von 800 (teilweise 900) bis 200 v. Chr. als goldenes Zeitalter. Vor dieser Zeit waren vor allem mythisch-religiöse Denkformen verbreitet. So etwa die vorvedischen (altindischen) Kulturen und die ältesten überlieferten Hochkulturen *Mesopotamiens* (Euphrat, Tigris; sog. Zweistromland; Erfindung der Schrift ca. 3100 v. Chr.) oder des *Alten Ägyptens*, die ihre Entwicklungshöhepunkte 4000 bzw. 3000 bis 1000 v. Chr. hatten. Die Achsenzeit markiert demgegenüber den Übergang zur theoretischen Welterklärung: Es vollzieht sich in der Achsenzeit eine von der Kultushandlung unabhängige Grundlegung einer Sinnbedeutung der Welt, der Natur und der Menschen.

Nach den Überlieferungen entsteht in der Achsenzeit eine von Freiheiten geprägte Diskussionskultur. Zu dieser Zeit machen die Gesellschaften von **vier Kulturräumen (China, Indien, Orient und Okzident)** gleichzeitig bedeutende philosophische und technische Fortschritte mit prägendem Einfluss auf alle nachfolgenden Zivilisationen. Die Hochkulturen entwickeln unabhängig voneinander eine je eigene Schriftkultur, die es ermöglicht, ihre denkerischen Errungenschaften zu überliefern.

Für die Völker der Achsenzeit stellen sich eine Reihe von grundlegenden Fragen nach dem Sinn menschlicher Handlungsformen. Sie betreffen das Verstehen von Aussenwelt und die Beziehung zu ihr sowie Elemente des richtigen Handelns oder gerechten Urteilens, die auch für die Rechtsordnungen und die Rechtsphilosophie bedeutend sind. Die Vielfalt der Strukturen scheint eine Palette von Antwortmöglichkeiten auf grundlegende Fragen zu eröffnen: Welches ist die beste Staatsform? Welches ist das beste Recht? Was ist Gerechtigkeit überhaupt? Die Fragen der **ordnenden Grundlagen** werden durch die Philosophie als aufstrebendes Theoriemodell und eigenständige, sich herausbildende Disziplin besprochen.

2. China und Indien, Orient und Okzident

a) China

Hochkulturen entwickeln sich zum einen im Fernen Osten. In China wirken u.a. Konfuzius (孔夫子; ca. 551–479 v. Chr.), der Begründer des Konfuzianismus. In seiner Lehre ist die Gerechtigkeit (義, yì) – so zu handeln, dass man es vor sich selbst rechtfertigen kann – eine der vier Grundtugenden. Ebenso wirkungsmächtig ist Laotse (老子; Laozi; 6. Jh. v. Chr.), der mit *Daodejing* (bzw. Tao de king) die Weisheitslehre des **Daoismus** begründet. Das *Dao* («Weg» als Ur-Sinn bzw. Urprinzip) ist eine Weisheitslehre, die sich in Form von paradoxen Lebensmaximen darstellt: *Wu Wei* (*Wu* [nicht] *Wei* [tun]; «Tun im Nichttun»). Das richtige Tun oder Gestalten des Lebens ist erst in dem Moment möglich, in welchem die innere Gelassenheit als eine Form des Nichttuns den Grundsatz des Handelns prägt. Durch das Wirken des *Dao* als Urprinzip wird die Schöpfung durch Zweiheit vollzogen, das *Yin* und das *Yang* (Gegensätze wie Licht und Schatten, Wärme und Kälte) erzeugt, aus denen die Welt hervorgeht. Die Schrift *Daodejing* enthält auch einen umfassenden Friedensauftrag für Herrscher. Der zweite Grundtext des Daoismus ist *Zhuangzi*, benannt nach seinem (bzw. einem seiner) Verfasser (莊子, *Zhuangzi*, etwa 369–286 v. Chr.). Weisheit oder Einsicht wird letztlich als über dem rational-diskursiven Denken stehend umschrieben: «Wer bei dem innezuhalten mag, das er nicht weiss, der hat das Höchste verwirklicht» (Über die Gleichheit der Dinge, § 9). Auf diese Weise entstehen die Hauptrichtungen der chinesischen

Philosophie (Konfuzianismus, Daoismus). Ab dem 2. Jh. tritt der dem Daoismus nahestehende *Chan-Buddhismus* hinzu, ein Vorläufer des Zen-Buddhismus. Es entstehen die «Drei Lehren» der chinesischen Philosophie (Konfuzianismus, Daoismus, Buddhismus).

b) **Indien**

In Indien erfolgt über die **Veden** (वेद, veda «Wissen»; ursprüngliche Lehren der altindischen Kultur) eine mündliche Überlieferung und Rezeption der ältesten Weisheitslehren *(Shruti)*, sodann mit den älteren **Upanishaden** 700 bis 500 v. Chr. eine Sammlung philosophischer Schriften des Hinduismus. Grundlegende Begriffe wie *Atman* (Einzelseele), *Brahman* (Weltseele), *Samsara* (Kreislauf der Wiedergeburt) und *Karma* (Wirkungsgesetz des eigenen Handelns) werden in Schriftform festgehalten. Die religiösen Strömungen erhalten zwischen 500 und 300 v. Chr. eine Prägung durch die Lehren **Buddhas**. Auf beide Strömungen, die in jüngster Zeit im Westen eine starke Rezeption erfahren, ist im letzten Teil der vorliegenden Schrift zurückzukommen (unten 6. Teil).

c) **Orient**

Ähnliche Entwicklungen kultureller Art ergeben sich auch im Orient. Im Iran lehrt **Zarathustra** (je nach Forschung ca. 1800 v. Chr. oder im 7. oder 6. Jh. v. Chr.) und begründet den Zoroastrismus. Zarathustra zeichnet ein Weltbild des Kampfes zwischen Gut und Böse (Dualismus). Begriffe wie «Wahrheit», «Gerechtigkeit» und «gute Ordnung», «Ungerechtigkeit», das «Böse» und «Chaos» werden von zentraler Bedeutung. Seine Handlungslehre, in den Schriften des *Avesta* zusammengetragen, umfasst Lehren zu guten Gedanken, guten Worten und guten Taten. Zarathustras Lehre negiert einen Sinn jeglicher Art von Opferhandlungen oder Bekenntnissen; vielmehr steht die freie Entscheidung des Menschen im Zentrum, an der er letztlich gemessen wird: Bis zu einer Form eines Endgerichts haben die Menschen die Wahl, Gutes zu denken, zu sprechen und zu tun. In **Israel**, das den Orient und den Okzident damals verbindet, lehren die biblischen Prophetinnen und Propheten. Nach dem salomonischen Tempel wird um 521 bis 516 v. Chr. der zweite Tempel in Jerusalem errichtet, dessen Westseite bis heute erhalten ist und als Klagemauer, eine der wichtigsten Heiligstätte des Judentums, bekannt ist.

d)   Okzident

Die Entwicklung erfasst auch den Okzident. In **Griechenland** sind es die homerischen Epen Ilias und Odyssee (um und kurz nach 750 v. Chr.) sowie das Denken der Naturphilosophen seit der ersten Hälfte des 6. Jh. v. Chr. (z.B. die Milesier Thales, Anaximander und Anaximenes) und im 5. und 4. Jh. v. Chr. das Wirken von **Sokrates**, **Platon** und **Aristoteles**, die die Grundlagen der heutigen europäisch-abendländischen Weltanschauung legen.

Diese Entfaltung setzt sich in **Alexandria** und in **Rom** fort, etwa durch Cicero (gest. 43 v. Chr.) und Seneca (gest. 65 n. Chr.). Sie wird insbesondere durch den Neuplatonismus, u.a. durch Clemens von Alexandrien (gest. 215), Origenes (gest. 254), Plotin (gest. 270), und in der Spätantike durch das Wirken von Hypatia (gest. 415), Augustinus von Hippo (gest. 430), Proklos (gest. 480) und Boethius (gest. 520), in das Mittelalter und die Neuzeit übertragen.

Die Entwicklung im Okzident wird nachfolgend als Grundlage des europäischen rechtsphilosophischen Denkens vertieft.

§ 2 Antikes Griechenland: Entwicklung im Okzident

1. Übersicht und Fragestellung

Das antike Griechenland bildet den Ursprung der europäischen und – im Gefolge der europäischen – auch der nordamerikanischen Philosophie. Geographisch reicht das hellenistische Siedlungsgebiet von Athen östlich über Kleinasien bis zum Schwarzen Meer sowie westlich nach Süditalien und über Sizilien hinaus. Ab dem 8. Jh. v. Chr. bilden sich die sog. *Poleis,* das griechische Wort für Stadtstaaten. Die *Polis* Athen erstreckt sich über ganz Attika auf einer Fläche von ca. 2600 Quadratkilometern und hat in den Jahren 400 bis 300 v. Chr. ca. 250'000 Einwohner.

Die *Polis* Athen entwickelt sich zu einer **Demokratie** (sog. *attische Demokratie*). Diese erlangt ihre volle Ausprägung im 5. Jh. v. Chr., mithin zum Zeitpunkt der grössten Machtentfaltung Athens zur Zeit des attischen Seebundes. Die attische Demokratie ist eine auf dem Prinzip der Volkssouveränität gegründete politische Ordnung. Eine rechtsstaatliche Gewaltenteilung im heutigen Sinn existiert nicht. Kerninstitution ist die Volksversammlung *(Ekklesia)* mit einer Beschränkung auf registrierte Vollbürger. Beschlussanträge werden vom Rat der 500 *(boulē)* festgelegt. Die Kompetenz, in Streitfällen über die Zulässigkeit privater Eigenmacht zu entscheiden, wird den Amtsträgern im Zuge der Entwicklung der Demokratie entzogen: Den Volksgerichten (*Heliaia;* **Gerichtsversammlung**) obliegt die Rechtsprechung. Das Gericht setzt sich aus jährlich 6000 durch Los bestimmten Bürgern zusammen und urteilt in (je nach Bedeutung der Streitsache unterschiedlich grossen) Kollegien *(Dikasterien),* deren Mitglieder (je nach Streitsache z.B. 201, 401 oder 501 Richter) wiederum für jeden Verhandlungstag neu durch Los bestimmt werden. Der Spruchkörper entscheidet in freier Würdigung der Parteivorträge in geheimer Beratung letztinstanzlich. Die Klagegegenstände werden einerseits in private, durch den Geschädigten vorzubringende, sowie andererseits in öffentliche, die ganze *Polis* betreffende Vorbringen differenziert. Die Gerichtsbarkeit beinhaltet nach neuerer Forschung sowohl die juristische als auch die moralische und politische Normenpflege. Einige Gerichtsreden sind überliefert (etwa von Demosthenes). Die attische Demokratie endete 322 v. Chr. mit der makedonischen Vorherrschaft.

Die *Polis* bildet ein Forum für die Bürger, um die grundlegendsten Fragen von Sinn und Zweck des Daseins und von ordnenden Grundlagen des Zusammenlebens zu diskutieren. Das schliesst für die antiken griechischen Philosophen zuallererst die Frage mit ein, was Welt und Wirklichkeit, was das Seiende überhaupt ist. Wie kann Sein verstanden werden? Wie kann die dem Menschen begegnende Wirklichkeit als geordnetes Aussen gedeutet und begriffen werden? Welche Handlungsanweisungen sollen aus der Deutung folgen? Die uns erscheinende Wirklichkeit, wie wir sie aus der Erfahrung kennen, soll denkerisch als Sinnzusammenhang auf eine Ursache (*aitia*) und auf **Grundprinzipien** (*archē, stoicheion, logoi, nomoi*) zurückgeführt werden. Dimensionen von Sinnhaftigkeit sollen sich daraus für das menschliche Handeln erschliessen.

Bereits die ältesten Schriftstücke (Hesiod, Theogonie, ca. 700 v. Chr.) weisen dabei auf einen für das griechische Denken zentralen **Dualismus** hin, der dem Wirklichkeitsverständnis zugrunde liegt: nämlich die Unterscheidung von Sein als Beständigem (immer Gleichem) und Werden und Vergehen (Veränderlichem). Diese Gegenüberstellung bildet die Basis, auf der die Grundprinzipien von Welt und Wirklichkeit und in der Folge des richtigen Handelns denkerisch erfasst werden können.

Die denkerischen Grundlagen der Wirklichkeitsreflexion im Sinne der Philosophie als aufstrebender theoretischer Welterklärung, die bis ins 19. Jh. als die Königsdisziplin der Wissenschaften gelten soll, werden nun mit Bezugnahme auf die doxographischen Berichte und Originalquellen in kurzer Form dargestellt.

Eine zentrale Bedeutung kommt in den Quellen dem **Gerechtig-keitsbegriff** und dem dazu weitgehend als Synonym verwendeten **Recht** selbst *(dikē, dikaios)* zu (vgl. bereits Homer, Od., 11.218–222). Es bezeichnet in der griechischen Philosophie sowohl Rechts-ordnung als auch die konkrete gerichtliche Rechtserkenntnis (Ur-teil). «Recht» beinhaltet aber darüber hinaus auch das, was dem Menschen aufgrund eines Gesetzes (Urprinzips) zukommt: Kosmi-sche Ordnung und Rechtsgedanke korrelieren. Die frühesten Dar-stellungen des Wirklichkeitsverständnisses und der Entwicklung der Gerechtigkeitsidee finden sich in der Vorsokratik, die näher zu beleuchten ist.

2. Vorsokratiker – erste Fragmente zur kosmischen Ordnung

a) Thales von Milet: Urprinzip Wasser

Von den vorsokratischen Schriften ist keine vollständig erhalten; spätere antike Autoren umschreiben das Denken der Vorsokratiker in doxographischen Berichten. Als frühester Philosoph wird Thales von Milet überliefert. Dieser lebt von ca. 625–547 v. Chr.; er gehört, wie etwa der noch zu behandelnde Anaximander, zum Stamm der Ionier, einem Seefahrervolk, das durch seinen blühenden Handel als Verbindungsglied zwischen Ost (Kleinasien, Phönizien, Ägyp-ten) und West (Griechenland, Süditalien) gilt. Die ionische Philo-sophie nimmt stark Bezug auf die Erforschung der Natur («ioni-sche Naturphilosophie»). Die Stammesbezeichnung Ionier bzw. Ionien bildet in verschiedenen asiatischen Sprachen noch heute den Wortstamm für Griechenland (vgl. etwa *Yūnānī* auf Arabisch). Mit Thales verbindet man im Rahmen der Entwicklung der theore-tischen Welterklärung den neuen Begriff des Gelehrten. Thales ist Ingenieur (Tempelbau), Mathematiker, Astronom und Philosoph. Er beschäftigt sich auch mit Geometrie; ihm wird etwa der erste Beweis zugeschrieben, wonach alle Winkel am Halbkreisbogen (sog. Thaleskreis) rechte Winkel sind. Thales ist wahrscheinlich von

der orientalischen Himmelskunde (babylonische Astronomie) beeinflusst und soll die Sonnenfinsternis von 585 v. Chr. vorausgesagt
haben. Verschiedene Quellen deuten darauf hin, dass Thales von
Milet eine gewisse Rolle im damaligen politischen Geschehen spielt.
So wird er unter anderem von Platon als einer der sieben Weisen
bezeichnet, zu denen üblicherweise Staatsmänner zählen (vgl. Platon, Prot., 342e ff.).

Ausgangspunkt für Thales' philosophisches Denken ist die Suche
nach einem durch das Theoriemodell erklärbaren Ursprung der
Dinge: Die uns erscheinende Wirklichkeit, wie wir sie aus der
Erfahrung kennen, soll denkerisch auf Grundprinzipien *(archē,
stoicheion)* zurückgeführt werden. Für Thales ist dieses **Urprinzip
Wasser**: Er lehrt, die Welt sei aus Wasser hervorgegangen und bestehe noch immer (in festem, flüssigem oder gasförmigem Zustand)
aus Wasser. Sofern man der Vermutung von Aristoteles Glauben
schenken mag, so fragt Thales nach den natürlichen Ursachen von
Erscheinungen: «Die meisten also von denen, die zuerst Philosophie
trieben, meinten, die Prinzipien in der Art der Materie seien die
einzigen Prinzipien aller Dinge. Denn woraus alle Dinge bestehen
und woraus sie als aus einem Ersten werden und worein sie als in
ein Letztes vergehen, […] das sagen sie, ist Element und Prinzip
der Dinge […] Anzahl freilich und Art des so verstandenen Prinzips geben nicht alle gleich an, vielmehr sagt Thales, der Urheber
solcher Art von Philosophie, dass es das Wasser ist» (Überlieferung von Aristoteles, Met. A 3 983 b 6 ff.). Für Thales ist demnach
Wasser dasjenige, «woraus jedwedes Seiende ursprünglich besteht,
woraus es als Erstem entsteht und worin es als Letztem untergeht,
wobei das Wesen fortbesteht und nur seine Eigenschaften wechselt»
(DK 11 A 12).

Anstelle des Rekurs auf den Mythos erfolgt also die Erklärung der
Welt gestützt auf ein materielles natürliches (im weitesten Sinne:
physikalisches) Prinzip. Thales geht von stofflichen Urgründen des
Seins und der Dinge aus (Hypothesen) und bedient sich hierfür

argumentativer Mittel. Er fundiert damit das **Theoriemodell**, das Weltgeschehen auf der Grundlage allgemeiner Naturgesetze zu verstehen. Für ihn ist dabei die ganze Welt belebt (beseelt); die Seele als immaterielles Lebensprinzip ist Grund ihrer ständigen Bewegung (Transformation). Die Welt wird als ein Ablauf nach ewigen, ihr innewohnenden Gesetzen verstanden, die es objektiv zu ergründen gilt – ganz unabhängig vom Verhalten von Göttern, von Opferriten, Mythen und Überlieferungen. In diesen Sinne spricht man auch von der Geburt der Wissenschaft in der ionischen Aufklärung.

b)   Anaximenes: Urprinzip Luft

Auch Anaximenes (ca. 585–524 v. Chr.), Schüler des Anaximander (s. nachfolgend c), sucht die Gesetzmässigkeit der Welt und der Wirklichkeit auf ein Urprinzip zurückzuführen: Für ihn ist die Luft (ἀήρ; aēr) der Urstoff (ἀρχή; archē; Anfangsprinzip) der Welt. Anaximenes beobachtet die Wandlung der Materie, die er als Verdichtung (z.B. Umwandlung von Luft in Wolken und Nebel) oder Verdünnung (z.B. Umwandlung von Wasser in Luft) beschreibt. Er vertritt die Ansicht, dass jeder Stoff durch geeignete Behandlung in den festen, flüssigen und gasförmigen Zustand überführt werden kann. Die Theorie des Anaximenes bildet zunächst den Ausgangspunkt für die Atomistik, eine von Leukipp und Demokrit im 5. Jahrhundert v. Chr. entwickelte philosophisch-physikalische Lehre. Diese besagt, dass die sich wandelnden Eigenschaften der Dinge nur scheinbar bestehen und durch die Anziehung der Atome untereinander bedingt sind. Zudem wird davon ausgegangen, dass die Materie aus kleinsten, nicht teilbaren oder auf andere Elemente reduzierbaren Bausteinen (*átomos;* Elementarteilchen) besteht. Während das Teilchenmodell der Materie in der Wissenschaft lange Bestand hatte, wird es durch die Quantentheorie im 20./21.Jh in Frage gestellt (vgl. dazu auch unten, 1. Teil, § 2, Kap. 2.d in fine). Wer davon ausgeht, es handle sich beim Urprinzip Anaximenes' selbst um eine naive Wirklichkeitsannahme, irrt: Die Physiker des 20. und 21. Jh. beschäftigen sich intensiv mit dem Denken der Vorsokratiker zur materiellen

und spekulativen Frage, woraus Wirklichkeit besteht. Erwin Schrödinger (1887–1961), Nobelpreisträger und Begründer der Quanten-
mechanik, führt zu Anaximenes 1954 aus: «hätte er statt Luft gesagt:
dissoziiertes Wasserstoffgas […], so wäre er nicht weit von unseren
gegenwärtigen Ansichten entfernt gewesen»; «auch wir gehen […]
vom Gas als dem einfachsten, noch nicht ‹aggregierten› Zustand
aus und führen den komplizierter gebauten flüssigen und festen auf
ein Kräftespiel zurück» (Die Natur und die Griechen, S. 107 f.). Die
Physik des 20. Jahrhunderts sieht die Welt ähnlich wie Anaximenes:
Als im Wesentlichen aus «Luft» bestehend, weil die kleinsten che-
mischen Bausteine Wasserstoffatome sind, aus denen alle anderen
Atome und Moleküle zusammengesetzt sind.

c)   Anaximander: Gerechtigkeit in der Zeit

Anaximander (ca. 610–547 v. Chr. in Milet) wird ebenfalls der ionischen Naturphilosophie zugeordnet. Er umschreibt basierend auf
der Entdeckung, dass die Erde auf sich selbst ruhe, Grundzüge der
Schwerkraft. Ebenso sucht er theoretisch-argumentativ eine Ursache, die als immer gleiches Prinzip die Wirklichkeit umschreiben
kann. Dieses versteht er jedoch nicht stofflich (in der Form eines
bekannten Grundstoffes), sondern qualitativ-abstrakt: Anaximander nennt als Urprinzip der Welt und Wirklichkeit das Unbegrenzte
(*apeiron*) und stellt es den stofflichen Elementarkräften (Feuer,
Erde, Luft, Wasser, Äther) als begrenzte Kräfte entgegen.

Das berühmte Fragment des Anaximander ist das früheste nahezu
vollständig erhaltene Fragment der griechischen Philosophie – besonders anspruchsvoll und bis heute kontrovers diskutiert. Das
Fragment nimmt auf Urprinzipien oder Urgesetze wie folgt Bezug:

> [Anfang und Ende der Dinge ist das *apeiron*] «[W]as für die sei-
> enden Dinge die Quelle des Entstehens ist, dahin vollzieht sich
> auch ihr Vergehen ‹gemäss der Notwendigkeit; denn sie vergelten
> einander gegenseitig ihr Unrecht nach der Ordnung der Zeit›.»
> (DK 12 B 1, Übers. von Horn, S. 12).

Uns zugänglich wird also ein Denken, das die **Bewegung der Wirklichkeit** zu erfassen sucht. Etwas – das Seiende – «ist», indem es in Einzeldingen aufgehend und untergehend in Erscheinung tritt: Aufgehen als hervorgehendes Entfalten des eigenen Wesens, Untergehen als In-Sich-Zusammenfalten des eigenen Wesens. Der zweite Teil des Fragments gibt Auskunft über das, was dem Seienden jeweils zukommt: Alles Seiende steht miteinander in Abtausch, jedes Seiende übernimmt jedem anderen Seienden Platz; jedes Seiende gibt seinen jeweiligen Seinsanspruch auf das Folgende auf. Es geht um ein ausgleichendes und notwendiges Genüge-Tun aller Dinge untereinander als kosmischer Prozess. Anaximander nennt als Beispiel etwa die Abfolge von heiss, kalt, trocken, feucht etc. Die zeitlich notwendige Abfolge der Dinge stellt er als geordneten Weltprozess, als «**Gerechtigkeit in der Zeit**» dar. Umschrieben wird eine kosmische Gerechtigkeitsordnung, die sich über die Zeit zum Ausgleich bringt. Bereits in früheren Fragmenten ist die Rede vom «Gerichtshof des Chronos (Zeit)» (Solon, fr. 24, Z. 1–7).

Im Zentrum der Reflexion von Anaximander steht ein Urprinzip oder **Wirkungsgesetz** *(Logos),* nicht etwa ein Akteur wie Gott, ein Mensch oder Tier. Das Wirkungsgesetz selbst nennt Anaximander *apeiron* (das Un-Begrenzte, das Unendliche, das Unsterbliche): Für ihn muss das, woraus alles sich nach einem Ausgleichs- oder Vergeltungsprinzip in der Zeit differenziert und wohin alles wieder zurückgeführt wird, *übergegensätzlich* (unbegrenzt, unendlich, unsterblich) sein. In diesem Urprinzip gründet Anaximander jedes Sein, mithin auch jede Endlichkeit der Einzeldinge, die als dessen Gegensatz hervorgehend und untereinander widerstreitend aufgefasst werden. So sind für ihn alle Dinge entweder Anfang selbst oder von diesem hergeleitet. Das von Anaximander umschriebene **Urprinzip** *(apeiron)* beschränkt sich dabei nicht auf eine stoffliche Betrachtung, sondern definiert eine Sinn- und insbesondere eine Gerechtigkeitsdimension als konstitutives Element der Wirklichkeit.

Das allererste Fragment dieser westlichen griechischen Philosophie benennt demnach eine «geordnete Sinndimension von Wirklichkeit». Erscheinungen kommen und gehen, und wie sie einander vergelten, ist eine wiederkehrende Ordnung des Ausgleichs. Hervorgehender Aufgang und in sich gehender Untergang sind nach dem Fragment dasselbe (und bilden eine Einheit). Anaximander beobachtet ein immer gleiches Gesetz, das Ursprung und zugleich Ziel von Wirklichkeit ist («Was für die seienden Dinge die Quelle des Entstehens ist, dahin vollzieht sich auch ihr Vergehen»). Der Ursprung von Welt ist damit nicht als zeitliches Früher-Dasein zu verstehen, sondern als zeitlose Verfügung mit eigener Wirkungsgesetzlichkeit. Dorthin, wo die Erscheinungen herkommen, gehen sie zurück, wobei das Notwendige als **Gerechtigkeit** *(dikē)* dargestellt wird: «[…] gemäss der Notwendigkeit, denn sie vergelten einander gegenseitig ihr Unrecht nach der Ordnung der Zeit.» Das Fragment öffnet den Blick für die Denkdimension eines geordneten Kosmos, dessen Ordnung philosophisch nunmehr auch unter einen weit zu verstehenden Begriff der Gerechtigkeit zu fassen ist.

d) Pythagoreer: «Alles ist gemäss der Zahl»

Einen weiteren wirkungsmächtigen Versuch, die Welt mittels einer wissenschaftlichen Sichtweise theoretisch zu erklären, entwickeln die Pythagoreer und deren am intensivsten rezipierter Vertreter **Pythagoras** (um 570 bis nach 510 v. Chr., Samos/Kroton). Pythagoras ist wohl – gemäss dem aktuellen Stand der Forschung – Schüler der Themistokleia. Von Pythagoras liegen bloss bruchstückhaft erhaltene Schriften vor. Zur Schule der Pythagoreer gehören 17 namentlich bekannte Philosophinnen, deren philosophische Werke jedoch weitgehend verloren sind. Überliefert sind demgegenüber Sinnsprüche für den Alltag, deren Echtheit jedoch vermehrt umstritten ist. Die Philosophin Theano (5./6. Jh. v. Chr.) gilt etwa als präzisere Überliefererin der pythagoreischen Lehre als Aristoteles, auf den sich die meisten Aussagen zur Lehre der Pythagoreer stützen. Aisara von Lukanien (4./3. Jh.) wird die pythagoreische Schrift

«Über die menschliche Natur» zugeschrieben, wovon bloss ein Fragment erhalten ist. Die philosophischen Funktionen und Wirkungsweisen solcher Denkerinnen werden erst seit jüngster Zeit ernsthaft erforscht.

Durch die überlieferten Pythagoreer eröffnet sich eine neue, wissenschaftliche Dimension des Denkens: Gemäss dem Leitspruch «Alles ist [gemäss der] Zahl» spiegeln und erschliessen sich die Gesetze von Welt und Wirklichkeit. Wissen entspringt nicht dem Mythos, sondern lässt sich in Zahlen ausdrücken. Alle Zahlen und geometrischen Formen sind gemäss ihrer Lehre **Ausdehnungen der Eins bzw. des geometrischen Punktes**, die als Symbole für ein oberstes Prinzip begriffen werden; ersteres als mathematisch gefasstes oberstes Prinzip, zweiteres als geometrische Darstellung des obersten Prinzips, das sich in die Vielheit (unendlich) ausdifferenziert. Aus der Eins oder Punkteinheit als Elementarteilchen entfaltet sich der gesamte Kosmos. Die Eins und der geometrische Punkt (der selbst definitionsgemäss keine Ausdehnung besitzt) bilden damit einerseits das Unbegrenzte; gleichzeitig hat jede definite Zahl oder Form an dieser Unbegrenztheit teil. Die Zahl 1 und der Punkt symbolisieren so gleichermassen die Einheit der Zahlen und Formen. Der Mathematiker Euklid, der (etwas später als Pythagoras) im 3. Jh. v. Chr. in Alexandria lebt, definiert die Zahl denn auch als «aus Einheiten zusammengesetzte Vielheit» (Elementa VII, 2). Das Seiende ist nach pythagoreischer Lehre ein in Zahlen darstellbares Begrenztes, das am Unbegrenzten teilhat. Die Zahlenlehre wird bei den Pythagoreern mit der Harmonie, einer Kategorie der Ästhetik, verknüpft: Der Kosmos ist eine **Weltordnung**, die sich im System der Zahlen spiegelt. Eines der *Akusmata* (griechisch für Gehörtes, Hörsprüche) des Pythagoras lautet daher: «Die Zahl ist das Wesen aller Dinge.» In der Eins bzw. dem Punkt hat der Kosmos seinen Ursprung und sein Ziel.

Für die Pythagoreer besteht die Welt und der Kosmos somit aus den beiden Prinzipien des Unbegrenzten (symbolisiert durch die geraden Zahlen) und des Begrenzten (symbolisiert durch die ungeraden

Zahlen; DK 44 B 1f.). Verbindungspunkt ist dabei immer die Eins, die für die Pythagoreer weder gerade noch ungerade ist (B 5). Neben der Analyse der rationalen Zahlen setzen sich die Pythagoreer auch mit Funktion und Bedeutung der irrationalen Zahlen auseinander. Aus der pythagoreischen Zeit stammen erste nachweisbare Belege für irrationale Grössenverhältnisse. Eine irrationale Zahl (Beispiele sind π, die Eulersche Zahl oder die Wurzel einer nicht quadratischen, natürlichen Zahl) kann nicht als Verhältnis von zwei ganzen Zahlen dargestellt werden. Die Pythagoreer erschliessen die **Gerechtigkeit** als Gegenstand des Rechts, wobei auch diese in erster Linie mathematisch zu begründen ist. In einer nur lückenhaft überlieferten Zahlenmystik wird «das Gleiche mit Gleichem zu messen» als Inhalt der Gerechtigkeit umschrieben; in einem Fragment heisst es auch, zu erkennen sei, dass «die Natur in allem gleich ist» (Goldene Verse, Nr. 52). Damit ist der Massstab des Gleichen als ein wesentlicher Inhalt der Gerechtigkeit angedacht. Letztere wird dann mit einer Quadratzahl (4 als 2 mal 2; 9 als 3 mal 3) objektiviert dargestellt. Pythagoreer erklären die Welt nicht mehr nur mit Gesetzmässigkeiten, die sie aus der Natur kennen, sondern sie bedienen sich zur Ergründung der «seienden Dinge» einer neuen Sprache, der Mathematik und Geometrie, mithilfe derer diese Gesetzmässigkeiten notiert und (im Rahmen ihrer Prämissen) unwiderlegbare Argumentationen geliefert werden können.

Die pythagoreische Erfassung der Welt beinhaltet neben den mathematischen auch physikalische Dimensionen. Als mechanisch messbare Grössen sind nach den Pythagoreern **Schwingungen**, d.h. periodische Änderungen physikalischer Grössen, **Grundlage des Kosmos**. Der gesamte Kosmos wird von ihnen als ein gewaltiges Schwingungsfeld von unterschiedlichster Dichte und Frequenz (Anzahl Schwingungen pro Sekunde) verstanden. Schwingungen werden als Entwicklungsimpuls des Kosmos und damit als Wirkungsgesetz *(Logos)* verstanden. Die Pythagoreer verbinden in diesem Sinne die «konstitutiven Prinzipien des Mathematischen» mit den «konstitutiven Prinzipien der seienden Dinge». Die Schwingungen werden von ihnen dabei nicht nur als philosophisches Grundprinzip für die theoretische Erfassung von Welt verwendet, sondern auch etwa therapeutisch eingesetzt (z.B. harmonisch-rhythmische Klänge zur Heilung). Entsprechend hält Aristoteles fest: «[D]a also das übrige in seiner ganzen Natur den Zahlen nachgebildet schien, die Zahlen aber für sie [die Pythagoreer] die ersten Wesenheiten der gesamten Natur waren, nahmen sie an, die Elemente der Zahlen seien die Elemente aller Dinge, und der ganze Himmel sei Harmonie und Zahl.» (Met. A 5 985 b 31 ff.).

Wesentliches Element der Person ist bei den Pythagoreern die **Seele**. Nach pythagoreischer Auffassung ist die Seele ein eigener Kosmos in der Welt und als das Lebensprinzip unsterblich; auch sie wird als Harmonie umschrieben: «Sie behaupten nämlich, dass [die Seele] eine Art von Harmonie sei». Die mathematische Darstellung der Welt und des Kosmos sind so verknüpft mit der zu dieser Zeit weit verbreiteten Inkarnationslehre der Seele. Pythagoreer gehen dabei von einer Seelenwanderung aus; eine menschliche Seele kann sich in einem weiteren Leben als Tier oder als Pflanze inkarnieren. Gestützt hieraus werden Normen (Gesetze) entwickelt, die gegenüber anderen Lebewesen beachtet werden müssen. Iamblichos schreibt: «Pythagoras [lehrt] die Freundschaft mit allen […] durch Gerechtigkeit, durch das Bewusstsein der natürlichen Verflochtenheit und Solidarität […]»; eines der weiteren der Akusmata des Pythagoras lautet, es sei das zu tun, das nicht schädigt. Pythagoreer sind mithin bestrebt, durch diese Vorgaben eine harmonische Gemeinschaft von Lebewesen zu verwirklichen. Unter die Normen fällt etwa der Verzicht auf sog. Opferhandlungen und Fleisch («Enthalte dich der beseelten Lebewesen»). Die Seele kann ihr Eigenstes bewahren, indem sie sich anderen Wesen gegenüber verantwortungsvoll benimmt. Die entwickelten Normen dienen dazu, der Seele für künftige Inkarnationen ein besseres Los zu bescheiden. Insoweit folgen die Pythagoreer den Orphikern; entsprechende Einflüsse hinsichtlich der Seelenwanderung aus den asiatischen Lehren, etwa den vedischen Weisheiten (Karma-Lehre; vgl. hinten 6. Teil [Asiatische Rechtsphilosophie]), konnten dabei nicht nachgewiesen werden – bei der Inkarnationslehre der Seele handelt es sich um eine eigenständige okzidentale Tradition. Die Seelenlehre bestimmt das Alltagshandeln durch Gebote wie den Vegetarismus oder die unblutigen Opfer («Solange der Mensch Tiere tötet, werden die Menschen auch einander töten»).

Es ist darauf hinzuweisen, dass auch im 20. Jh. verschiedene Forscher ihre Disziplin der Physik als auf die Pythagoreer zurückgehend verstanden haben, so beispielsweise Werner Heisenberg (1901–1976). Auch sie stehen in der Tradition einer thematischen Nähe des antiken philosophischen und physikalischen Denkens und versuchen ebenso eine philosophische Sinndimension aus physikalischen Erkenntnissen zu erschliessen. Nach Heisenberg etwa sind die kleinsten Einheiten der Materie im modernen Sinn nicht als physikalische Objekte, sondern als Form oder Idee im Sinne Platons zu verstehen (dazu unten, 1. Teil, § 2, Kap. 4.b). Erwin Schrödinger stellt die Vorgänge im Innern eines Atoms mit seiner Quantentheorie als schwingendes System dar und schreibt den Pythagoreern die ersten Entdeckungen in der Mathematik zu, die als Eigenheit mit ihren Formeln plötzlich Ordnung in ein Gebiet zu bringen vermag, für das sie gar nicht gedacht war (Schrödinger, S. 71). Auch etwa Beweise wie diejenigen des Mathematikers Kurt Gödel (1906–1978), der zeigt, dass in einem abgeschlossenen mathematischen System Aussagen existieren, die nicht bewiesen werden können («Jedes hinreichend mächtige, rekursiv aufzählbare formale System ist entweder widersprüchlich oder unvollständig»), werden in der Tradition der Pythagoreer rezipiert, die **Mathematik als Gegenstand der Philosophie** zu deuten. Anton Zeilinger (geb. 1945, Physiknobelpreisträger 2022), stellt sich die Frage, weshalb die Welt nach mathematischen Gesetzen funktioniert und diese Gesetze vergleichsweise einfach sind. Die Beispiele, die fast beliebig erweitert werden könnten, zeigen die Aktualität der pythagoreischen Verknüpfung der Mathematik und Physik mit der philosophischen Reflexion.

e)   Heraklit – alles fliesst

Das denkerische Erfassen von Wirklichkeit impliziert in der Antike – bei nahezu allen in die Achsenzeit einbezogenen Kulturen – das Deuten von äusseren Erscheinungsformen und die Rückführbarkeit auf einheitliche Grundprinzipien. Heraklit nennt das Grundprinzip der Wirklichkeit, das er zu erfassen sucht, *Logos (λόγος)*. Heraklit und Parmenides äussern sich zu den Eigenheiten der Wirklichkeit unter dem Blickwinkel des Wahrnehmens und des Verstehens. Sie beziehen ihre Konzeptionen – mit grundlegend verschiedenen Implikationen – auch auf das Recht und die Gerechtigkeit. Die Diskussion kann unter Bezugnahme auf Fragmente von Heraklit und Parmenides in kurzer Form dargestellt werden.

Heraklit lebt um 520–460 v. Chr. und stammt aus Ephesus. Er ist insbesondere durch folgende zwei Fragmente berühmt geworden: «Der Krieg [andernorts übersetzt: der Kampf, die Auseinandersetzung] ist der König aller Wirklichkeit» und *«panta rhei»* («alles fliesst»). Auch die Kurzformel «Streit ist Recht» (DK 22 B 80) ist für den vorliegenden Kontext bedeutsam. Was sind die Dimensionen, die hinter diesen Kurzformeln stehen? Heraklit geht der Frage nach, wie sich Wirklichkeit konstituiert. Hierfür bezieht er sich zunächst auf unsere Erkenntnisfähigkeit bzw. auf alles, was wahrnehmbar ist. Unter Bezugnahme auf die Wahrnehmungsbetrachtung umschreibt er die dynamische Form der Wirklichkeit. *Logos,* das zentrale Wirkungsgesetz der (erlebten und physischen) Welt, zeigt sich als das des Werdens und des Vergehens. So kann nur wahrgenommen werden, dass es Tag ist, weil es eine Nacht gibt. Das gleiche gilt für qualitative Phänomene: «[d]ie [Menschen] würden nicht einmal [das Recht] kennen, wenn es [das Ungerechte] nicht gäbe» (DK 22 B 23). Die Welt ist gegensätzlich, ist in diesem Sinne Auseinandersetzung (Krieg), der Mensch kann nur aus dem **Gegensätzlichen** verstehen, was überhaupt Wirklichkeit ist. «Alles fliesst» bedeutet bildlich entsprechend: alles Wahrzunehmende ändert sich; es existiert nichts, weder in der Erlebniswelt noch in der physikalischen Welt, das je gleichbliebe («Denen, die in dieselben Flüsse steigen, strömt anderes und wieder anderes Wasser herbei»; DK 22 B 12). Mit *panta rhei* wird also auf den Fluss des Werdens und des Vergehens Bezug genommen; gerade weil Wirklichkeit gegensätzlich ist, vermögen wir sie überhaupt zu verstehen. Heraklit ist dabei dem ewigen Wechsel der sinnlichen Erscheinungen zugewandt («Dingen, die zu sehen, zu hören, zu erfahren sind, [...] gebe ich den Vorzug»; DK 22 B 55).

Dem Prinzip der Gegensätzlichkeit und Ungleichheit der äusseren Wirklichkeit sind auch die Menschen unterworfen, wie Heraklit feststellt: «Kampf ist der Vater von allem, der König von allem, die einen macht er zu Göttern, die anderen zu Menschen, die einen zu Sklaven, die anderen zu Freien» (DK 22 B 53). Auch die Grundlegung der Ethik, der Lehre des richtigen Handelns, wird nach Heraklit in einer Auseinandersetzung erlangt, und zwar in einem Kampf des Menschen, der (zuallererst) in die Welt der Auseinandersetzung einbezogen ist. Die Auseinandersetzung und Vielheit wird bei Heraklit – in nicht einfach zu deutenden Fragmenten – einerseits mit der Seele und andererseits dem Element Wasser in Verbindung gebracht: Heraklit geht von einer Tiefgründigkeit und Eigengesetzlichkeit der Seele aus (DK 22 B 45), die zuerst absteigt und sich dann in einer Allseele auflöst. Die Feuchtigkeit (bzw. das Wasser) verwendet Heraklit als Symbol des Abstiegs («den Seelen ist es der Tod, Wasser zu werden», Feuer und Trockenheit demgegenüber als Symbol der Erlösung derselben («das Kalte wird warm [...]»; «trockene Seele [ist] die weiseste und beste»; DK 22 B 118). Auch die Welt entstehe aus Feuer und löse sich wieder in Feuer auf. Wasser (wie: Fluss, fliessen, Feuchtigkeit) ist demnach bei Heraklit ein Symbol der Vielheit resp. der Polarität; Feuer steht für Auflösung und Einheit. Die Auseinandersetzung mit der Vielheit ist damit auch bei Heraklit negativ konnotiert, jedoch unumgänglich.

In Auseinandersetzung mit den Gegensätzlichkeiten (Polarität; Vielheit) geht Heraklit selbst davon aus, dass über diese eine Einheit als übergesetzliches oberstes Prinzip existiert, diese Gegensätze mithin erst als zeitliche Abfolge aus derselben hervorgehen. Für ihn steht hinter der äusserlich wahrnehmbaren Wirklichkeit der Welt die Einheit, die er als eine Einheit von Gegensätzen umschreibt. Quintessenz des herakliteischen *Logos* ist die Überzeugung, dass sich dieser zwar in Vielheit zeigt, aber letztlich *eins* ist («Nachdem man […] auf den *Logos* gehört hat, ist es weise zuzustimmen, dass alles eins ist»; DK 22 B 50). *Logos* ist insofern gleichzeitig invarianter Zusammenhang von Erscheinungen, insofern Einheit. Nach Heraklit ist Einsicht in diese Struktur wünschenswert, jedoch keine Selbstverständlichkeit: Menschen wissen zwar um ihren wenig bewussten Zustand im Traum, nicht aber um denselben Zustand, wenn sie wach sind und in der realen, gemeinsamen Welt des Tages leben; sie haben kein Bewusstsein, wie diese Tageswelt beschaffen ist (vgl. DK 22 B1). Es existieren unter den Menschen denn auch unterschiedliche, teilweise widersprüchliche Erklärungen für die Einheit. («[…] Sie verstehen nicht, wie das Auseinandertretende mit sich selbst übereinstimmt […]»; DK 22 B 51; «Hinsichtlich der Erkenntnis der offenkundigen Dinge sind die Menschen der Täuschung ausgeliefert»; DK 22 B 56). Die Einheit deutet Heraklit als Koinzidenz dieser Widersprüche (Gleichheit im Wechsel), die er u.a. auch in paradoxale Begriffe fasst («Dem Göttlichen ist alles schön und gerecht; [nur] die Menschen halten das eine für ungerecht, das andere für gerecht»; 48 fr. 102 = DK 22 B 102).

Die göttliche (natürliche) Ordnung ist als Recht *(Rechtslogos; Nomos)* bzw. rechtliche Grundordnung der Polis abzubilden. Richtiges (Rechts-)Handeln ist letztlich nur auf der Erkenntnis möglich, wie alle Dinge sich verhalten. Heraklit betont die Bedeutung der Gesetze für das gesellschaftliche Zusammenleben. Ein Gesetz vermittelt höhere Allgemeingültigkeit. Gesetze nehmen insofern an dem Einheitsprinzip als einer Ordnungsstruktur teil, als ihnen etwas für alle Mitglieder der Rechtsgemeinschaft gültiges, insofern allgemeingültiges anhaftet («Denn alle menschlichen Gesetze werden vom Einen, Göttlichen, ernährt; an Kraft nämlich hat es, wieviel immer man haben will, und es reicht für alles aus und setzt sich durch»; DK 22 B 114, Übers. Zimmermann). Die dem Gesetz unterworfenen Verhältnisse in der Welt sind antithetisch; im «Streit» (vgl. B 80;

80 fr. 211 = DK 22 B 80). Heraklit betont die zentrale Bedeutung, gemäss dem natürlichen Gesetz zu handeln und es in der Polis wie deren Stadtmauer zu verteidigen (DK 22 B 44).

Im Gegensatz zu Heraklit selbst verstehen seine Anhänger (Herakliteer) das Grundprinzip des Rechts als dem Wechsel unterworfen, als in die Polarität der sinnlichen Erscheinungswelt gehalten (vgl. Platon, Krat., 401 E). Über die polare Wirklichkeit hinaus lassen sich für sie keine (allgemeingültigen) Aussagen treffen. Wirklichkeit konstituiert sich durch Verschiedenheit, durch Wandel, durch Auseinandersetzung, die auch im Recht abgebildet werde. Genau diese Position der Schüler Heraklits wird als Gegenposition zu Parmenides aufgefasst (vgl. dazu nachfolgend f).

f)   Parmenides – die Dichotomie zwischen Erkennen und Meinen

Parmenides, Schüler eines Pythagoreers, lebt um ca. 520/515 bis 460/455 v. Chr. in der Hafenstadt Elea (heutiges Süditalien). Seine Denkrichtung begründet die sog. eleatische Schule, eine logisch-konstruktive Denkrichtung, und Parmenides gilt als wirkungsmächtigster vorsokratischer Denker.

Parmenides legt der Wirklichkeit eine für die weitere philosophische Diskussion zentrale neue Form von Analysegegenstand zugrunde, und zwar das **Sein** *(einai)*. Sein (oder das von ihm weitgehend synonym gebrauchte «Wahre», «Richtige» bzw. «Gerechte») kann nach Parmenides nur zum Inhalt haben, was über dem Veränderlichen, Vergänglichen steht. Für Parmenides sind letztere (von Heraklit als Gegensätzlichkeit der gesamten Erfahrungswelt umschriebenen) Phänomene Artefakte und als solche nur den Sinnen, nicht aber der Erkenntnis zugänglich. Erkenntnis richtet sich nach ihm auf das Unveränderliche (Sein).

In seinem bildgewaltig-metaphorischen, im Kern jedoch streng logischen Hauptwerk, das in der Form eines Disjunktivbeweises geführt wird, untersucht Parmenides die denkerischen Grundlagen des Seins («Vom Wesen des Seienden»). Das Werk erzählt dichterisch den Weg des Menschen zur Erkenntnis des Seins. Umschrieben wird ein mit Stuten und Göttinnen des Lichts das «Ich» begleitender Wagen, der schliesslich vor dem Tor der «Bahnen von Tag und Nacht» zum Halten kommt, deren Schlussbalken (Türen) der Göttin des Rechts (**Gerechtigkeit**; Zuteilung des Zukommenden; *Dike*) unterstellt sind. Sie wird von den das «Ich» begleitenden Göttinnen darum gebeten, das Tor zu öffnen, was sie sodann tut. Dike gehört selbst zum Sein; ihr kommt zudem die Schlüsselfunktion zu, die Entfaltung des Seins (als Einheit) in das Seiende (als Vielheit) zuzulassen. Gleichzeitig ermöglicht sie die Erkenntnis: Denn nach dem Öffnen des Tores durch Dike begegnet das «Ich» der *Aletheia* (Alpha privativum und *lanthanō* [verborgen sein]; Wahrheit; dem Sein).

Dike empfängt so das «Ich» und tut ihm kund, dass es göttliche Fügung und Recht auf diesen Pfad gelenkt habe, der notwendig sei, aber sich weitab von der üblichen Menschheit befinde. Insofern solle dieses «Ich» das Wesentliche erfahren. Es bestehe in der **Differenz von Meinung und Sein**: Denn denkerisch *erkennen* lässt sich für Parmenides nur das Beständige, Immergleiche (**das Sein**); beziehe sich das Denken demgegenüber auf die sich verändernde äusserliche Sinnenwelt, so handle es sich um blosses Meinen *(doxa)*. Eröffnet wird durch die metaphorisch-logische Schrift die Existenz einer grundlegenden erkenntnistheoretischen Dichotomie, die sich einerseits in die unveränderliche Wahrheit (das Sein, das Gerechte, auch: das richtige bzw. «natürliche» Recht) und andererseits in die Meinung der Sterblichen *(doxa)* hierüber unterteilt, die sich das Veränderliche, Vergängliche, Unterschiedliche zum Massstab nimmt, der keine Verlässlichkeit innewohnt und kein Sein zukommt. Nach dem anspruchsvollen Fragment 3 ist entsprechend **Sein die Bedingung des Erkennens**: «[Denn] dasselbe kann gedacht werden und sein» (fr. 3, oftmals verkürzt als Identität von Sein und Denken bezeichnet). Auf dem Weg zur Erkenntnis des Seins hat das Recht (verstanden als die Zuteilung des Zukommenden; *dikē*) eine Schlüsselfunktion als Vermittler vom Veränderlichen (dem Meinen) zum

Beständigen (dem Sein). Das **erkennende Denken** (*noein,* tieferes Einsehen, *Nous,* einsehende [intuitive] Vernunft) ist für diesen Erkenntnisweg das zentrale Vermögen des Menschen. Es bezieht sich nach dem parmenideischen Denken auf alles Gleiche, Identische. Erkennendes Denken versteht (oder kann überhaupt verstehen) das Immerwährende, Immergültige, Unveränderliche; es steht nahe an der Einheit (vgl. 1. Teil, § 2, Kap. 5.c, Plotin). Der Weg des Menschen bestehe darin, es zu überwinden, das Gegensätzliche für das Wahre zu halten. Den Meinungen *(doxa)* weist Parmenides – obwohl ihnen keine Verlässlichkeit innewohnt – gleichwohl eine gewisse (eingeschränkte) **regulative Funktion** zu: Das «Ich» wird «hinsichtlich dieser Meinungen verstehen lernen, dass das Gemeinte gültig sein muss, insofern es allgemein ist». Der Massstab der Allgemeingültigkeit ist Massstab des Seins und der Gerechtigkeit.

Dem **Sein** und auch der **Gerechtigkeit** wird eine Reihe von Attributen zugeschrieben: die der Unveränderlichkeit, der Gleichheit und der Unvergänglichkeit. Davon grenzt Parmenides das Nichtsein ab als Werden (was künftig einmal Sein wird), Vielheit (Unstetigkeit), Vergehen. Auch Parmenides umschreibt einen Kreislauf der Wirklichkeit. Alles kommt aus dem Gleichen und geht in das Gleiche zurück: «Es ist für mich das Gleiche, von wo ich anfange; denn dahin kehre ich wieder» (fr. 5). Die Gerechtigkeit hat nicht nur den ethischen Sinn einer konkreten Einzelhandlung zum Inhalt, sondern gleichermassen die Richtigkeit («Gehörigkeit») des Weltverlaufs. Sie ist ein kosmischer Begriff, dem Sein zukommt. In der Folge versuchen verschiedene griechische Philosophen, insbesondere Platon, diese Denkdimension des Parmenides genauer darzustellen (vgl. 1. Teil, § 2, Kap. 4.b).

g) Übertragung der Prinzipien auf das Rechtsdenken

Obwohl sich die Wirklichkeitskonzeptionen von Parmenides und Heraklit im Kern ähnlich sind, werden sie oft – vereinfachend – als Gegensätze dargestellt, und zwar mit Blick auf den erkenntnistheoretischen Fokus ihres Verständnisses von Wirklichkeit. Während für Parmenides Massstab der richtigen (Rechts-)Erkenntnis das immer (bzw. überall) Gleiche ist, wird für die Herakliteer (die Schüler des Heraklit) Polarität und Differenz Richtschnur des Erkennens. Aus den Denkpositionen werden zwei Gegenpositionen archetypisch entwickelt, die mit den modernen Begriffen des Objektivismus bzw. Universalismus einerseits und Relativismus bzw. Partikularismus andererseits in Verbindung gebracht werden können. Der Begriff Universalismus (lat. *universalis*) bezeichnet die Anschauung, dass die Wirklichkeit auf ein Prinzip (Ordnungsgesetz) zurückgeführt werden kann. Daraus folgt, dass gewisse Rechte (z.B. die Menschenrechte) zeit- und ortsunabhängig allen Menschen zukommen müssen. Relativismus ist eine Denkhaltung, die besagt, bloss die Beziehungen der Dinge etc. zueinander könnten erkannt werden (in casu durch die Gegensätze), nicht aber die Dinge selbst. Gemäss der relativistischen Position ist die Wahrheit einer Behauptung stets relativ, aus der Sicht eines konkreten Individuums gültig, nicht aber allgemein. Eine Rechtsordnung gehe entsprechend aus der Logik einer partikulären Entität hervor, sei für diese gültig und könne – mangels fehlender Erkenntnismöglichkeit des Allgemeingültigen – keine allgemeine (universelle) Gültigkeit erlangen (Partikularismus).

Beide Denkmodelle sind Grundpfeiler unserer Rechtskultur. Die idealtypische Frage, ob Recht ein immerwährend Gleiches, als richtig Erkanntes zu statuieren oder aber sich am je nach Sozietät, Zeit etc. stetig Verändernden zu orientieren hat, ist entsprechend auch heute Gegenstand der rechtsphilosophischen Auseinandersetzung. Regelungsinhalte werden je nach ihrer Bedeutung eher als partikular – etwa hinsichtlich der Frage, wie ein lokales Gemeinwesen organisiert werden soll – oder aber – bei spezifisch die Menschen schützenden Rechten – vermehrt als universal verstanden. Der universalistischen Auffassung folgend haben insbesondere Menschenrechte absolute Gültigkeit, stehen jedem Menschen kraft seines Menschseins zu, unabhängig davon, in welcher Sozietät er aufgewachsen ist. Universale Menschenrechte werden etwa in der Allgemeinen Menschenrechtserklärung der Vereinten Nationen

(1948) verankert; ebenso im Internationalen Pakt über wirtschaftliche, soziale und kulturelle Rechte (UNO-Pakt I) und dem Internationalen Pakt über bürgerliche und politische Rechte (UNO-Pakt II). Die Europäische Menschenrechtskonvention (EMRK) stellt ein weitergehendes regionales System zum Schutz der Menschenrechte dar, insbesondere im Hinblick auf die Durchsetzbarkeit der Rechte für die jeweils betroffene Einzelperson gegenüber ihrem Staat.

3.   Sophisten – der Fokus auf den Menschen

a)   Allgemein

In der zweiten Hälfte des 5. Jh. v. Chr. entwickelt sich unter den **Sophisten** die attische Demokratie zu voller Blüte. Die Sophisten verstehen sich selbst als Wissende und unterrichten die Bürger in Rhetorik, was sowohl in den demokratischen Debatten als auch in den Gerichtsprozessen hilfreich ist. Sophisten möchten der Philosophie nicht – wie die erste Generation der Vorsokratiker – eine sehr weite Dimension der Wirklichkeit des Lebens, des Kosmos, der Mathematik oder Harmonie zugrunde legen, sondern sie fokussieren sich auf den Menschen. Die Sophistik kann als frühe Anthropologie (d.h. die philosophische Betrachtung des Menschen) verstanden werden. Sie wird insbesondere durch Platon und Aristoteles zugänglich gemacht, wobei beide Autoren starke Kritik daran üben, weil es den überlieferten Sophisten (meist) nicht gelingt, objektive – über den Zeithorizont hinaus gültige – Normen zu gewinnen (so werden Sophisten bei Aristoteles etwa als «Händler mit Scheinwissen» bezeichnet).

b)   Gorgias von Leontinoi und Kallikles

Die Position des Gorgias (geb. 485 v. Chr.) wird durch die platonischen Dialoge überliefert. Gorgias formuliert zunächst drei Gegenthesen zu Parmenides:

– Es ist nichts;

– wenn etwas ist, dann ist es für den Menschen unerkennbar;

- auch wenn es erkennbar ist, dann ist es unausdrückbar und kann dem Nächsten nicht mitgeteilt werden.

Gorgias versteht das Weltgesetz *(Logos)* als Kunst der Rhetorik und sieht seine Wirkung im politischen Bereich (Platon, Gorgias, 462c–463b). Sein Schüler Kallikles begründet ein Naturrecht des Stärkeren: «Die Natur […] beweist selbst, dass es gerecht ist, wenn […] der Stärkere mehr [hat] als der Schwächere» (Platon, Gorgias, 483b–d); auch das Recht sei so zu bestimmen. Entsprechende Gegebenheiten der rhetorischen oder physischen Überlegenheit sollen also das menschliche Zusammenleben ordnen. Gerechtigkeit wird als das Recht des Stärkeren definiert.

Die Positionen von Gorgias im Sinne der rhetorischen Überlegenheit oder Kallikles im Sinne der physischen Überlegenheit verkörpern in dem Sinne Regelungselemente des Zusammenlebens, die auch heute noch hochaktuell sind. So rasch man hier einen sog. naturalistischen Fehlschluss (d.h. einen naiven Schluss von der Wirklichkeit auf das Sollen) aufzeigen kann, ist zu bedenken, dass auch heute Teile des Rechts als Recht des Stärkeren kritisiert werden. Zu denken ist an die Beispiele der Söldner in einigen afrikanischen Ländern, die Minen gegen an sich berechtigte Ureinwohner verteidigen. Im Bereich der Verwaltungssanktionen bei Verstössen gegen die Finanzmarktaufsichtsgesetzgebung werden regelmässig Personen oder Institute sanktioniert, welche anderen Personen Schäden mittleren Ausmasses zugefügt haben. Es ist nicht ausgeschlossen, dass solche Verstösse aber auch durch grössere Unternehmen mit entsprechenden Schadensdimensionen erfolgen. Als weiteres Beispiel kann die Vergewaltigung in der Ehe herangezogen werden, die in der Schweiz erst seit den 1990er Jahren strafbar ist. Im Bereich des Zivilrechts sind die Prozesskosten mancherorts derart hoch, dass sich Einzelpersonen eine Prozessführung nicht leisten können.

Es gibt eine Reihe von Rechtsinstrumenten, um diese in den Gesellschaften weit verbreiteten Positionen des «Rechts des Stärkeren» aufzuwiegen (zu denken ist etwa an die Möglichkeit der unentgeltlichen Rechtspflege für Personen, die nicht über die nötigen finanziellen Mittel verfügen, um einen Anwalt zu beauftragen und die Gerichtskosten zu bezahlen). Ob die aktuelle Rechtsordnung dieses Gleichgewicht in allen Bereichen wahrt, ist Gegenstand auch der heutigen rechtsphilosophischen Debatte und stellt bei der Beurteilung der konkreten Einzelfälle oft eine grosse Herausforderung dar.

c)   Antiphon

Eine Bezugnahme auf den Menschen gibt es bei den Sophisten allerdings nicht nur unter dem Aspekt der Macht des Stärkeren, sondern auch in der Form eines Naturrechts des Schwächeren. Antiphon (geb. wohl nach 423 v. Chr.; der Name bedeutet «Gegenstimme») war (möglicherweise) ein Halbbruder Platons und tritt in dessen Dialog mit Parmenides auf. Antiphon ist von der eleatischen Einheitsphilosophie geprägt, was sich in verschiedenen Fragmenten zeigt (vgl. etwa «Alles ist für den Logos eins. Hast Du dies verstanden, so weisst Du, dass für ihn nichts Einzelnes existiert, weder von dem, was der Weitestblickende mit dem Auge erschaut, noch von dem, das der Weitestdenkende mit der Denkkraft erdenkt»; DK 80 B 1). Antiphon argumentiert gestützt auf diesen Hintergrund für ein Naturrecht der Gleichheit aller Menschen:

«Unsere eigenen Normen kennen und achten wir, doch diejenigen derer, die fern von uns wohnen, kennen wir weder noch achten wir sie. Hierin also haben wir zueinander das Verhalten von Barbaren angenommen, haben wir doch jedenfalls von Natur alle die gleichen Voraussetzungen, entweder Barbaren oder Hellenen zu sein. Es läßt sich beobachten, daß die Dinge, die zum Bereich des von Natur Seienden gehören, bei allen Menschen notwendig und allen vermöge derselben Fähigkeiten verfügbar sind; und in eben diesen Dingen ist niemand, ob Barbar oder Hellene, von uns verschieden.» (vgl. Übers. nach den neuen *Oxyrhynchus* Fragmenten [Antiphon B44 Oxyrhynchus papyri 1364+3647, fr. A (zit. nach Hetzel)]; vgl. DK 87 B, 44).

Antiphon kritisiert das positive Recht seiner Stadtordnung und wirft diesem vor, die natürliche **Gleichheit der Menschen**, seien sie griechische Bürger oder nicht, zu untergraben. Positives Recht habe sich richtigerweise an solchen Naturrechten als Massstab zu orientieren. Während demnach Gorgias und Kallikles die Unterschiede des Menschen in der Natur begründen, leitet Antiphon aus ebendieser eine universelle Gleichheit ab. Das ist gleichermassen – obwohl Antiphon wegen der Fokussierung der philosophischen Position auf den Menschen zu den Sophisten gezählt wird – eine objektivistische (d.h. in ihrer intendierten Richtigkeit nicht von Anschauungen oder Meinungen abhängige) Betrachtung. Antiphon vermittelt ein Bekenntnis zu einem frühen Naturrecht der Gleichheit der Menschen, einem frühen Gedanken des Universalismus: Dass nämlich etwas im Menschen ist, das sich von Mensch zu Mensch nicht unterscheidet, und man daher jedem Menschen einen Gleichheits- oder einen Gleichbehandlungsanspruch einräumt.

Die archetypische Gleichheitsposition wird mit Bezug auf die Universalität der Menschenrechte diskutiert (vgl. hiervor Kap. 2.g). Der Grundsatz ist aber auch im nationalen Recht verankert, insbesondere im Rechtsgleichheitsgebot von Art. 8 Abs. 1 BV («Alle Menschen sind vor dem Gesetz gleich»), und ebenfalls in den Grundbestimmungen zur Rechtsfähigkeit von Art. 11 ZGB (vgl. zum Aspekt der Gleichheit aller Menschen unter dem Aspekt der Menschenwürde unten, 3. Teil, § 2, Kap. 2.e und 4. Teil, § 3, Kap. 4). Für alle Menschen besteht «in den Schranken der Rechtsordnung die gleiche Fähigkeit, Rechte und Pflichten zu haben» (Art. 11 Abs. 2 ZGB). Alle Menschen sind vor dem Gesetz gleich – und doch gibt es immer noch Ungleichheiten, wie beispielsweise die Lohndifferenz zwischen Frauen und Männern. Die Praxis zur verfassungsrechtlich geschützten Rechtsgleichheit lässt Ungleichbehandlungen gestützt auf sachliche Gründe zu (BGE 144 I 113 E. 5.1.1). Aus dem Gleichheitssatz der Verfassung folgt aber auch in der heutigen Rechtsordnung nicht eine Gleichbehandlung von ausländischen Staatsangehörigen: Die Nationalstaaten können die Zuwanderung steuern. So gelten gestützt auf Staatsverträge etwa für EU-Ausländer andere Bestimmungen als für Drittstaatsangehörige. Gesetzgeber und Gerichte sehen sich anhand von neuen Fallkonstellationen immer wieder in der Position, zu entscheiden, was die Gleichheit der Menschen im Rahmen der Verfassung für die konkret zu regelnden bzw. entscheidenden Einzelfälle bedeutet. Es wird deutlich, wie bedeutsam die idealtypischen Gedanken zur Diskussion von Gerechtigkeit aus der griechischen Philosophie für juristische Entscheidungskonstellationen sind.

d) Protagoras und Lykophron

Protagoras (geb. vermutlich 490 v. Chr.) ist einer der bedeutendsten Sophisten und erlangt insbesondere durch seinen überlieferten *homo-mensura*-Satz Berühmtheit, in welchem er den Menschen zum Zentrum der Philosophie macht: «Der Mensch ist das Mass aller Dinge des Seienden, dass oder wie sie sind, bzw. der Nicht-Seienden, dass oder wie sie nicht sind.» Die volle rechtsphilosophische Bedeutung der Position zeigt sich dabei erst im Kontext des Überlieferten; Protagoras fährt fort: «[Denn] wie ein jedes Ding mir erscheint, ein solches ist es auch mir, und wie es dir erscheint, ein solches ist es wiederum dir.» (Überlieferung nach Platon, Theait. 152a). Jede Aussage ist für Protagoras relativ, je nach Person, Ort, Kultur, Zeit, Gesellschaften etc. verschieden. Ausserhalb der Bezugnahme auf den Menschen gibt es für ihn nichts Objektives der äusseren Welt – gesprochen wird von der sophistischen These der Unterscheidung von *physis* und *nomos* («Natur» und «Gesetz»).

Protagoras markiert insofern eine auch heute oft vertretene Position des *Relativismus*. Die Auffassung steht dem Objektivismus sowie dem Universalismus (Positionen allgemeiner oder universeller Gültigkeit) entgegen. Mit Bezug auf den Götterhimmel zeigt sich Protagoras agnostisch: «Was die Götter angeht, so ist es mir unmöglich, zu wissen, ob sie existieren oder nicht. [...] Die Kräfte, die mich hindern, es zu wissen, sind zahlreich [...] und das menschliche Leben kurz.» Auch das Recht soll nach diesem Verständnis nicht objektive ethische Gebote abbilden; so gibt es weder im Dialog noch im Recht etwas Objektives, vielmehr lebt es vom Argument als rhetorischer Kategorie, alles ist relativ: «[Ich kann] das schwächere Argument zum stärkeren machen» (DK 80 B 6a), und «für jede Aussage gibt es eine Gegenthese, die gleichermassen begründbar ist» (Diog. L, L.951/3; Prot. 337e/338e). Für Protagoras gibt es so kein «Richtig» oder «Falsch» bzw. «Wahr» oder «Unwahr», alles ist relativ aus der Sicht des jeweiligen Menschen, seiner jeweiligen Argumentation («Widersprüche sind [...] möglich, weil die Realität eines jeden Menschen anders aussieht» (Diog. L, L.951/3; Prot. 337e/338e).

Auf der Grundlage dieses Denkens entwickelt sich die sophistische *Eristik* (Streitkunst): Personen werden darin geschult, sich selbst vor die Aufgabe zu stellen, sowohl pro als auch contra eine Sache zu sprechen (sog. *antilogoi*). Protagoras umschreibt nicht im Sinne einer Ontologie eine Wirklichkeit, eine objektive Gerechtigkeit, die wir verstehen oder in einer Rechtsordnung verwirklichen müssen, vielmehr bilden («konstruieren») die Menschen die Wirklichkeit mit (vgl. dazu auch unten, 5. Teil, § 6, Kap. 1). Beim Sophisten Lykophron (geb. 1. Hälfte des 4. Jh. v. Chr.), der nach den Schriften Aristoteles' ein Schüler von Gorgias war, ergibt sich Recht durch Kontrakte. Lykophron könnte als früher Vertreter des Kontraktualismus bezeichnet werden («der Vertrag macht, was gilt»; «was ich abmache, das gilt»). Nicht eine kosmische Ordnung, die in *Logos* und *Nomoi* abgebildet wird, kein hieraus begründetes ethisches Sollen, sondern das Vereinbarte ist nach diesen sophistischen Positionen Massstab des Rechts. Die Geltung der Normen des Zusammenlebens ergibt sich für Protagoras und auch für Lykophron demnach weitgehend aus **Konvention** anstatt einer kosmischen Ordnung. Es geht also anstelle des Erfassens einer objektiven Wirklichkeit immer um eine Bezugnahme oder eine Abmachung (Verträge, Konvention). Ob entsprechende Verträge richtig sind oder nicht, ist eine sekundäre Frage.

Etabliert ist mit den sophistischen Positionen des Protagoras und des Lykophron eine Gegenposition zu philosophischen Erklärungen, welche Grundgesetze in der Wirklichkeit herrschen und wie eine kosmische Ordnung im Recht abgebildet werden kann (Anti-Ontologie). Für sie stehen Vertrag und Rede im Vordergrund (Ausbildung in Redekunst). Die Rhetorik mit der auf dem sophistischen Verständnis beruhenden Durchsetzung der «eigenen Wahrheit» erlaubt alle rhetorischen Kniffe: Fangfragen, Trugschlüsse, Scheinbeweise oder Unterstellungen als sprachliche «Waffen» einzusetzen. So verstandene Rhetorik gewinnt denn auch erhebliche Bedeutung im demokratischen Athen des 4. Jh., insb. in der Volksversammlung und den Gerichten, die mit durch Los bestimmten Laienrichtern besetzt sind. Obwohl die sophistische Denkweise als Relativismus in Wahrheitsfragen ideengeschichtlich wichtig und in aktuellen Positionen prominent vertreten wird, wird sie von verschiedenen nachfolgenden Philosophen kritisiert. Denn der sophistische Relativismus steht einen Schritt zurück verglichen mit dem Denken, das sich in der Philosophie als neue theoretische Welterfassung zuvor herausgebildet hatte. So stehen etwa im analytischen Denken von Parmenides oder bei Heraklit Fragen wie «Was kann ich überhaupt erkennen?» oder «Wie bin ich als Mensch imstande, Wirklichkeit zu verstehen?» im Zentrum des **Erkenntnisinteresses**. Eine Denkposition, die das, was rhetorisch überzeugender vorgetragen wird, als normative Geltung versteht, steht hinter dem Anspruch zurück, Welt und Wirklichkeit des Menschen zu erschliessen.

Auf den sophistischen Relativismus folgt nun die Betrachtung der **Klassiker**, die sich der Herausforderung der Objektivität wieder stellen. Sie skizzieren Normen, Handlungsweisen und Prinzipien, deren Geltung sie über die Abmachung hinaus aufzuzeigen und darzustellen versuchen. Ihr Werk markiert den Grundpfeiler des okzidentalen Denkens und der westlichen Rechtsphilosophie.

4. Klassik – Essentialia des rechtsphilosophischen Denkens

a)   Sokrates

aa)   Leben und Werk

Sokrates, Sohn einer Hebamme und eines Steinmetzes, ist ein Strassenprediger auf dem Marktplatz von Athen. Er lebt während der Zeit der attischen Demokratie, ca. 469 bis 399 v. Chr. Der Mann, der sich ganz einfacher Formen des Philosophierens bedient, ist Vorbild für die Klassiker, insbesondere für Platon. Er legt den Grundstein für eine auf das eigene Selbst (*daimonion;* innere Stimme) rekurrierende, ethische Betrachtungsweise. Ausgangspunkt der Philosophie ist bei Sokrates das Individuum. Sokrates hat keine eigenen Schriften verfasst; seine Lehren wurden mündlich überliefert und insbesondere in der Form der sog. Delphischen Prinzipien von seinen Schülern, v.a. von Platon, in deren eigene Werke aufgenommen.

Sokrates tritt als Kritiker der Gesellschaft auf und etabliert das Denken des Einzelnen als Ausgangspunkt der Philosophie. Die Gesellschaft ist geprägt von wohlhabenden, gut ausgebildeten und politisch mächtig gewordenen Bürgern. Sie werden beraten von Sophisten, die als bewanderte Rhetoriker Aufgaben aus den verschiedensten Bereichen annehmen, wie etwa Lebensberatung, juristische und politische Konsultation, Erziehungstätigkeit in reichen Häusern, Beistand in Gerichtsprozessen, Vorträge, öffentliche Disputationen oder feierliche Reden. Sokrates zieht diesen Wissensanspruch der Sophisten und den von ihnen gepflegten **Relativismus in Zweifel** (vgl. 1. Teil, § 2, Kap. 3). Ebenso lehnt er die sophistische *Eristik* als blosse Streitkunst (widersprechen, um zu widersprechen) ab (s. ebenfalls 1. Teil, § 2, Kap. 3). Seine Widerlegung *(elenchos)* der damals vorherrschenden sophistischen Methoden und Standpunkte erfolgt anhand eines sehr einfach strukturierten Dialogs (Dialektik; «Wechselgespräch»), den Sokrates entwickelt. Methodisch erfolgt eine dialektische Überprüfung, mithin die Messung des behaupteten Allgemeinen am Konkreten. So z.B. hinsichtlich der Aussage eines sophistisch ausgebildeten Politikers, der kundtut, aufgrund der Meinung vieler Menschen und seiner eigenen Einschätzung der Weiseste zu sein. Sokrates entlarvt die argumentative Schwäche der Aussage, äussert Zweifel an der Richtigkeit ihres Inhalts und denkt bei sich: «Wahrscheinlich weiss ja keiner von uns beiden etwas Ordentliches und Rechtes; er aber bildet sich ein, etwas zu wissen, obwohl er nichts weiss, während ich, der ich nichts weiss, mir auch nichts zu wissen einbilde. Offenbar bin ich im Vergleich zu diesem Mann um eine Kleinigkeit weiser, eben darum, dass ich, was ich nicht weiss, auch nicht zu wissen glaube» (Platon, Apol., 21d). Die systematisch hergeleitete Aussage geht nicht weit, ist aber offensichtlich wahr.

Sokrates verfügt mit der dialektischen Methode über eine Fähigkeit, vermeintliche Wissensansprüche zu entlarven, und konfrontiert Menschen in einflussreichen politischen Ämtern mit systematischen, jedoch verblüffend einfach klingenden Entgegnungen und Bedenken. Cicero umschreibt später, Sokrates habe «die Philosophie vom Himmel heruntergerufen» und die Bürger «gezwungen, nach dem Leben, den Sitten und dem Guten und Schlechten zu forschen» (Tusc., V, Rz. 10). Aus dem Wissen um das Nichtwissen schöpft Sokrates das **Vermögen des Fragens als Ausgangspunkt für richtiges Erkennen und Handeln**: Sokrates rüttelt Bürger auf, indem er vorlebt, dass er für sein Handeln auf nichts anderes als auf seine eigene innere Stimme *(daimonion)* zurückgreifen könne, die von schlechten Handlungen abrate. Auch in prekären Situationen lässt sich Sokrates nicht davon abbringen, etwas anderes zu tun als das, was sich ihm nach gewissenhafter Prüfung als das *Gerechte* erweist. Der sokratische Skeptizismus richtet sich entsprechend – in Unterscheidung zum heutigen Sprachgebrauch – gegen Scheinwissen, nicht jedoch gegen die Möglichkeit von Erkenntnis. Im Rahmen des Prozesses, ein Bewusstsein für das Nichtwissen zu erwecken, brechen Ansätze zu Wissen und Lehren durch: Auf präzise induktive Definitionsvorschläge folgt ein strukturierter Dialog auf Augenhöhe unter Rückgriff auf das *daimonion*. Dabei werden Denk- und Argumentationsformen hervorgebracht, welche die damals vorherrschenden Ideen und Werte zu hinterfragen und nachhaltig zu erschüttern wussten.

Die ethische Fundamentalanschauung geniesst nach Sokrates **höchste Legitimität**: es sei nicht eine Frage des Adels oder der Herkunft, dass philosophische Erkenntnisse erlangt werden können, sondern diese seien jedem Menschen möglich. Solange sich ein Individuum authentisch, gestützt auf seine eigene innere Stimme, ins Verständnis zu setzen weiss, braucht es keine Auseinandersetzung zu fürchten. Sokrates verlangt insbesondere von den an äusserlicher Ehrbarkeit reichen Bürgern, dass sie zu dieser bescheidenen Einsicht gelangen müssten, die alleine der Massstab für ihre Weisheit und Tugend sein könne. Die innere Stimme *(daimonion)*, die wir heute oft als Gewissen bezeichnen, bildet Anlass und Prüfstein für jedes Handeln. Da Tugend auf diesem Wissen beruht, ist sie lernbar, und als Einsicht und «Seelenheilung» den Menschen «glücklich machend» *(eudaimonia)*. Tugend und erlernbar ist schliesslich auch die *Gerechtigkeit*, die in einer personalen Funktion – im Rückgriff auf die innere Stimme – umschrieben wird; man könnte von einem Rechtsempfinden in einem ursprünglichsten Sinne sprechen. Hierbei ist zu beachten, dass nicht nur im privaten Bereich, sondern auch in jedem politischen, juristischen, sozialen oder ökonomischen Handlungskontext die eigene ethische Kompetenz *(daimonion)* handlungsleitend sein soll. In diesem Sinne solle dem Einsichtigen die politische Herrschaft zukommen. Nach Sokrates sind auch Beamte nicht durch Wahl oder Los zu ernennen, sondern gestützt auf ihr inneres Wissen zu bestimmen.

Sokrates' ebenfalls einfach gehaltene Leitsprüche (sog. **Delphische Prinzipien**) sind sehr stark rezipiert worden. Sie gründen wiederum auf dem oben beschriebenen Reflexionsanspruch gegenüber sich selbst («Zur Unterscheidung von Gutem und Schlechtem bedarf der Verständige keines anderen Menschen»). Dazu gehört auch die Selbsterkenntnis *(gnōthi seauton)* hinsichtlich des Nichtwissens.

Nach seiner Auffassung ist jeder Mensch aber grundsätzlich auch mit dem Anspruch ausgestattet, sich vor sich selbst (d.h. vor der inneren Stimme) zu verantworten und insofern gehalten, richtig zu handeln gemäss einfachem, richtigem Denken («Wer das Rechte weiss, muss es auch tun»; «Rechtes Handeln folgt dem rechten Denken»; sog. ethischer Intellektualismus). Sokrates begründet die moralische Handlungsfähigkeit der Person («Wer die Welt bewegen will, sollte erst sich selbst bewegen»).

Die Bescheidenheit impliziert auch eine Abkehr vom sophistischen Selbstgenügen. Die Überredekunst hat keine Bedeutung; der Mensch soll nicht mehr als Akteur einer Argumentationsbeliebigkeit im Zentrum stehen, sondern vielmehr durch die Skepsis auf unvordenkliche Handlungsmotive in sich selbst stossen. Sokrates trifft dabei auf objektivistische Fragestellungen und Grundanschauungen wie «Was ist Wahrheit?», «Was ist Gerechtigkeit?», welchen man sich dialogisch nähern soll. Diese Bewegung aber soll bescheiden vonstattengehen und vor allem vor Schaden bewahren: Ein Mensch weiss nicht viel, er kann nur – gemäss den Delphischen Prinzipien – ein taugliches Handlungsprogramm entdecken und diesem folgend den Menschen helfen und keinen Schaden anrichten. So lautet ein weiteres Delphisches Prinzip: «Es ist besser, Unrecht zu leiden, als Unrecht zu tun» (Platon, Gorg., 469b f.). Statuiert wird damit eine Gegenposition zu der Denkweise «Wenn mir jemand etwas tut, dann darf ich ihm dasselbe antun», also dem Talionsprinzip. Es kommt mithin auf eine Handlungsethik, ein richtiges Tun, an, das man auf sich selbst stützt. Selbst wenn man Unrecht erleidet, ist man nicht dazu legitimiert, anderen Unrecht anzutun oder vom *daimonion* abzuweichen.

bb)   Gesellschaftliche Verstossung und Nachwirkung

Sokrates macht sich mit seinem vielfältigen Zweifeln, seiner Methodik des Nachfragens und Nachforschens gleichermassen Freunde und Feinde. Seine Anhänger sind begeistert vom voraussetzungslosen Philosophieren, das auf nichts weiter zurückgreift als auf das eigene Denkvermögen und das danach ausgerichtete gerechte Handeln. Seine Feinde wiederum klagen ihn an. Sokrates wird vorgeworfen, aufgrund seines Wirkens und insbesondere der Anrufung des *daimonion* lasse er die Götter nicht gelten und tue Unrecht, indem er die Jugend verderbe. Mit seinem rücksichtslosen, offenen Handeln verletze er die sittlich-religiösen Grundlagen des athenischen Staates: «So kam es, dass ich mich bei ihm und bei vielen Anwesenden verhasst machte» (Platon, Apol., 21b ff.). Im Jahr 399 v. Chr. wird das Todesurteil gegen ihn ausgesprochen – nachdem Sokrates als Ratsmitglied selbst zweimal die Hinrichtung eines Bürgers unter Einsatz seines Lebens abgelehnt hatte. Jene Figur, die das eigene Urteil über die Opportunität aktueller Normen und Gepflogenheiten stellt, bezahlt diese Haltung mit dem Leben.

Die Reflexion auf das Subjekt und der Rückgriff auf sich selbst als **autonome ethische Handlungsfähigkeit** wird mit dem sokratischen Denken zu einer bestimmenden Idee seit der Antike. Als revolutionäre Grundposition ist sie in ihrer rechtsphilosophischen Wirkungsmächtigkeit mit der erkenntnistheoretischen Wende Kants zu vergleichen (vgl. 4. Teil, § 2). Etabliert wird die *personale Funktion* der Gerechtigkeit. Gerechtigkeit oder personales gerechtes Handeln ist nach Sokrates Grundbedingung für einen guten Zustand der Seele. Sich an die innere Stimme des Gewissens zu halten ist Sokrates sogar das eigene Leben wert («das ist mein Geschick und ich stehe zu dem, was ich gemacht habe»). Sokrates ist ein zentraler Denker für die Entwicklung des selbstreflektierten Individuums, das sich – ohne die eigene Position zu überschätzen – Fragen der Wahrheit und der Richtigkeit stellt («Nachdenken über das Richtige/Wahre als Autorität»). Sokrates' Philosophie ist in unserer Denk- und Argumentationsstruktur, aber auch aus unserem personalen Gerechtigkeitsverständnis der Akteure in den heutigen Rechtsordnungen – insbesondere der Richterinnen und Richter – nicht wegzudenken.

b)   Platon

Platon (428/427–348/347 v. Chr.) ist ein Schüler von Sokrates und entstammt einer Familie des Adels. Seine Herkunft hätte ihm eigentlich den Weg zur politischen Macht vorgezeichnet. Stattdessen fühlt er sich Sokrates' praktischer Ethik zugehörig und verpflichtet sich der Philosophie. Platon prägt als einer der wirkungsmächtigsten Denker der okzidentalen Philosophie in einem derzeit noch nicht gänzlich erforschten Ausmass auch das Mittelalter, die Neuzeit und Moderne. Sein Werk wird zu einem der zentralen Denkgebäude der Philosophiegeschichte, sodass Alfred North Whitehead alle abendländische Philosophie als Fussnote zu Platon zu verstehen gebietet («*The safest general characterization of the European philosophical tradition is that it consists of a series of footnotes to Plato.*» [Process and Reality, S. 36]). Aber auch Platons unmittelbares Wirken im damaligen Athen bringt Ergebnisse von grosser Wichtigkeit hervor. So eröffnet er die berühmte Akademie, eine Schule für Philosophie in Athen, und versucht, seine Staatslehre konkret umzusetzen. Platons esoterische Schriften (nicht für die Öffentlich-

Abb. 1: Platon (links) und Sokrates, Akademie von Athen.

keit bestimmte Werke, wie etwa Vorlesungsnotizen) sind verloren, seine exoterischen Dialoge hingegen blieben erhalten. Sie sind uns nicht im Original, sondern in Form von mittelalterlichen Abschriften überliefert. Diese dürften teilweise erheblich von der Urfassung abweichen. Gleichwohl sind die Hauptgedanken rekonstruierbar.

Für Platon ist die Verurteilung seines Lehrers Sokrates zum Tode eine einschneidende Erfahrung. Kernelemente seiner Philosophie, insbesondere der frühen Dialoge, sind durch Leben, Werk und Ermordung des Sokrates motiviert und bestimmt: Gerade jene Person, welche die Menschen auf ihr eigenes Selbst und auf die Kompetenz ihres Gewissens *(daimonion)* zurückwarf und damit den Grundstein zu Reflexion und Diskussion über richtiges Handeln legte, wird von Staates wegen umgebracht. Platon übernimmt von Sokrates die Dialogform und macht sie zum formalen Gerüst seiner Erörterungen. Sein Lehrer selbst tritt darin immer wieder als Dialogfigur auf.

Der Dialog ist bei Platon Erkenntnismittel. In den **Dialogen** bedient sich Platon der Methode der Dialektik, die der Rhetorik der Sophisten gegenübergestellt wird: Die dialektische Methode geht von Annahmen *(hypotheseis)* aus. Diese werden logisch-begrifflich differenziert *(dihairesis; analysis)*, typischerweise über das Besprechen von entgegengesetzten Argumenten und Positionen. Gestützt darauf wird erst eine Zusammenführung *(synagōgē; synthesis)* der Erkenntnisse zum gesuchten Grundprinzip des Dialogs möglich. Dialektik wird so definiert als die Fähigkeit, sich zu unterreden *(dialegesthai)*, und zwar mittels begrifflicher Differenzierung *(dihairesis)*, bis – idealerweise – keine weitere Differenzierung mehr gefunden werden kann (Phdr. 277b; Parm. 135b5–c4) bzw. gesichertes Wissen *(dialegesthai epistēmē)* über das Grundprinzip *(archē)* besteht. Die in den Dialogen praktizierte Dialektik ist Wahrheitssuche und die höchste geistige Anstrengung; sie soll das Seiende durch Begriff und Argument offenlegen *(dianoia)* und zu Einsicht *(noēsis, nous)* führen – im Unterschied etwa zur Mathematik, die Platon als eine Kunst *(technē)* bezeichnet, die von den Regierenden noch vor der Dialektik zu erlernen ist. Von Platons Dialogen ist im Mittelalter ausschliesslich der Dialog Timaios (Darstellung des Kosmos) bekannt (9. Jh.), die weiteren Dialoge sind ab der Renaissance zugänglich (15./16. Jh.). Gerade das Frühmittelalter ist gleichwohl von den Schülern Platons geprägt (vgl. 2. Teil, § 1).

aa)   Ontologie und Erkenntnislehre

Wie bei Parmenides ist nicht die sinnliche Anschauung der äusseren Dinge Gegenstand von Platons Denken, vielmehr entwirft er mit intellektualistischer Reflexionsdistanz eine Theorie der Wirklichkeit selbst. Er umschreibt (im Sinne einer theoretischen Philosophie) ein metaphysisches System, das nicht auf Gottheiten oder Mythen basiert, sondern auf einer theoretisch-konsistenten Welterklärung. Seine Metaphysik wird bis heute diskutiert; Kritik und Erneuerung der metaphysischen Forschung stellt entgegen vielen Vorurteilen aktuell einen der lebhaftesten und wichtigsten Zweige der Philosophie dar.

Einen Schlüssel zum Verständnis von Platons Reflexion über die Wirklichkeit bietet ein Topos, der die gesamte Antike prägt, nämlich das Verhältnis zwischen Einheit und Vielheit (vgl. bereits oben 1. Teil § 2 Kap. 2 [Parmenides und Heraklit]). Dabei ist für Platon die äussere, sinnlich wahrnehmbare Wirklichkeit ein System von Verschiedenheit. So zeigt sich die äussere Wirklichkeit (die «sinnliche Erscheinungswelt»; vgl. Phaid. 75 b; 78d; Phdr. 249 b, c) als Polarität; nur in gegensätzlichen Aspekten herakliteischer Tradition ist sie wahrnehmbar: Aus Tag wird Nacht, aus Leben wird Tod, aus Einatmen wird Ausatmen. Auf diese Vielheit bzw. Verschiedenheit ist nach Platon der Mensch im Rahmen seiner sinnlichen Erkenntnis fokussiert: Er kann äussere Gegenstände nur in Unterschieden, in Aspekten wahrnehmen. Genau auf diese scheinbare «Objektivität» der teilbaren äusseren Wahrnehmung stützt sich der Mensch ab.

In dieser Reflexion entlarvt Platon zunächst in parmenideischer Tradition die äussere sinnlich wahrnehmbare Wirklichkeit als blosses Meinen *(doxa)*: Alles empirisch-sinnlich Wahrgenommene *(aisthēsis)*, was uns als Gegenstand erscheint, ist indessen nur ein Aspekt desselben. Illustrieren lässt sich dies etwa anhand einer Blüte. Wird diese innerhalb von Tausendstelsekunden nacheinander je einmal mit dem VIS- und einmal mit dem UV-Filter aufgenommen, so zeigt sie – unter den verschiedenen Bedingungen der Wahrnehmung – unterschiedliche Muster.

Abb. 2: Dieselbe Blüte (Fingerkraut; Potentilla reptans) innerhalb von Sekundenbruchteilen aufgenommen im VIS-Spektrum (wie Menschen sehen; links) und im UV-Spektrum (wie sie etwa von Bienen wahrgenommen wird; rechts).

Für Platon ist erst das, was ausmacht, dass die Blüte – je unter den verschiedenen Bedingungen der Wahrnehmung unterschiedlich – überhaupt wahrgenommen wird, ihre eigentliche Existenz (ihr Sein), auf dessen *Begriff* sich alle sinnliche Erkenntnis bezieht. Hinter der äusseren Vielheit, Polarität und Vergänglichkeit der sinnlichen Wahrnehmungen *(aisthēsis)* steht nach Platon demnach jeweils ein einheitlicher Begriff, der nur über erkennendes Denken oder Einsicht *(epistēmē)* entdeckt, aber nicht als Ganzes dargestellt oder abgebildet werden kann. Dasjenige, das ausmacht, dass die Blüte in den verschiedenen Formen wahrgenommen wird, zu dem sich unsere Wahrnehmung aber nur in Perspektiven, Abschattungen, Elementen in Bezug setzen kann, ist für Platon *Sein* (wirkliche Existenz; *auto ho esti;* es selbst, das es ist). Die durch die Wahrnehmung präsentierte Form der Blüte steht demgegenüber zwischen Sein und Nichtsein.

Um dieses Phänomen der Wirklichkeit zu umschreiben, führt Platon den Begriff der **Idee** *(eidos)* ein. Die Idee bezeichnet die hinter den verschiedenen Wahrnehmungsformen stehende *Einheit (auto ho esti;* das, was es ist: eigentliche Existenz). Eine solche beschreibt Platon nicht nur bei äusseren Gegenständen, wie beim Beispiel der Blume, sondern auch mit Bezug auf qualitative Phänomene wie das Gute *(agathon),* die Gerechtigkeit *(dikē)* etc. Analog wie im Beispiel der Blüte lassen sich nach Platon in einer Gesellschaft nur Aspekte, Elemente des Guten oder des Gerechten verstehen und verwirklichen; die umfassende Idee des Guten oder des Gerechten zeigt sich nur in Aspekten oder Analogien *(agathoeidēs,* Pol. 509a3). Erkenntnis und die erkennbare Wahrheit sind dem Guten ähnlich, aber nicht mit ihm gleichzusetzen. Indem Erkenntnis zum richtigen Handeln führt, ist das Gute zwar abzubilden oder als Ziel und oberstes Handlungsgebot (Ethik) zu realisieren. Die ganze Gestalt bleibt dem Menschen jedoch als über der sinnlich wahrnehmbaren Welt stehende Einheit verborgen.

Für die Erklärung der Einsicht in die Aspekte der Ideen zieht Platon die zu seinen Lebzeiten herrschende Seelenlehre heran. Nach Platon ist die **Seele** *(psychē)* – wie in den pythagoreischen, orphischen, aber auch hinduistischen, buddhistischen, altägyptischen und auch frühchristlichen Lehren – eine vom Körper unabhängige, unzerstörbare Personalität, die (auch bei Platon nicht nur menschliche) Lebewesen ausmacht. Die Seele besitzt nach Platon Erinnerung und Bewusstsein, sie stützt sich auf moralische Momente und bildet das Erkenntnisorgan des Menschen schlechthin (epistemische Funktion bzw. kognitives Element). Die Seele hat aus früheren Lebensformen Kenntnisse von Ideen, beim Eintritt in den Körper tritt dieses Wissen indessen partiell in Vergessenheit (Phdr. 248c–d).

Sie funktioniert erkenntnistheoretisch, indem sie Gleiches durch Gleiches erkennt, mithin durch analogisches Erkennen (vgl. das Sonnengleichnis; Pol. VI). Ihr Wissen kann anhand von sinnlicher Anschauung im Rahmen des Erkenntnisprozesses von Welt wieder aktiviert werden (Phdr. 75d–e). Erkennendes Denken oder Wissen *(epistēmē)* ist bei Platon schliesslich Wiedererinnerung *(anamnēsis)* an ursprüngliche Kenntnisse der Seele selbst. Der ganze Gedanke ist mit dem Begriff der Gerechtigkeit verbunden, indem das Mass des Wiedererinnerns bzw. philosophische Einsichten das durch die Seele selbst gewählte Los für die nächste Inkarnation bestimmt. Für Platon ist «nur der Befreite wahllos».

Platons Philosophie ist zu verstehen als Appell an die Führung eines philosophischen Lebens, das auf intellektueller Reflexion über die äussere Wirklichkeit und, mit dem Seelenbegriff als Erkenntniszentrum, auf starker, unzerstörbarer personaler Identität beruht.

bb)   Höhlengleichnis

Lebenssituation und Erkenntnisvermögen des Menschen in der Welt werden im berühmten Höhlengleichnis veranschaulicht. Das Gleichnis skizziert Menschen, die ihr ganzes Leben als Gefangene fest angebunden in einer Höhle verbracht haben. Da die Menschen nur gegen eine Wand schauen, dem Ausgang (einem breiten Weg nach draussen) mit dem Rücken zugewendet, wissen sie nicht, dass dort eine kleine Mauer hinter ihnen ist, hinter welcher ein Feuer brennt, das der Höhle Licht spendet. Andere Menschen bewegen sich hinter dieser Mauer und halten Dinge hoch, deren Schatten für die in der Höhle gefangenen Menschen sichtbar an die Wand geworfen werden. Wenn sich die Menschen hinter der Mauer unterhalten, glauben die in der Höhle Gefangenen, die Schatten selbst sprächen, denn das Echo der Stimmen täuscht sie. Sie halten die Schatten an der Wand für wahr.

Abb. 3: Höhlengleichnis nach Platon.

Für Platon gleicht der Mensch mit seinem Meinen *(doxa)* einem
Gefangenen in einer Höhle. In seinem Blickfeld spiegeln sich Schatten von mehrdimensionalen Gegenständen, die als Schatten aber
nur in zwei Dimensionen wahrgenommen werden. Da die Menschen an die Höhle gefesselt sind – eine Anspielung auf die Fes-
selung der Seele im Körper –, und sich nicht umdrehen können,
erachten sie die Schatten als reale Gegenstände bzw. als die Wirklichkeit. Erst wenn die Menschen von ihren Fesseln (der an die
körperliche Wahrnehmung gebundenen Erkenntnis) befreit würden, könnten sie sich umwenden und erkennen, dass es sich bei
den Gegenständen, die sie für wirklich halten, um Schatten der Urbilder ausserhalb der Höhle handelt. Der Erkenntnisvorgang wird
als Befreiung im Sinne einer Umwendung *(periagōgē)* verstanden:
Der Mensch wendet sich in einem beschwerlichen und schmerzli-
chen Erkenntnisprozess ab vom Verständnis der äusseren, sinnlich

wahrnehmbaren Wirklichkeit als Wahrheit. Er hat Einsicht («Zu-sammenschau des Vielfältigen»; *theasthai*) – nunmehr nicht mehr vermittelt durch die Erscheinungen *(phantasmata)* – in die Idee des Guten bzw. das Denken der Welt der Ideen. Die Idee des Guten ver-steht Platon als Grund und Ursprung der Einheitlichkeit und Ord-nung in der Vielheit. Das Wesen des Guten wird daher mit «Einheit» gleichgesetzt (vgl. Krämer, in: Höffe, Politeia, S. 142; Überlieferung bei Aristoteles, Met. A 6 fin.; N 4 1091 b 14 f.). Zusammenschau des Vielfältigen in der Einheit ist in diesem Sinne charakteristisch für alle dialektische Erkenntnis.

Die Abkehr von den vertrauten Denk- und Lebensweisen führt zu-nächst zu Verunsicherung. Die sinnliche Wahrnehmung und die Reflexion im Dialog sind für Platon ein (mit Leiden/Mühen verbun-dener) Lernprozess, durch welchen die Seele sich dem ursprünglich vorhandenen Wissen in Form einer selbstständigen Identifizierung wieder bewusst werden kann (Wiedererinnerung; *anamnēsis*). Men-schen, die diesen Erkenntnisprozess durchlaufen, werden von ande-ren Menschen, die sich an die *doxa* halten, verspottet und verfolgt. Platon skizziert im Höhlengleichnis nicht nur sein Gesamtkonzept von Wirklichkeit und menschlicher Erkenntnis, sondern verarbei-tet auch die Hinrichtung seines Lehrers Sokrates durch Staat und Gesellschaft.

cc)   Gerechtigkeit *(dikē, dikaiosynē)*

Platon geht davon aus, dass es die Idee der Gerechtigkeit gibt («die Gerechtigkeit selbst»; Phdr. 247d). Diese wird auch umschrieben als «das von Natur aus Gerechte» (Pol. VI 501b; Horn et al., S. 284). Sie steht auf derselben Stufe wie das Gute *(agathon)*. Insofern wird Gerechtigkeit bei Platon als *«natürliche»* (ideale, überpositive) Norm interpretiert, an der die politische und personelle Gerech-tigkeit, aber auch die Rechtsprechung teilhaben sollen *(methexis;* «Teilhabe»), dabei aber nur Aspekte der natürlichen Norm (Idee der Gerechtigkeit) abbilden können. Das Höhlengleichnis eröffnet demnach gleichzeitig die Dimensionen des Rechts: Das positive (kodifizierte) Recht oder gesprochene Recht ist im Sinne des Höhlengleichnisses blosser Schatten der Gerechtigkeitsidee; es kann Recht wie es sein soll (die Gerechtigkeitsidee als solche) nur in Aspekten bzw. Perspektiven abbilden. Platon begründet mit seiner Ideenlehre demnach ebenso einen Ansatzpunkt für das Naturrecht.

Die Gerechtigkeit ist nach Platon ein Gut, das um seiner selbst willen zu wählen ist, eines der höchsten Güter (Pol. 357b), das unabhängig von Entlohnungen dafür zu befolgen ist und durch keine andere Gütersumme, die man durch Ungerechtigkeit erhält, kompensiert werden kann (Horn et al., S. 277; Pol. II 357 a und b). Er stellt seinen Gerechtigkeitsbegriff dem sophistischen Verständnis von Gerechtigkeit als Recht des Stärkeren gegenüber (vgl. zuvor Kap. 3). Wie das Gute hat die Gerechtigkeit eine innere Ordnung *(kosmos, harmonia)*. Orientiert sich eine Person an ihr, so ist Gerechtigkeit ihre Kardinaltugend. Gerechtigkeit ist aber auch eine *Polis* «in einem guten Zustand». Ziel ist ein Staat, in dem niemand Unrecht tut noch solches erleidet (Pol. VI 500c). Platon entwirft demnach sowohl einen personalen Gerechtigkeitsbegriff als auch einen von staatlichen Institutionen. Gerechtigkeit *(dikaiosynē)* ist bei Platon sowohl individuelle Tugend als auch Konstitutionsprinzip der *Polis* sowie gerechte Rechtsprechung.

dd)   Rechtsordnung und Inhalt des Rechts

Platon definiert die Ordnung (Harmonie) der Gerechtigkeit weiter, als «*das Seinige zu tun*». Die Richtigkeit der Gesetze wie auch der Rechtsprechung beurteilt sich laut ihm danach, in wieweit sie das Gute und die Gerechtigkeit hervorrufen. Sein Versuch, die Ordnung des «das jeweils Seinige zu tun» auch gesellschaftlich abzubilden, und die Philosophinnen und Philosophen an die Spitze der *Polis* zu setzen, scheitert am Machtanspruch der Menschen. Der historisch überlieferte Versuch, den Gedanken der *Politeia* in Sizilien umzusetzen, führt zu einer Tyrannenherrschaft: Der durch Platon ausgesuchte Philosophenkönig wendet sich in despotischer Art gegen seine Bevölkerung. Wie Platon selbst erkennt, ist die Erfahrung letztlich Ausdruck der Differenz zwischen *Sein und Sollen:* Für die reale Ausarbeitung der politischen Gerechtigkeit sind aufgrund der Machtansprüche der Menschen Lösungen zu suchen, die vorrangig solche Schäden in Grenzen halten. Im Spätwerk *Nomoi* wird die proportionale Gleichheit als konkrete politische Gerechtigkeit institutionalisiert: Platon vertritt für die Gesetze im positiven Seinsbereich in seinem Spätwerk insofern einen Relativismus, als dass das Gerechte im Staat immer wieder durch menschliche Übereinkunft neu festgesetzt werden müsse (Leg. X 889a–890a). Hierbei geht Platon von einem weisen Gesetzgeber aus, sodass zumindest das Gesetz Erzeugnis der Vernunft und Einsicht wird (Leg. X 890d).

c) Aristoteles

aa) Leben und Schriften

Aristoteles (384–322 v. Chr.) kommt als Sohn des Leibarztes des makedonischen Königs zur Welt. Er ist Schüler von Platon und verbringt den grössten Teil seines Lebens in Athen. Als Erzieher von Alexander dem Grossen, dem makedonischen König, nimmt er Einfluss auf das politische Weltgeschehen seiner Zeit. Unter der Herrschaft Alexanders breitet sich die griechische Kultur (Hellenismus) nach Ägypten, Palästina, Indien, Persien und Zentralasien aus. Wie gross der Einfluss Aristoteles' auf Alexander tatsächlich war, ist in der neueren Forschung vermehrt umstritten.

In Athen, welches er gegen Ende seines Lebens verlassen wird, gründet Aristoteles (oder Theophrast, einer seiner Schüler) eine eigene Schule, genannt *Peripatos* (περίπατος; Gehen, Spaziergang). Nach seinem Tod werden Aristoteles' Schriften zunächst von seinen Schülern (insbesondere Theophrast) aufbewahrt. Anschliessend verschwindet das aristotelische Schrifttum – nach ungesicherter Forschung wird es in einem Keller vergraben –; erst nach rund zweihundert Jahren werden die Schriftstücke wiederentdeckt. Im Mittelalter bringen arabische Gelehrte Aristoteles' Schriften nach Europa und machen diese unter Mönchen bekannt (vgl. nachfolg. 2. Teil,

§ 2, Kap. 1). Einzig erhalten sind die esoterischen Schriften, und zwar in der Form von Vorlesungsnotizen und Unterweisungen. Die exoterischen Schriften (Publikationen, für die Öffentlichkeit bestimmte Schriften) gelten demgegenüber allesamt als verschollen.

Die Quellenlage ist demnach im Vergleich zu Platon, dessen Werke erhalten geblieben sind, genau umgekehrt. Als wichtigste Schriften des Aristoteles gelten die Physik, die Metaphysik und die Nikomachische Ethik.

bb)   Sein und Wirklichkeit (Ontologie)

Wie Platon stellt sich auch Aristoteles die Frage, woraus **Sein** *(einai, on)* besteht und auf welche Grundprinzipien die uns in Zeit und Raum erscheinende Wirklichkeit sich stützt, um anschliessend rechtliche und politische Systematiken darauf aufzubauen.

Aristoteles geht zunächst davon aus, dass sich Sein – das an sich immer dasselbe ist – auf verschiedene Weisen ergründen lässt (Met. Z 1 1028 a 10 ff.). Dies etwa unter dem Blickwinkel von Möglichkeit und Wirklichkeit. Aristoteles führt hierfür den Begriff der **Substanz** (abtrennbare Sache) ein. Dabei differenziert er zwischen zwei Arten von Sein einer Substanz, nämlich potentielles Sein (alles, was es dem Vermögen nach sein kann; *dynamis,* passives Moment/ *potentia,* Potenz, Kraft) und aktuelles Sein (die tatsächliche Verwirklichung; «der Verwirklichung nach»; *energeia, entelecheia,* Akt).

Eine Form von Substanz ist für Aristoteles Materie *(hylē)*. Die Materie beinhaltet ihre Entwicklungsmöglichkeiten als Kraft (**Potenz**) zu ihrer Verwirklichung (**Akt**) hin zu ihrem **Entwicklungsziel** *(telos)* in sich selbst. Die Aufprägung von Form ist Betätigung einer Möglichkeit *(dynamis)* und wird als Bewegung *(kinēsis)* umschrieben: Die Materie nähert sich ihrem Entwicklungsziel an und erhält ihre Form. Potenz und Akt verhalten sich dabei wie ein Kern zum Apfelbaum: Während der Kern die Potenz zum Apfelbaum in sich trägt, stellt der Apfelbaum selbst seine Verwirklichung dar.

Es ist die Eigenschaft alles Lebendigen, das eigene **Ziel** als Programm in sich zu tragen und über eine Entwicklung in Form zu bringen (Met. I 8 1050 a 21 ff.; **Entelechielehre**; In-sich-Haben des Ziels). Das ideale Sein ist als Potenz in den Lebewesen enthalten. So befindet sich für Aristoteles die gesamte belebte Natur im sog. *Hylemorphismus,* d.h. im Wechsel von Potenz zu Konkretisierung. Dieser Entwicklungsprozess entlang dem vorausliegenden Ziel bildet das Zentrum der aristotelischen Seinslehre. Bei Aristoteles wird dabei die Konkretisierung favorisiert: Jede Natur hat eine Existenzform, worin sich etwas vollendet resp. worin ihre Natur zum Ausdruck kommt. Der Begriff der Natur ist dabei nicht auf Menschen, Pflanzen und Tiere reduziert. Auch die Himmelsbewegungen sind Ausdruck dieses Prinzips, nämlich Kraft und Bewegung. Aristoteles wendet sich in diesem Sinne zu Demokrits Theorie der *Kinesis* der einzelnen Atomteile und dem Zusammenhang zwischen Bewegung und Bewegungsursache.

Sein kann nach Aristoteles zusätzlich unter dem Aspekt von typischen Eigenschaften analysiert werden. Eine Sache hat nach Aristoteles einige Merkmale «an sich» (*kat'hauto;* sog. substanzielle Eigenschaften); die substanziellen Eigenschaften machen das **Wesen** (die Essenz, lat. *essentia*) des betreffenden Gegenstandes aus. Es sind Eigenschaften, die nach anderer Umschreibung die Identität der Sache ausmachen, sodass sie immer wieder als dieselbe (Einzelding oder Gattung) wahrgenommen werden kann. Davon unterscheidet Aristoteles andere Merkmale, die geändert werden könnten, ohne dass die Sache aufhört zu sein, was sie ist, die als sog. **akzidentielle Eigenschaften** (*kata symbebēkos,* lat. *accidens*) bezeichnet werden. Am Beispiel Brot ist also das, was ausmacht, dass ein Objekt ein Brot ist (Mehl, Wasser, Hefe), die Essenz; die konkrete Beschaffenheit (Gewicht, Form, verwendete Mehlart etc. [konkretes Erscheinungsbild]) hingegen sind seine akzidentiellen Eigenschaften. Ohne Essenz könnte dieselbe Sache oder eine Gattung von Sachen nicht sprachlich erfasst werden.

Das Ziel *(telos)* der sich bewegenden Eigenschaften definiert Aristoteles nun als «**das Gute selbst** *(agathon,* lat. *summum bonum)*», das auch bei ihm mit der Einheit gleichgesetzt wird (Met. N 4 1091 b 14; vgl. A 6 988 a 14). Was im Kern angelegt ist, *soll* sich entwickeln. Der Mensch *soll* die ihm innewohnende Potenz verwirklichen. Das höchste Gut, das der Mensch erstreben kann, sowohl individuell als auch in der Gemeinschaft, liegt in der Verwirklichung seiner Anlagen. Aristoteles bezieht seine Lehre der Entelechie nicht bloss auf den einzelnen Menschen, sondern auch auf Gemeinschaften, was einen wichtigen Ansatz seiner politischen Theorie darstellt: Der Mensch kann letztlich seine obersten Ziele nur im Zusammenleben und in der Auseinandersetzung mit anderen Menschen erreichen. Die Struktur dieser Gesellschaft, in der sich der einzelne Mensch und die Gemeinschaft verwirklichen, beschreibt Aristoteles als Staat.

Der Mensch ist als rationales und soziales Wesen *(zōon logon echon, zōon politikon)* konzipiert und diese Potenz soll im Staatsgebilde umgesetzt werden. Nur unter den Voraussetzungen einer solchen gemeinschaftlichen Organisation kann sich der Mensch als Vernunftwesen entfalten, sich austauschen und das höchste *(«zielhafteste»)* in ihm angelegte Ziel *(telos teleiōtaton)* als **gutes Leben** verwirklichen. Neben physischen und geistigen Anlagen des Einzelnen gehört demnach ebenso zur Natur des Menschen, sich als Teil einer Gemeinschaft zu entwickeln. Aristoteles propagiert (wie Platon im Spätwerk) die Herrschaft des Gesetzes. Dieses ist zwar nicht die Gerechtigkeit selbst, vermag jedoch die Affekte der Menschen zu bändigen. Der ideale Staat ist eben derjenige, in welchem sich die Bürger am besten zu ihren Zwecken (zum anthropologischen – d.h. auf den Menschen bezogenen – *telos*) entwickeln können.

Bei Aristoteles eröffnet sich hier eine weitere Variante der rechtsphilosophisch sehr bedeutsamen Denktradition der Unterscheidung des Rechts, wie es idealerweise sein soll (Naturrecht), vom Recht, wie es konkret gesetzt ist (positives Recht). Aristoteles thematisierte auch den Begriff der Billigkeit, der heute zwecks einer gerechten Lösung im Einzelfall heranzuziehen ist, wenn das Gesetz auf das

Ermessen, die Würdigung der Umstände oder auf wichtige Gründe verweist (Art. 4 ZGB).

Aristoteles unterscheidet Staatsformen in qualitativer und quantitativer Hinsicht. Mit Blick auf den Nutzen der Allgemeinheit unterscheidet Aristoteles zwischen der Monarchie, der Aristokratie und der Politie. Die negativen Formen, welche auf den eigenen Nutzen abzielen, sind Tyrannis, Oligarchie und Demokratie (Herrschaft der Armen; bereits bei Sokrates und Platon finden sich Differenzierungen der Staatsformen; vgl. Xen. Mem. 4, 6, 12). In Bezug auf die Politie statuiert Aristoteles, dass Entscheidungen im Staat von der Menge getroffen werden sollen, und nicht von der geringen Anzahl der Besten (Politik III, 1281b–1282a). Dieses Konzept schlägt er als Präventionsmittel gegen die negativen Staatsformen vor. Gleichzeitig betont er mit dieser Argumentation die Wichtigkeit der Mittelschicht («Mittelstandsherrschaft») und propagiert eine Politik der Mässigung.

cc)   Primärursache und Sekundärursachen

Aristoteles stellt sich sodann die Frage, was für diese Bewegungsabläufe ursächlich ist. Durch seine empirischen Studien geht er vom Grundsatz aus, dass alles, was sich bewegt, von einem anderen bewegt wird. In seiner metaphysischen Untersuchung unterscheidet Aristoteles zwischen Primärursache und Sekundärursachen: Als Primärursache nennt er das sog. **unbewegte Bewegende**, welches Ursprung jeglicher Bewegung ist, ohne selbst bewegt zu sein (*prōton kinoun akinēton;* vgl. buddhistisch: das Nichts). Dieser Bewegungsursprung wird in der Sekundärliteratur teilweise als nie in der Bewegung seiend gedeutet und andernorts als in allen Dimensionen verwirklichte Potenz, die ausserhalb der Bewegung ist (bzw. der kein Element der Potentialität mehr zukommt). Die Primärursache bewirkt die Sekundärursachen, d.h. sämtliche Elemente der äusseren Wirklichkeit, die dem Weltgesetz der Entelechie unterliegen. Aristoteles' Konzept unterscheidet demnach scharf zwischen der wahrgenommenen und der ursächlichen Wirklichkeit. Erstere wird untersucht und systematisiert in den Naturwissenschaften. Letztere liegt dahinter und bildet die Ursache für die äussere Welt, ist darin selbst aber nicht enthalten.

So findet sich auch im Denken von Aristoteles hinter der sinnlich wahrgenommenen Welt eine darüber hinausgehende Instanz, obwohl er bei der Beobachtung der Natur ansetzt und induktiv vorgeht. Besagte Instanz bewegt gemäss seiner Beschreibung alles, was wahrnehmbar ist, ohne sich jedoch selbst zu bewegen. So wird ein metaphysisches Grundprinzip formuliert – ein Grundkonzept, welches v.a. im späteren scholastischen Denken als Gottesbegriff («Unbewegter Beweger») verstanden wird –, das für die Existenz der Welt und ihre Gesetzlichkeit verantwortlich zeichnet (vgl. 2. Teil, § 2, Scholastik). Für die Erklärung der Bewegung der Lebewesen greift Aristoteles auf den Begriff der Seele zurück.

dd)   Logik, Naturbegriff und Tugend

Aristoteles untersucht in seinem Denken, was die Grundprinzipien der Welt und der Wirklichkeit sind und versucht, zu gesichertem Wissen vorzudringen. Die peripatetische Schule entwickelt so insbesondere die **logischen Grundlagen** der wissenschaftlichen Sprache, die für Philosophie und Recht bis ins. 19. Jh. und darüber hinaus bestimmend sind. In Abgrenzung zur Eristik der Sophisten werden gültige Argumentationsformen wie etwa die syllogistische Schlussfolgerung entwickelt, die wahrheitserhaltend ist; z.B.:

- X ist im Raum und ein Mann (Prämisse 1)
- Alle Männer im Raum sind zweitgeborene Söhne (Prämisse 2)
- → X ist ein zweitgeborener Sohn.

Oder analog für das Recht:

- Wer sich eine fremde bewegliche Sache unrechtmässig aneignet, wird mit Freiheitsstrafe bestraft
- X hat sich eine fremde bewegliche Sache unrechtmässig angeeignet
- → X wird mit Freiheitsstrafe bestraft.

Die Schlussform ist logisch gültig und eine der grundlegenden Argumentationsformen auch der heutigen Rechtsanwendung. Dabei ist der Wahrheitsgehalt der Schlussfolgerung von den Prämissen abhängig. Diese sind realiter auf Normstufe oft auslegungsbedürftig und auch in sachverhaltlicher Hinsicht oft nicht ganz einfach zu bestimmen (z.B.: Hat sich X tatsächlich die fremde bewegliche Sache angeeignet?). Werden die Prämissen korrekt gesetzt, sind die Schlussfolgerungen indessen wahr.

Eine allgemeine Aussage über die äussere Welt wird in Aristoteles' Werk sukzessiv und induktiv in einem **kausalen Denkprozess** erarbeitet, ausgehend von der äusseren, empirischen Wahrnehmung. Auf diese Weise ist die auf eine gemeinsame äussere Wahrnehmung abgestützte Erkenntnis teilbar *(aisthēsis, koinē).* Bei Aristoteles soll die äussere, teilbare Wahrnehmung demnach Erkenntnis bringen, diese sammelt sich dann zur Erfahrung und diese kann sich bis zum allgemeinen Wissen um erste Gründe steigern. Aristoteles nimmt im Unterschied zu Platon die äussere empirische Wirklichkeit zum Ausgangspunkt seiner normativen Überlegungen. Seine rationale Weltauffassung schliesst aus Entwicklungen, die in der Natur zu beobachten sind. Diese Auffassung der **Natur** als massgebliche Wirklichkeit, die man zu befragen und an der man sich zu orientieren hat, legt einen Grundstein für die modernen Naturwissenschaften. Demgegenüber ist alles Empirische für Platon letztlich abgeschnitten bzw. abgegrenzt von der Ideenwelt *(chōrismos).* Diese kann lediglich in Perspektiven und Analogien durch ein inneres Vermögen des Menschen (nicht aber mit der sinnlichen Wahrnehmung) erfasst werden. Dabei ist es nach Platon Aufgabe des Menschen, das Verständnis der gesamten Wirklichkeit zu erlangen. Die wesentlichsten Erkenntnismomente ergeben sich im platonischen Denken aus dem analogen vernunfthaft-einsichtigen Denken *(noein),* bei Aristoteles hingegen aus einem empirisch-kausalen Denken.

Mit der aristotelischen Haltung wird auf der einen Seite eine allgemeine intersubjektive Verständigungsbasis geschaffen, indem er sich auf die für jedermann **wahrnehmbare empirische Wirklichkeit** *(aisthēsis)* bezieht. Sie scheint einfach nachzuvollziehen und teilbar. Auf der anderen Seite aber gibt diese Haltung eine kritische Distanz zur äusseren Natur preis, indem das Gute, das normativ Gesollte, mit dem «Natürlichen» der äusseren Welt zusammenfällt. Mit der historischen Distanz lässt sich dies einfach kritisieren: Bloss weil Stärkere Schwächere beherrschen, kann daraus keine anzustrebende Ordnung abgeleitet werden; bloss weil es stets Kriege gab, darf nicht gefolgert werden, dass es Kriege geben soll. Aristoteles hat sich also mit der Natur bzw. der «natürlichen Entwicklung» ein problematisches Leitbild gesetzt, er sah es als naturgemässes Schicksal der versklavten Menschen an, dass sie ihr Leben unfrei zu verbringen hätten.

Ein weiterer wichtiger Begriff, nämlich derjenige der **Tugend** *(aretē),* findet sich bei Aristoteles vor allem im Bereich der praktischen Philosophie (Nikomachische Ethik). Die Verwirklichung der Tugenden ist der Schlüssel zur Erlangung der *Eudämonie* (des gelungenen und glücklichen Lebens; des Seelenglücks). Aristoteles unterscheidet zwischen Verstandestugenden (dianoetischen Tugenden) und Charaktertugenden (ethischen Tugenden). Die Verwirklichung der Tugenden besteht vor allem darin, das rechte Mass zu haben. Das moralisch richtige Handeln misst sich an Tugenden im Sinne einer vernunftbestimmten Haltung, darunter fällt z.B. die Selbstbeherrschung oder Grosszügigkeit als Mittleres zwischen Verschwendung und Geiz. Aristoteles geht es um eine Haltung in der Entscheidung, die sich durch Bezug auf die Mitte (als einem ausgewogenen Zustand) auszeichnet; sie bestimmt sich mittels Vernunft und danach, wie sie ein Verständiger *(phronimos)* treffen würde. Eine Parallele zu der im Öffentlichen Recht häufig erforderlichen Abwägung («Mittelung») der verschiedenen involvierten Interessen sowie zur Figur des vernünftigen Dritten – etwa hinsichtlich der Beurteilung eines Anscheins von Befangenheit eines Gerichts (Art. 30 BV) – wird ersichtlich. Die Bürgertugend bildet das Richtmass eines gelungenen Bürgerlebens, in dem der Mensch die Mitte zwischen individuellen und kollektiven Interessen finden soll. Der Staat ist bei Aristoteles ein Zusammenschluss um des guten Lebens wegen, sowohl aufgrund der Natur des Menschen als auch des gemeinsamen Nutzens.

Von zentraler Bedeutung im aristotelischen Werk ist die Tugend der **Gerechtigkeit**. Wichtiges Element einer allgemeinen Gerechtigkeit ist für Aristoteles zunächst die Befolgung der Gesetze und die Gleichbehandlung der Vollbürger (*Isonomie;* Pol., I, 1252a1–6). Die zur Rechtsgleichheit entwickelte Konkretisierungsformel soll auf Aristoteles zurückgehen: Danach ist das Gebot der rechtsgleichen Behandlung verletzt, wenn «Gleiches nicht nach Massgabe seiner Gleichheit gleich oder Ungleiches nicht nach Massgabe seiner Ungleichheit ungleich behandelt wird» (z.B. BGE 138 I 225 E. 3.6.1); zu prüfen ist insbesondere, ob bei einer Ungleichbehandlung ein vernünftiger Grund für eine rechtliche Unterscheidung besteht (vgl. z.B. BGE 147 I 73 E. 6.1).

Aristoteles unterscheidet von der allgemeinen Gerechtigkeit, welche das freiwillige Befolgen gesetzlicher und sittlicher Regeln voraussetzt, die besondere Gerechtigkeit. Diese wird in eine austeilende (distributive) und eine ausgleichende (kommutative) Gerechtigkeit unterteilt. Im Bereich der sich auf die Verteilung von Gütern beziehenden distributiven Gerechtigkeit ist eine ungleiche Verteilung möglich, solange sich die Verteilung nach dem gleichen Mass richtet. Ein Beispiel hierfür stellt die Bemessung von Steuern dar: Der zu bezahlende Betrag ist von Person zu Person unterschiedlich, allerdings wird er für jede Person nach dem gleichen Schlüssel (Grundsatz der Besteuerung nach der wirtschaftlichen Leistungsfähigkeit des Steuerpflichtigen) bemessen. Im Gegensatz dazu sieht die ausgleichende Gerechtigkeit, die im Zusammenhang mit dem freiwilligen Rechtsverkehr (d.h. dem heutigen Zivilrecht) und dem unfreiwilligen Rechtsverkehr (d.h. dem heutigen Strafrecht) zur Anwendung kommen soll, keine Ungleichheiten vor. So wird über zwei Personen, welche beispielsweise einen Diebstahl begehen, die gleiche Strafe ausgesprochen.

ee)   Verhältnis zu Platon und Nachwirkung

Die Bedeutung der herausgearbeiteten Unterschiede zwischen Aristoteles und Platon ist in der aktuellen Forschung vermehrt umstritten. Aristoteles stammt aus dem platonischen Denkgefüge. Es finden sich in Aristoteles' erhaltenem Werk sowohl Übernahmen als auch Distanzierungen. Während die ältere rechtsphilosophische Literatur in beiden Positionen primär Gegensätze sieht, untersucht die neuere Forschung etwa, ob Aristoteles zum Ende seines Lebens hin auf die Ideenlehre im platonischen Sinne zurückkommt. So bezeichnet Aristoteles gerade das allgemeine Wissen (dasjenige der Grundprinzipien) als besonders wertvoll und als Zeichen von Weisheit. Hier Gewissheit zu erlangen, ist indessen höchst schwierig, weil nicht einmal die chronologische Reihenfolge der Schriften von Aristoteles bekannt ist.

Festgehalten werden kann, dass sich auch Platon mit den sokratischen Dialogen eines induktiven Verfahrens bedient (*epagōgē,* Induktion). Die Auffassung, wonach die aristotelische Philosophie im Gegensatz zur platonischen induktiv sei, ist daher verkürzt. Demgegenüber lässt sich feststellen, dass bei Aristoteles Erkenntnisschritte aus der empirischen Wirklichkeit gezogen werden können. Bei Platon ist diesbezüglich wie gesehen eine klare Grenze markiert *(chōrismos);* höchste Erkenntnis ergibt sich nicht diskursiv-kausal aus der empirischen Aussenwelt, vielmehr erfolgt sie aus dem abstrakten Denken in Analogien bzw. als Einsicht *(noein).* In der Philosophie des Aristoteles ist die Notwendigkeit, einen Staat zu bilden, in der Natur des Menschen begründet. Für Platon besteht die Notwendigkeit, einen Staat zu bilden, nicht aus einer Anlage im Menschen zur Geselligkeit, sondern wegen des distributiven Vorteils. Wo Aristoteles den Menschen im Zustand der Vervollkommnung sieht (gemäss seinen Anlagen als tätiges Mitglied eines funktionierenden Staates), beginnt bei Platon erst der schwierige persönliche Erkenntnisweg hin zu einer Distanz der Welt als Erscheinung (Befreiung von den Schatten der Höhlengefangenschaft). Es ergeben sich zwei grundlegend unterschiedliche Herangehensweisen zur

Analyse der Wirklichkeit und der Ziele des Menschen und seiner Bestimmung. Die Unterschiede der Wirklichkeitsbetrachtung von Platon und Aristoteles widerspiegeln sich im Universalienstreit ab dem 9. Jh. n. Chr. (vgl. 2. Teil, § 2, Kap. 3). Viele zeitgenössische Philosophen (v.a. in Nordamerika) berufen sich stark auf Aristoteles. Eine der berühmtesten ist Martha Nussbaum (geb. 1947). Sie entwickelt ihre Gesellschaftstheorie insofern auf den Grundlagen von Aristoteles, als sie das freundschaftliche Zusammenleben der Bürger als Ziel eines Staates annimmt, in welchem sich die Menschen in Sicherheit bewegen und sozial engagieren können.

5. Spätantike

Als dritte Periode der griechischen Philosophie hat die hellenistisch-römische Philosophie wichtige Grundlagen für die Rechtskultur und Rechtsphilosophie geschaffen. Sie umfasst insbesondere die **Stoa,** den **Epikureismus** sowie die hier nicht weiter vertiefte Denkschule des **Neupythagoreismus.** Der **Neuplatonismus** schliesslich gilt als dominierende Philosophie der Spätantike. Die Konvertierung einzelner Vertreter des Neuplatonismus zum Christentum markiert den Übergang in die Christliche Philosophie (vgl. 2. Teil).

a)   Hedonistische Lehre der Epikureer

Als Begründer des Epikureismus gilt Epikur von Samos (341–271 v. Chr.), der sich vertieft mit den Atomisten (Demokrit; vgl. 1. Teil § 2 Kap. 2.d) sowie der Glücksphilosophie des Aristipp von Kyrene (geb. 435 v. Chr.) befasst. Er verkündet seine Lehre nach der Vertreibung aus der Stadt Athen in einem Garten an seine Schülerinnen und Schüler (die Schulrichtung wird daher auch als sog. «Garten des Epikur» bezeichnet; *kēpos* [κῆπος]) und definiert ein neues höchstes philosophisches Gut: das *lustvolle Leben.* Ziel des Lebens ist die dadurch zu erlangende Glückseligkeit (Eudämonie).

Ins Zentrum rückt demnach ein Höchstmass der Lebensfreude: Die Eudämonie wird nicht (wie etwa bei Aristoteles) als politisch-soziale

Verwirklichung des *telos* des Menschen umschrieben, sondern als Streben nach beständigem und sicherem Lebensgenuss. Für Epikureer ist es mit anderen Worten nicht möglich, einsichtsvoll und gerecht zu leben, ohne lustvoll zu leben. Darunter versteht Epikur (entgegen mancher Rezeption) keine ausschweifende Lebensform, vielmehr soll die Lebensfreude durch Beachtung einiger Grundsätze erreicht werden: Dies sind die *ataraxia* (Wahrung der Seelenruhe; Unerschütterlichkeit), eine vernunftgeleitete Lebensführung sowie eine konsequente Ausrichtung der zu treffenden Entscheidungen nach dem Prinzip der Lust.

Um die philosophische Position etwas einlässlicher darzustellen, ist vorab auf Epikurs Wirklichkeitsverständnis einzugehen. Denn er hegt ein materialistisches Verständnis der Weltordnung im (strengen) Sinne der Atomisten: Die Wirklichkeit besteht aus Leere und einer Verteilung der Atome im Raum – nichts Weiterem –, wobei die Veränderungen in der äusseren Sinnenwelt aus den Eigenschaften der Atome ableitbar oder aufgrund ihrer verschiedenen Anziehungs- und Bewegungsmöglichkeiten erklärbar sind. Aus den unendlichen Kombinationsmöglichkeiten der Atome bestehen für Epikur unendlich viele Welten; es gibt keine weiteren Grundlagen der Wirklichkeit als die atomistischen. Auch die Seele besteht gemäss Epikur aus Atomen, also kleinsten Teilen, die sich ebenso wie der übrige Körper nach dem Tod (in ihre Atome) auflöse.

Vor diesem Hintergrund erachtet es Epikur als wesentlich, die *ataraxia* im Hier und Jetzt zu verwirklichen. Zentral sei dafür, dass es den Menschen gelinge, sich von der Furcht des Zorns der Götter oder vom Aberglauben zu befreien, ebenso von der Furcht, religiösen Geboten der Menge nicht zu folgen – und auch von der Furcht vor der eigenen Vergänglichkeit, da man diese selbst nicht miterlebe. Alles Streben nach Glück sei demnach auf das *endliche Leben* zu beziehen – und dies möglichst rational. Epikur leitet hieraus Verhaltensgebote für Alltagshandlungen wie auch für rechtliche oder politische Entscheide ab und formuliert sie in einem rationalen Prinzip: Alles ist zu vermeiden, was bei vernünftigem Abwägen langfristig mehr Leid denn Lust erzeugt. Entwickelt wird eine Ethik, die die Richtigkeit einer Handlung an ihren Folgen misst (sog. *Konsequentialismus*) – hier des Höchstmasses an Lebensfreude bzw. die Erhöhung des beständigen Genusses (*hēdonē;* Hedonismus).

Recht wird von den Epikureern denn auch nicht als ein vorgegebenes Prinzip, sondern zuvorderst als eine Übereinkunft verstanden: Das der «menschlichen Natur entsprechende Recht ist eine Vereinbarung über das Mittel, mit dem verhindert wird, dass sich Menschen gegenseitig schädigen oder schädigen lassen» (31. Hauptlehrsatz). Ohne eine solche vertragliche Grundlage gebe es weder Recht noch Unrecht (32. Hauptlehrsatz); Besonderheiten in verschiedenen Ländern seien bei Ausgestaltung der Rechtsordnung zu berücksichtigen.

Mit dem von den Epikureern entwickelten Kriterium der Maximierung des (beständigen) Genusses wird ein Nützlichkeitsprinzip hinsichtlich der Folgen einer Handlung etabliert, das zugleich Ausgangspunkt für die im 18./19. Jh. entwickelte **utilitaristische Ethik** ist: Gemäss J.S. Mill (1806–73) ist eine Handlung genau dann richtig, wenn sie das Glück (*«happiness»*) fördert, und falsch, wenn sie das Gegenteil erzeugt: *«actions are right in proportion as they tend to promote happiness, wrong as they tend to produce the reverse of happiness»* (On Liberty, II.); sog. *Greatest Happiness Principle.* Eine Handlung ist nach utilitaristischer Auffassung also dann geboten, wenn die Folgen der Handlung das grösstmögliche Glück für die grösstmögliche Menge der von der Handlung Betroffenen bewirken. Gerechtigkeit definiert sich über die Nützlichkeit (*utilitas;* lat. Nutzen) bzw. spezifischer nach konkreten sozialen Nutzeffekten einer Handlung als Massstab für Recht und Unrecht (sog. *cost-benefit-analysis*), gemäss dem menschlichen Begehren. Erhebliche Kritik erfährt das Konzept u.a. dadurch, dass es in seiner klassischen Form die Schlechterstellung Einzelner zugunsten der grösseren Masse zu rechtfertigen vermag (vgl. hierzu kritische Positionen 3. Teil § 2b [Pufendorf]; 4. Teil § 2 Kap. 2 [Kant]; 5. Teil § 4 Kap. 5 [Rawls]).

b)   Stoa

Die antike Philosophieschule der Stoa wird um 300 v. Chr. gegründet und besteht etwas mehr als 500 Jahre. Die Schule unterteilt die Philosophie in Logik (Dialektik und Rhetorik), Physik und
Ethik. Diese Lehrrichtung bezweckt insbesondere, dem Menschen
Wege aufzuzeigen, wie er innerlich unabhängiger glücklich werden
könne, und hat auch ausserhalb der Schulen viele Anhänger (Popu-
larphilosophie). Der Name der Schule rührt von der Bezeichnung
der Säulenhalle des Athener Marktplatzes her (στοὰ ποικίλη; stoa
poikilē; bunte/kunstreiche Säulenhalle).

In der Denkrichtung der Stoa richtet sich der Blick auf den kosmologischen Gesamtzusammenhang, allerdings stets unter Bezugnahme auf das **Alltagsleben**. Im Vordergrund steht das Thema der
inneren Ruhe und Harmonie mit der Natur in Verbindung mit Rat-
schlägen zu konkreten Lebenssituationen *(praecepta)*. Die Stoiker
umschreiben ein allbeherrschendes Naturgesetz als *Logos* im Sinne
eines *Schicksalsgesetzes,* dessen Beachtung und tapfere Duldung (in
«stoischer Ruhe») die höchste Tugend ist. Darin, im Einklang mit der
Natur im Sinne des Schicksals zu leben, bestehe Weisheit (Seneca,
De vita beata, 3.3). Neben der Tugendhaftigkeit des gemäss seiner
Vernunft und Selbstbeherrschung lebenden Menschen werden die
Gleichheit und der Kosmopolitismus zu wichtigen Begriffen.

Zenon von Kition (geb. ca. 333 v. Chr.) gilt als Begründer der Schulrichtung. Während aus der früheren und mittleren Stoa kein Schrifttum erhalten ist, liegen aus der jüngeren Stoa verschiedene Schriften
vor, etwa vom Lateiner Seneca (geb. ca. 1 v. Chr.), dem Vertreter und
Berater des Kaisers Nero, sowie von Marc Aurel (121–180 n. Chr.)
die griechisch verfassten Selbstbetrachtungen *(Ta eis heautón),* die
die Selbstgenügsamkeit *(autarkeia)* zum höchsten zu erreichenden
philosophischen Gut *(summum bonum)* erheben. Die Relevanz des
Gleichheitsprinzips in der Stoa zeigt sich schon darin, dass Epiktet
(geb. 50 n. Chr.), ein ehemaliger Sklave aus Griechenland, zu einem
der wichtigsten Denker des Stoizismus wird.

aa)   Seneca

Seneca entwickelt den stoischen Individualismus, der sich die Zügel egalitärer Prinzipien und des Bewusstseins einer kosmologischen Ordnung selbst auferlegt. Parallelen zu Sokrates zeigen sich bis zu dem Grad, als das eigene Urteilsvermögen Massstab der richtigen Lebensführung und auch Schlüssel der Erlangung des Glücks ist. Die Stärkung des Denkens führt zum korrekten Handeln. Zentrale Bedeutung kommt für Seneca dem Selbst (ἡγεμονικόν; *Hegemonikon*) als leitendem Prinzip der Seele zu. Das Hegemonikon bezeichnet er als inneren Logos des Menschen *(logos endiathetos)*, der zugleich Teil der Weltvernunft (*Logos*; s. sogl. unten bb) ist und sich ab dem ca. 14. Lebensjahr entwickeln soll. Der menschliche Logos wird in der römischen Stoa *ratio* genannt und mit der ethischen Handlungsfähigkeit, namentlich der Selbstbeherrschung, verknüpft.

Auch im politischen Denken steht bei den Stoikern diese Rückbesinnung auf sich selbst im Zentrum («Ziehe Dich in dich selbst zurück»; Epist., 7,8; 25,6 ff.). Unbesonnene Teilnahme am Gemeinschaftsleben birgt die Gefahr von Irrtümern und leerem Streben nach Macht. Die Orientierung an der Masse oder das Sich-Anschliessen an die Mehrheitsentscheidung führt nicht zu Richtigkeit des Handelns (vgl. insbesondere De vita beata, 2.1 f.: «Mit den menschlichen Verhältnissen steht es nicht so gut, dass der Mehrheit das Bessere gefällt […] Fragen wir also, was zu tun am besten ist, nicht, was am häufigsten getan wird, und was uns in den Besitz ewigen Glücks setzt, nicht, was die Masse, der schlechteste Vermittler der Wahrheit, gebilligt hat.»). Insofern wird vor dem schlechten Einfluss der Gesellschaft auf das Individuum gewarnt und aufgezeigt, wie sich das Individuum dagegen wehren kann. Das Leben in der Gemeinschaft erhält damit eine stark individualisierte Prägung. Obwohl Seneca als Vertreter der Stoa das Schicksalhafte des Menschenlebens als wichtiges Motiv seines Denkens etabliert, lehnt er eine blinde Hinnahme politischer Herrschaftsstrukturen ab. Als einer von weniger Philosophen gestattet Seneca unter spezifischen Voraussetzungen die frei bestimmte Selbsttötung, z.B. bei erheblicher körperlicher Gebrechlichkeit.

Die politische Partizipation (und das Leben in Freundschaft mit anderen Bürgern) ist bei Seneca in einem bestimmten Gegensatz zu Aristoteles nicht bereits für sich die Bestimmung des Menschen, aber es ist für Stoiker rational, sich um die politische Gemeinschaft zu kümmern. Auch hinsichtlich seines konsequenten Gleichheitsbegriffs grenzt sich Seneca von Aristoteles ab («Dieselben Anfänge haben alle Menschen, denselben Ursprung; niemand ist vornehmer als ein anderer, außer wenn er sich durch eine aufrechte und aufgrund guter Charaktereigenschaften bessere Gesinnung auszeichnet»; De beneficiis 3,28,1). Eine Güterverteilung, die sich vornehmlich an den Leistungen der einzelnen Menschen orientiert, lehnt Seneca ab und postuliert ein System von Egalität. Dabei beschränkt sich die postulierte Gleichheit gegenüber Frauen allerdings auf die Anerkennung einer gleichen Tugendfähigkeit wie die der Männer und bezüglich Sklaven auf eine Gleichbehandlung, wie sie von einem Vorgesetzten zu erwarten wäre.

Mit der Kritik an blinder Hinnahme politischer Herrschaftsstrukturen wird die Institution eines regierenden Herrschers bei Seneca wie gesehen gleichwohl nicht als solche abgelehnt. Ein Staatslenker soll aber vor allem die Tugenden der *Milde* und der Gerechtigkeit besitzen (vgl. sein Werk De clementia). Seneca war es nicht beschieden, seine Grundsätze praktisch zu verwirklichen. Kaiser Nero, den er erzogen hatte und dem er ein Leben lang als philosophischer Berater zur Seite gestanden war, legt ihm im Zuge einer aufgedeckten Verschwörung nahe, sich das Leben zu nehmen. Dieser Aufforderung soll Seneca in Gleichmut Folge geleistet haben.

Seneca entwickelt ausgehend vom Gleichheitsgrundsatz die Idee des Weltbürgertums *(Kosmopolitismus)*. An die Stelle der allmählich sich auflösenden Strukturen der *Polis*-Gesellschaften treten unübersichtliche Grossreiche, insbesondere vergrössert sich Rom in der Römischen Kaiserzeit (27 v. Chr. bis 395 n. Chr.). Die sich bildenden neuen politischen Strukturen sind nun auch philosophisch zu reflektieren.

bb)   Logos und Naturrecht

Die Stoiker schliessen an die *Logos*-Idee bei Heraklit an, die sie im Sinne einer Weltvernunft verstehen. *Logos* ist für die Stoiker die belebende Urkraft, auch *Pneuma* genannt. Dabei ist für die Stoiker der Weltverlauf durchstrukturiert im Sinne einer Vorstellung von **Vorsehung** (πρόνοια, *pronoia;* Fürsorge, vorausschauende Sorge), die alles zum Besten eingerichtet hat. Der Kosmos wird beschrieben als ständiger Wechsel von Weltuntergang und Weltentstehung. Neben dem *Logos* wird auch die Materie als oberstes Prinzip angeführt, und als das Leidende verstanden.

Die beiden Prinzipien sind keine Gegensätze; vielmehr ist für Stoiker sowohl Materie als auch *Logos* körperlich (sog. *Monismus*); *Logos* ist von feinerer Körperlichkeit, die alles durchwirkt. Die so verstandene **Weltvernunft** *(Logos)* wird in der späteren Stoa mit einem Gottesbegriff umschrieben und sollte später zu einer der Grundlagen des Gottesbegriffs im Christentum werden (dazu unten 2. Teil). Auch die Natur wird gleichgesetzt mit dem *Logos.* Menschliche Vernunft *(logos endiathetos)* ist ein Abkömmling der Weltvernunft; ein Teil davon (vgl. Seneca, Epist., 41, 1 ff.). Die menschliche Vernunft kann nur durch die Übereinstimmung mit der Natur zur Weltvernunft werden; das Selbst eines Weisen umfasst zugleich die Welt. Tugendhaft ist das menschliche Verhalten, das mit dem allherrschenden Naturgesetz übereinstimmt. Die Individualität geht letztlich als Ziel in der Weltnatur auf. Dazu ist die Einsicht in die Unvermeidlichkeit des Schicksals wichtig. Erst diese führt zur Leidenschaftslosigkeit *(apatheia)* im eigentlichen Sinne, der Befreiung vom Leiden. Alles, was passiert, als Vorhersehung anzunehmen, wird aus der Sicht der Stoiker Seelenruhe *(ataraxia)* bringen. Der innere Logos *(logos endiathetos)* wird so auch als immer vollendetere Selbstbeherrschung im Einklang mit der Natur interpretiert (Diog. L. VII, 86).

Leidenschaftslos wird man – wie Epiktet betont –, wenn man dasjenige zu unterscheiden lernt, was der eigenen Kontrolle unterliegt (Meinung, Trieb, Begierde, Widerwille), von demjenigen, das nicht unser eigenes Werk ist (Leib, Vermögen, Ansehen, Ämter; Epiktet, Handbüchlein der Moral I). Zu unterscheiden sind also Gegebenheiten, zu denen man selbst etwas zutragen kann, und solche, für die dies nicht möglich ist: «Denn wenn du etwas begehrst von dem, was wir nicht meistern [was nicht in unserer Gewalt ist], so wirst du notgedrungen unglücklich» (Epiktet, Handbüchlein der Moral II). Das einzige Gut auf der Welt ist das in diesem Sinne tugendhafte – die Rationalität richtig einsetzende und die Entscheidungen darauf stützende – Leben: «Hältst du [aber] nur das für dein Eigentum, was wirklich dir gehört, das Fremde hingegen, wie es tatsächlich ist, für fremd, dann wird niemand je dich nötigen, niemand dich hindern, du wirst niemanden schelten, niemandem die Schuld geben, nie etwas wider Willen tun, du wirst keinen Feind haben, niemand wird dir schaden, denn du kannst überhaupt keinen Schaden erleiden» (Epiktet, Handbüchlein der Moral I). Vermag man sich in diesem Sinne freiwillig dem Weltgeschehen zu fügen, wird man nichts von dem, was geschieht, als Unglück empfinden. Solange etwas passiert, das nicht mit Untugend herbeigeführt wurde, ist es kein Übel, sondern vielmehr ein Üben in die sittliche Einsicht. Kardinaltugenden sind daher die sittliche Einsicht, die Tapferkeit, die Besonnenheit und die Gerechtigkeit. Der Tod wird verstanden als Aufgehen der Seele in die Weltvernunft, wobei man – je nach Vertreter – in den gleichen Ruhezustand zurückkehrt wie vor der Geburt, oder aber die Seele in den Weltenverlauf einbezogen wird (Wechsel von Weltuntergang und Weltentstehung).

Die stoische Interpretation des *Logos* schlägt sich auch in der Darstellung des Rechts nieder, und zwar in der Systematisierung des **Naturrechtsgedankens**. Dieser ist Ausdruck eines zu dieser Zeit bereits verschiedentlich angedachten, universell gültigen und vom gesetzten Recht unabhängigen ideellen Rechts («Naturrecht»), das es für die Stoiker aus dem *Logos* zu erschliessen gilt. Als ewiges

Weltgesetz ist er in das geltende Recht zu übertragen. Für die Denker der Stoa soll die natürliche Ordnung des *Logos* als ewiges Weltgesetz im Staatsbegriff und in positivrechtlichen Bestimmungen abgebildet werden.

Die Erkenntnis der Weltvernunft *(Logos)* selbst bleibt den Menschen verschlossen. Der *Logos* spiegelt sich allerdings in der menschlichen Vernunft, die als eine Art subjektiver Teil des *Logos* verstanden, Elemente der Gerechtigkeit als *lex naturalis* («Naturrecht») zu begreifen vermag. Die Stoiker sehen in der *lex naturalis* also jene ewige Gesetzmässigkeit, die für den Menschen erkennbar ist. Die *lex naturalis* ist ihrerseits von der *lex positiva* als der Satzung zu differenzieren, durch die ein Rechtsgestalter konkrete Normen festhält. Ein solches Gesetzeswerk kann aber gemäss der naturrechtlichen Tradition stets nur der Versuch eines möglichst getreuen Abbilds des vorpositiven, natürlichen Rechts sein. Die *lex aeterna* gibt einen ursprünglichen, ewig gültigen Massstab vor, dem die rechtliche Regelung zu entsprechen hat. Umschrieben wird demnach eine natürliche, immer gültige Ordnung, die in staatliche Gefüge und in das Recht hineingelesen werden soll. Da die diese Ordnung bewirkende Weltvernunft überall gleich ist, wird das an ihr auszurichtende Rechtssystem als kosmopolitisches verstanden.

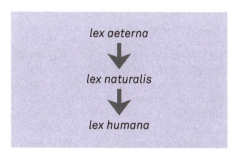

Grafik: Normtrias der *lex aeterna, lex naturalis, lex humana*.

Naturrecht (*lex naturalis;* auch als natürliches Recht oder vorpositives Recht bezeichnet) ist im *Logos* weltliches Wirkungsgesetz (in der «Natur», und später vermehrt auch in der menschlichen Vernunft; vgl. zur Entwicklung 2. Teil, § 2, Kap. 2.c [Scholastik]) begründetes Recht, das unwandelbar und allgemeingültig ist und dabei eine zeitüberlegene Gültigkeit und philosophische Wahrheit für sich in Anspruch nehmen kann. Dieser Bestimmung folgend gilt Naturrecht als dem positiven (d.h. vom Menschen gesetzten und damit wandelbaren) Recht als übergeordnet, da es diesem als höherrangige Rechtsquelle erst Legitimierung verschafft. Die Herausforderung des Konzepts liegt auf der Hand: Was könnte der Inhalt einer Gesetzgebung sein, der immer richtig sein wird? Die systematische Grundlegung der naturrechtlichen Ordnung bringt also die Frage mit sich, was nun der rechtsphilosophisch überhaupt gebotene, was der richtige Inhalt einer durch die Menschen geschaffenen Rechtsordnung sein kann. Diese Frage wird über Jahrtausende immer wieder Gegenstand der rechtsphilosophischen Debatte sein. Die denkerische Grundkonzeption beeinflusst die weiteren Jahrhunderte (wie etwa die christliche Philosophie; vgl. 2. Teil) und insbesondere die das heutige Staatsgefüge massgeblich prägende Epoche des Rationalistischen Naturrechts (vgl. 3. Teil).

c) Cicero – Vermittlung der antiken (Rechts-)Ideen

aa) Naturrecht

Marcus Tullius Ciceros (106–43 v. Chr.) Hauptleistung ist in seiner Rolle als Vermittler antiken Gedankenguts in die römische Zeit zu sehen. Er wirkt in Rom, dessen politische Ordnung – im Gegensatz zu den griechischen Stadtstaaten – nicht demokratisch, sondern republikanisch aufgebaut ist. Der Schule der Stoa nahe stehend, liefert er insbesondere im Buch I seines Werks *De legibus* eine wichtige Beschreibung des Naturrechts als zeitlos ideale Norm, wie sie als eine Quintessenz antiken Denkens herausgebildet worden ist: eine natürliche, objektive, sittliche Weltordnung, eine unvergängliche *lex aeterna,* die vom Gesetzgeber entdeckt werden kann und umgesetzt werden soll. Diese erschliesst Cicero von der Natur des Menschen. In Bezug auf die einzelnen Rechtssubjekte betont Cicero den Wert der intrinsischen Motivation der Menschen zu moralischem Handeln. Er lehnt die reine Fokussierung auf äusseren Zwang ab und hält fest: «Das aber ist wirklich äusserst töricht: zu glauben, alles sei gerecht, was in Bestimmungen und Gesetzen der Völker festgelegt ist. [...] Es gibt nämlich nur ein einziges Recht, dem die menschliche Gemeinschaft verpflichtet ist und dem ein einziges Gesetz eine Grundlage gibt: Dieses Gesetz ist die richtige Vernunft im Bereich des Befehlens und Verbietens. Wer dieses Gesetz nicht kennt, ist ungerecht, ob es nun irgendwo aufgeschrieben ist oder nicht. Wenn aber Gerechtigkeit Gehorsam gegenüber geschriebenen Gesetzen und Bestimmungen der Völker ist und wenn, wie dieselben Leute behaupten, alles an seinem Nutzen zu messen ist, dann wird jeder die Gesetze missachten und brechen, falls er es kann, der glaubt, dass ihm dieses Verhalten einen Gewinn bringen wird. Folglich gibt es überhaupt keine Gerechtigkeit, wenn sie nicht von Natur aus vorhanden ist, und die Gerechtigkeit, die auf der Nützlichkeit beruht, wird durch eben jene Nützlichkeit zunichte gemacht» (De legibus I, 42). Für Cicero ist das (Natur-)Gesetz also «die höchste Vernunft [...], die in der menschlichen Natur liegt und alles befiehlt, was getan werden muß, und das Gegenteil verbietet.» (De legibus I, 18). Das gerechte Recht (das Naturrecht) stellt für Cicero einen Zweck an sich dar («Demnach ist das Recht um seiner selbst willen zu wünschen und zu verwirklichen» [De legibus I, 48]).

Ciceros Verbindung von Vernunft und Naturrecht führt zur Diskussion, welche der Vernunft inhärente Inhalte auf welche Weise in der Naturgesetzmässigkeit enthalten sind und wie sie am besten in den Rechtssystemen zu verwirklichen sind. Ciceros Konzept des naturrechtlichen Inhalts konzentriert sich vorab auf die Grundregel, anderen nicht zum Zwecke des eigenen Nutzens zu schaden *(alterum non laedere),* und in zweiter Linie auf ein Beitragen zum Allgemeinwohl *(bonum commune);* ein Streben nach einer Gemeinschaft, in der ein synergetisches Voneinander-Profitieren herrscht,

Freundschaft und Rücksichtnahme, gemäss den verschiedenen Neigungen und Vermögen der einzelnen Menschen. Er schält also für die Gesellschaft Kernanforderungen heraus, denen er inhaltlich eine ewig gültige, vernunftgemässe Bedeutung zuschreibt.

Mit dem **Naturrecht** wird ein für die Rechtsphilosophie zentrales Konzept umschrieben, bei dem aus dem normativen Bereich (Bereich des ethischen, naturrechtlichen Sollens) Schlüsse gezogen werden für den Bereich des Seins (der gesellschaftlichen Wirklichkeit). Die entsprechende Differenzierung findet sich bereits in der Vorsokratik (vgl. etwa 1. Teil, § 2, Kap. 3.c [Antiphon]) und insbesondere in der antiken Klassik (vgl. oben 1. Teil, § 2, Kap. 4.b & 4.c [Platon und Aristoteles]). Dabei kann die konkrete Umsetzung der Gehalte des Naturrechts durch verschiedene Gesellschaften, Orte, Lebensformen und Gegebenheiten in unterschiedlicher Weise erfolgen. Insofern ist die Auseinandersetzung rund um die Interpretation naturrechtlicher Gehalte in eine konkrete positivrechtliche Satzung als Schluss vom Sollen aufs Sein unerlässlich, tut jedoch dem Konzept eines Naturrechts – der Annahme, dass es allgemeingültig richtige Normen des Zusammenlebens geben kann – keinen Abbruch.

Ciceros Werk ist auch bedeutsam für die Entwicklung der Begrifflichkeit des Rechts. Mit der *dignitas hominis* verwendet Cicero den Begriff der Menschenwürde (an einer Stelle in seinem Werk) erstmals nicht bloss nach Herkunft oder persönlichen Verdiensten, sondern universell, im Sinne einer Teilhabe des Menschen an der stoischen Weltvernunft (De offic. 1.105). Auf Cicero gehen weitere wichtige römische Rechtsbegriffe zurück. So etwa die Unterscheidung von *ius gentium* und *ius civile*, welche heute (in grober Annäherung) dem Völkerrecht und den innerstaatlichen Gesetzen entsprechen.

bb)   Kleiner Exkurs zum Römischen Recht

U.a. durch Ciceros Zitate und Kommentierungen lässt sich auch der erste Gesetzeskodex der Römer rekonstruieren. Dabei handelt es sich um eine ca. 450 v.Chr. (in den Anfängen des Römischen Reiches) entstandene Gesetzessammlung, die in zwölf bronzenen Tafeln im Forum Romanum ausgestellt war («Zwölftafelgesetz»; *lex duodecim tabularum*). Dieses «gesetzte» Recht löst das bis zu diesem Zeitpunkt vorherrschende Gewohnheitsrecht bei der Regelung der Rechtsverhältnisse der Römer ein Stück weit ab. Es bleibt kasuistisch geprägt und weist noch einen geringen Abstraktheitsgrad auf. Das Römische Recht entwickelt sich danach insbesondere durch die Rechtsprechung der Prätoren und durch Juristenschriften weiter. Die Entwicklung gipfelt in der Gesetzgebung (später als *Corpus iuris civilis* bezeichnet) von Kaiser Justinian zum Ende des Imperiums (erste Hälfte 6. Jahrhundert n.Chr.). Es handelt sich dabei nicht bloss um eine Kompilation der Kaisergesetzgebung *(leges)*. Verarbeitet werden die Juristenschriften namentlich aus der Klassik (1. und 2. Jahrhundert n. Chr.). Das Juristenrecht *(ius)* der Klassik zeichnet sich durch seine differenzierende Qualität aus; besondere Bedeutung haben dabei die Institutiones des Gaius (ca. 110–180 n. Chr.). Die Juristenschriften werden für den *Codex Justinianus* systematisiert, losgelöst vom jeweiligen Erstellungszeitpunkt, erfasst. Der Codex beruht auf der Idee einer Rechtsordnung als dauerhaftes, homogenes, kompaktes, von Widersprüchen befreites System.

In dieser Eigenschaft beeinflusst er in den darauffolgenden Jahrhunderten die Entstehung der Rechtsordnungen sowie die Entwicklung der Rechtswissenschaft und Rechtstradition in vielen Ländern Europas (Rezeption des Römischen Rechts). Im Mittelalter bildet der *Codex Justinianus* die Grundlage des Rechtsstudiums und der verschiedenen Rechtsschulen. Im 19. Jahrhundert setzt verstärkt eine Rückbesinnung auf das Römische Recht ein, dessen Grundstrukturen Basis vieler moderner Kodifikationen des Privatrechts werden, u.a. des Schweizerischen Zivilgesetzbuches von 1912 (ZGB).

Prägend bleibt die Einteilung des römischen Privatrechts in *personae, res, actiones* (Personen, Sachen, Klagen). Institutionen wie Obligationen und Verträge, Besitz und Eigentum, Verwandtschaft, Ehe und Ehegüterrecht, Vormundschaft, Erbfolge sowie Prinzipien wie Treu und Glauben, Schuldverhältnis und Haftung werden von den Römern entwickelt und finden sich als Grundlagen der modernen Rechtsordnungen wieder.

Das Römische Recht lässt sich als originäre Schöpfung der Römer bezeichnen. Begrifflichkeit, Argumentationsmuster und Abstraktionsvermögen sind jedoch mitgeprägt durch die griechische Philosophie, die insofern bei der kontinuierlichen Herausbildung der römischen Rechtswissenschaft nach der Zeitenwende eine zentrale Rolle gespielt hat.

d) Neuplatonismus – Entwicklung der metaphysischen (Rechts-)Ordnung

Etwa von der Mitte des 3. Jh. n. Chr. bis Mitte des 6. Jh. n. Chr. ist der Neuplatonismus die wirkungsmächtigste Strömung der Philosophie. Neuplatoniker rezipieren die Schriften des klassischen Altertums und suchen insbesondere eine Synthese der platonischen und aristotelischen Philosophie zu leisten. Zentrum des Platonismus ist zunächst die Akademie in Athen; nach und nach (ab ca. 323 v. Chr.) verbreitet sich das platonische Denken auch im neuen kulturellen Zentrum in Alexandria (Ägypten). Indem die neuplatonische Richtung die Klassik und orientalische Richtungen rezipiert und sich (nach anfänglicher Ablehnung) auch mit dem Christentum verbindet, gilt der Neuplatonismus als – derzeit insbesondere für den rechtsphilosophischen Kontext noch kaum erschlossene – kulturelle Syntheseleistung.

Der Neuplatonismus knüpft namentlich an pythagoreisch-platonisch-aristotelische Transzendenzgrundlagen (bzw. die dort grundgelegten Theorien zur Erklärung der Erfahrungswelt) an, und ebenso an den stoischen *Logos* im Sinne eines die ganze Natur

durchdringenden Wirkungsprinzips. Als Begründer des Neuplatonismus gilt Ammonius Sakkas (gest. 242 n. Chr., Alexandria), der
selbst oft als Mittelplatoniker bezeichnet wird. Berühmte Vertreter sind dessen Schüler Plotin, Porphyrios (geb. 233 n. Chr.),
Proklos (geb. 410/12 n. Chr., Konstantinopel) und die Philosophin
Hypatia (gest. 415 n. Chr.), deren Schriften allerdings nicht erhalten
sind. Eine ebenso zentrale Rolle kommt dem Lateiner Boethius zu
(geb. ca. 480 n. Chr.), der vor seiner Verhaftung u.a. Teile der Werke
Aristoteles' ins Lateinische übersetzte und auch platonische Dialoge
kommentierte, sowie Gaius Marius Victorinus (geb. zw. 281 und
291 n. Chr.), der die *Enneaden* Plotins ins Lateinische übersetzte.

Plotin (geb. 205 n. Chr. in Lykopolis; lehrt ab 244 in Rom), der sich
selbst als Interpret Platons versteht, entwirft eine erste Gesamtschau
der neuplatonischen Lehre. Er gilt als einflussreichster Philosoph
der römischen Kaiserzeit und soll als integrer und sanftmütiger
Schiedsrichter in Streitigkeiten tätig gewesen sein. Wie Platon geht
Plotin von einer Unterscheidung der Welt in eine sinnlich wahrnehmbare und eine metaphysische Ideenwelt sowie von einem
Dualismus von (vergänglichem) Körper und (unvergänglicher)
Seele aus. Beide Konzepte sind im Folgenden kurz darzustellen.

Die oberste Idee des Guten versteht Plotin (wie bereits Platon und
die Überlieferung von Aristoteles) als **Einheit** *(to hen)*. Diese Einheit des Guten als oberstes Prinzip, das auch mit dem Schönen als
ästhetischer Kategorie gleichgesetzt wird *(Kalokagathie)*, verteilt
sich nach der Emanationslehre Plotins selbst *(bonum est diffusivum
sui)*. Dem Prinzip folgend, dass ein jedes Existierendes in einem
höheren Prinzip begründet sein muss, geht die Welt letztlich aus
dem höchsten Prinzip (der Einheit) hervor (Emanation). Die **Emanation** zeigt einen Abstieg von Ursache zum Verursachten und
unterteilt sich in sog. *Hypostasen:* Der Einheit (das Eine; *to hen*) als
oberstem Prinzip folgt (auf gleicher Ebene) der *Logos* bzw. der *Nous.*
Die Begriffe beziehen sich sowohl auf ein Weltprinzip/Weltgesetz
(Logos) als auch auf die Vernunft *(Nous:* einsehende [intuitive]
Vernunft; die Einheit erkennende Vernunft). Die beiden Begriffe

werden teilweise als «Denkwelt» oder «Geist» (worunter Plotin die platonischen Ideen zählt) zusammengefasst. Auf die Denkwelt folgt das Seelische *(psychē)*; wiederum unterteilt in Weltseele, deren unterer Teil die Natur ist, und die Einzelseelen. Als letzte Stufe folgt schliesslich die Erscheinungswelt, d.h. die sinnlich wahrnehmbare Welt. Dabei ist die Erscheinungswelt geprägt von Materialität als Zeichen der Unvollkommenheit bzw. der Veränderlich- und Vergänglichkeit (vgl. Platon, der Materie als entgegenstehendes Prinzip zu den Ideen versteht; vgl. sodann Aristoteles, der die Materie als Unvollkommenheit der Welt umschreibt).

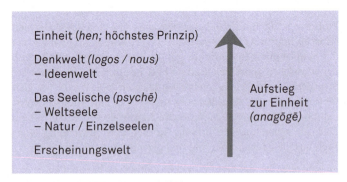

Einheit (*hen*; höchstes Prinzip)

Denkwelt *(logos / nous)*
– Ideenwelt

Das Seelische *(psychē)*
– Weltseele
– Natur / Einzelseelen

Erscheinungswelt

Aufstieg
zur Einheit
(anagōgē)

Grafik: Aufbau der Wirklichkeit nach Plotin.

Ziel der **Seele** ist der durch bürgerliche und höhere Tugenden zu realisierende Aufstieg (*anagōgē*; intellektuelle Selbstvervollkommnung) zur Einheit. Doch wie soll sich ein solcher Aufstieg realisieren? Für Plotin ist die Seele das Prinzip, das wir als denkende und bewusste Wesen in uns als Subjekt unserer Lebendigkeit antreffen und unsere Personalität verankert. Dieses Bewusstsein um sich selbst ist ein Akt der Individuation.[1] Seele ist für Plotin so zugleich

---

[1] Selbstbewusstsein generiert für Plotin Individualität – die Unteilbarkeit des Menschen im wörtlichen Sinne.

«das ursprünglich Individuelle» wie auch «das, was erkennt» bzw. «das, wodurch man weiss» und Lebensprinzip: Aus platonischer und auch neuplatonischer Sicht entsteht der biologische Organismus erst mit der Anwesenheit der Seele und vergeht, wenn sie ihn verlässt. Die Seele selbst ist unsterblich. Sie inkarniert sich immer wieder, indem sie mit Körpern eine Verbindung eingeht.

Wesentlich ist für die Neuplatoniker die **Erkenntnisfunktion** der Seele, die das Gute, oder eben die Einheit als vollkommene Wirklichkeit anstrebt. Doch wie kann sich die Seele ein Wissen um alle Wirklichkeit aneignen? Der Seele ist zunächst ein von Diskursivität geprägtes Bewusstsein eigen, d.h. ein solches, das zunächst sich selbst von seinen gewussten Inhalten unterscheidet und dann die Inhalte seines Wissens dadurch begreift, dass es sie voneinander unterscheidet *(dianoetisches Denken)*. Die Seele schafft so ihr polares – durch den Wandel bestimmtes – Leben. Aus der bewussten Selbstzueignung der Seele folgt so gleichermassen die zeitlich-räumliche Abtrennung von der Ganzheit des Seins (Einheit).

Der stetige Wandel ist so die Charakteristik der wahrgenommenen äusseren Lebenswelt und in der antiken Tradition tief reflektiert, die diese Charakteristik der Äusseren Lebenswelt als «Vielheit» *(pollōn)* oder als «[Welt des] Werden[s]» umschreibt. Die Erfahrung der Vielheit ist im Vergleich zur Einheit schmerzliche Erfahrung, da nichts, was entsteht (Beziehungen zu Menschen, körperliche Fähigkeiten etc.), bleibendes Sein besitzt. Erst mit zunehmender philosophischer Erkenntnis (Einsicht in Grundprinzipien; *noetisches Denken*) wird die Begrenztheit des diskursiv Wahrgenommenen bewusst. Nach der Einheit – der Befreiung von Polarität wie Einatmen und Ausatmen, Tag und Nacht, Leben und Sterben – sehnt sich der Mensch demnach zurück. Um sich selbst zu verwirklichen, strebt die Seele danach, zum ursprünglichen Wissen **zurückzukehren**. Sie strebt nach der gesamten Wirklichkeit (Einheit) zurück, aus der sie im Akt ihrer Individuation – ihrer Bewusstwerdung – herausgetreten ist. Das Eine ist für Plotin insofern unsagbar *(arrēton)*; es bleibt dem diskursiv-kausalen Begreifen entzogen und kann nur in vernunfthaft-einsehender Erkenntnis *(noēsis)* in Aspekten zugänglich oder aber in Negation umschrieben werden (vgl. die Parallele zum buddhistischen Nichts; unten 6. Teil, § 3).

Der Rückaufstieg umfasst **Ethik und Erkenntnistheorie.** Zur Ethik gehört nach Plotin ein asketisches (gewaltfreies, vegetarisches) Leben, das von Porphyrios auch als kulturübergreifendes Gebot dargestellt wird (vgl. bereits Platon, Pol. 373c; Nomoi 782c). Die Seele schreitet gemäss ihrer Erkenntnis vom Unvollkommenen zum Vollkommenen fort und vermag Recht und Unrecht dabei immer besser zu unterscheiden. Nach Plotin vollzieht sich der Wiederaufstieg durch das Handeln gemäss den vier platonischen Kardinaltugenden Tapferkeit, Gerechtigkeit, Besonnenheit und Klugheit. Porphyrios (geb. um 233) entwickelt sie weiter zu politischen Tugenden der Mässigung, zu denen auch gehört, anderen Bürgern nicht zu schaden (vgl. *neminem laedere*), zu den kathartischen Tugenden (Reinigung von den Affekten), zu den nächsthöheren Tugenden, in denen sich die Seele dem *Nous* zuwendet, und zu den vollkommenen Tugenden.

Zentrales Motiv ist dabei auch die für die spätere rechtsphilosophische Entwicklung grundlegende Frage der **Willensfreiheit,** die der neuplatonischen Seelenlehre entspringt: Nach Plotin ist die Seele nicht der Naturkausalität unterworfen; vielmehr besteht eine Willensfreiheit der Seele, die alle Entscheidungen insbesondere auch über ihre Inkarnationen aus eigener Kraft und Einsicht trifft, was sie letztlich frei macht (Enn. VIII 1–3; Freiheit der Selbstbestimmung). Plotin richtet sich gegen jeden stoischen Fatalismus (Enn. III 1).

Der Neuplatoniker **Proklos** (geb. ca. 412), der die Werke Platons und die Chaldäischen Orakel, aber auch die Werke Euklids, Aristoteles und Plotins systematisch analysiert und kommentiert, vollbringt die grösste Analyse- und Syntheseleistung in der Darstellung der platonischen und neuplatonischen Lehre. Proklos umschreibt Wirklichkeit als triadisches Prinzip, resp. als den Prozess des Verbleibens des Verursachten in der Ursache, seinen Hervorgang aus ihr und die Rückwendung zu ihr. Wie in der platonischen Ideenlehre partizipiert alles Hervorgegangene an seiner Ursache *(methexis)*, ist ein Abbild in Aspekten davon («Alles ist in allem, spezifisch aber in jedem Einzelnen»; El. theol. 103; Proklos umschreibt das Verhältnis symbolisch auch als *catena aurea*). Damit wird ersichtlich, dass anstelle einer klaren Grenze *(chōrismos;* vgl. oben Kap. 4.c, dd–ee) zwischen empirischer und intelligibler Welt *(kosmos noētos)* das Gewicht neuplatonisch insbesondere auf einen ewigen Prozess gelegt wird.

In der Neuzeit wird das Konzept des Proklos insbesondere von **Georg Wilhelm Friedrich Hegel** (1770–1831) rezipiert; es bestehen im Werk Hegels methodische und sachliche Analogien zu den Neuplatonikern. Denn auch nach Hegel ist die Wirklichkeit durch Veränderung gekennzeichnet; alle wahrnehmbaren Gegenstände sind in stetiger Veränderung und erst in ihrem Verhältnis zum Ganzen zu verstehen: Er veranschaulicht dies am Wachsen der Pflanzen und ihren Veränderungen (Knospe, Blüte, Frucht), wobei sich diese Zustandsformen je ausschliessen und gleichwohl (als Momente einer organischen Einheit) erst als Ganzes zu verstehen sind. Ein Gegenstand (oder überhaupt Wirklichkeit) ist methodisch erst dadurch zu begreifen, dass alle seine Aspekte zur Darstellung gebracht werden (sog. begreifende Entfaltung in Dialektik). Dies betrifft auch die Geschichte der Menschheit, die sich für Hegel in all ihren Aspekten dialektisch – auch in Krisen und Widersprüchen – entwickelt und entfaltet, mit je eigenem Zeitgeist. Die Abfolge ist für Hegel die «Hervorbringung des absoluten Bewusstseins» (alle Realität umfassendes Wissens), in dem letztlich alle Gegensätze und Widersprüche aufgehoben sind («Das Wahre ist das Ganze»; PG, 24).

Noch zur Zeit der Vorherrschaft des neuplatonischen Denkens entwickelt sich das Christentum, das zunächst verfolgt, jedoch ab dem 3. Jh. als Religionsgemeinschaft anerkannt wird und ständig an Einfluss gewinnt. Die Neuplatoniker beginnen nun, die Ideenlehre mit den Vorstellungen des Christentums zusammenzudenken und zu synthetisieren. Der Synkretismus mit der christlichen Philosophie kann an neuplatonischen Philosophen nachvollzogen werden, die sich taufen lassen. So der Lateiner Gaius Marius Victorinus (geb. zwischen 281 und 291 n. Chr., Rom), ein Anhänger der Lehre Plotins. Gestützt auf das Studium des Prologs des Johannesevangeliums gelangt Victorinus zur Ansicht, dass die Taufe mit einer neuplatonischen Philosophie vereinbar sei. Ein weiterer Synkretist ist Synesios von Kyrene (geb. um 370 n. Chr., Libyen). Synesios ist von der paganen Neuplatonikerin, Mathematikerin und Astronomin Hypatia (355–415/416 n.Chr.) geprägt, die die exakten Wissenschaften als Vorstufe der Metaphysik versteht. Da Synesios gleichzeitig Christ ist, sieht er es als seine Aufgabe an, die platonische Philosophie und die christliche Glaubenslehre in Einklang zu bringen. (Vgl. für den Synkretismus mit der jüdischen Philosophie etwa das Werk von Philon von Alexandrien; geb. ca. 10. v. Chr.).

Als höchstes Prinzip an die Stelle einer Idee des Guten (oder Idee der Ideen) wird der monotheistisch gedachte Gott gesetzt, der in neuplatonischer Tradition nur in Analogien oder Negationen verstanden werden kann. Trotz unserer gegenwärtig vorwiegend säkular ausgerichteten Rechtskultur sind die Einflüsse sowohl der heidnischen metaphysischen Richtung des Neuplatonismus als auch deren christliche Rezeption für die Entwicklung des Verfassungsrechts wichtig und in verschiedenen rechtsphilosophischen Diskursen lebendig (vgl. sogl. 2. Teil).

2. Teil Christliche Philosophie

§ 1 Patristik

1. Allgemein

Ab dem 2. bis 5. Jh. verteidigen die Apologeten das damals nicht anerkannte Christentum als Religions- oder Philosophieströmung im Römischen Reich. Nachdem Anhänger des Christentums zunächst verfolgt werden (ab 43/44 bis 313 n. Chr.), etabliert sich das Christentum im Mittelalter (ab ca. 500 n. Chr.) als wichtigste Geistesströmung im Westen, ab dem 4. Jh. als Staatsreligion im Römischen Reich. Das Christentum prägt die mittelalterliche Philosophie vor allem im abendländischen Kulturkreis. Der Bezug auf die Texte der klassischen griechischen Philosophie bildet zunächst weiterhin einen wichtigen Bestandteil der Philosophie im Mittelalter.

In der sehr stark religiös beeinflussten Kultur sind die Denker bemüht, Wissen und Methode der Antike und der jeweiligen Gegenwart zu vermitteln und mit dem religiösen Glauben zu verbinden. Die Rezeption der nichtchristlichen Texte erfolgt in Reflexion und Anwendung (*chrēsis*, teilweise verkürzt als «Benutzung» übersetzt) der erhaltenen antiken Texte. Viele Fragmente der griechischen Philosophie sind über die Rezeption durch christliche Philosophen erhalten geblieben (etwa Fragment 5 des Anaximander [s. oben 1. Teil, § 2 Kap. 2.b] über Clemens von Alexandrien). Mit zunehmender Verbreitung und Etablierung des Christentums und mit dem Untergang des Römischen Reiches verlieren die traditionellen griechischen Philosophenschulen jedoch immer mehr an Bedeutung. Um 529 kommt es zur Schliessung der platonischen Akademie durch Justinian und zur Verdrängung des Heidnischen.

Die Erfahrung der Bedrohung und Verfolgung in der christlichen Frühzeit (bis ca. 313) legt der christlich-theologischen Philosophie in verschiedenen frühen Schriften einen starken Toleranzgedanken nahe. Frühe Vertreter sind darauf bedacht, ihren einstigen Feinden zu vergeben und dieselben Fehler anderen Glaubensgemeinschaften gegenüber nicht zu wiederholen. Im Laufe der Jahrhunderte sollte sich dies ändern. Sozial-religiöse Vorstellungen werden unter Berufung auf dieselben Texte der Heiligen Schrift gewaltsam durchgesetzt (insbesondere durch die Kreuzzüge, ab 1095). Die Frage um die Vormacht im Staat (Papst oder Kaiser) prägt sodann das frühe Hochmittelalter (1076–1122).

Im vorliegenden Kontext sind vor allem die für die Rechts- und insbesondere Grundrechtsentwicklung bedeutsamen Denkpositionen heranzuziehen. Die christliche Philosophie prägt Frühkonzeptionen einzelner Grundrechte wie der Rechtsgleichheit und der Glaubens- und Gewissensfreiheit sowie die für die Jurisprudenz zentrale Hermeneutik (Auslegungskunst). Zu verweisen ist auf die Lehren auch insofern, als Positionen der christlichen Philosophie etwa für Fragen des Biomedizinrechts – auch im säkularen Staat – immer wieder erhebliche Bedeutung erlangen.

2. Schöpfungsbericht *(Genesis)*

Mit der christlichen Philosophie wird der Gottesbegriff zum zentralen Bezugspunkt auch der Rechtsphilosophie. Anstelle der Betrachtung des Kosmos und einer Naturphilosophie sind Gegenstand der Rechtsphilosophie nunmehr Texte, in denen das von Gott Offenbarte zum Ausdruck kommen soll (Heilige Schrift). In Auseinandersetzung mit den Texten soll der Mensch seinen Weg zurück zu Gott finden. Ausgangspunkt der christlichen Philosophie ist dabei der Sündenfall (Gen. 3, 1–24), der Verzehr der verbotenen Frucht des Baums der Erkenntnis (des Guten und des Bösen) und die Vertreibung aus dem Paradies. Zwar wird der Sündenfall bereits in stoischen Schriften umschrieben, hat jedoch nicht eine vergleichbare Bedeutung erlangt.

Abb. 4: Darstellung des Sündenfalls
im neuen Bremer Rathaus.

Mit der Vertreibung aus dem Paradies wird eine scharfe gedankliche Trennung eingeführt zwischen einerseits der Welt, wie sie
ursprünglich durch Gott erschaffen worden ist *(terra integra),* und
andererseits der Welt, wie sie durch den Sündenfall geworden ist
(terra vulnerata). Auch beim Menschen wird unterschieden zwischen einem ursprünglichen, von Gott erschaffenen Menschen
(homo primigenius) und dem Menschen, wie er durch den Sündenfall geworden ist *(homo lapsus).* Für die christliche Philosophie stellt
sich entsprechend die zentrale Frage, wie der Mensch sein Leben
und wie die Gesellschaft ihre Ordnung zu gestalten hat, um wieder
in den göttlichen oder paradiesischen Zustand zurückzukehren.

Ziel der christlichen Rechtsphilosophie ist, dass der Mensch wie-
der zu seiner ursprünglichen Natur zurückkehrt. Die Theorie des
Sündenfalls führt zu einer Differenzierung des Naturrechts in der
Form der Unterscheidung zwischen primärem und sekundärem

Naturrecht. Das primäre Naturrecht bezieht sich auf den paradiesischen Zustand vor dem Sündenfall; sein Bezugspunkt ist die *natura integra,* in der auch die *lex naturalis* ihren eigentlichen Ort hat. Das sekundäre Naturrecht hat demgegenüber die geschwächte oder verwundete Natur nach dem Sündenfall zum Gegenstand. Orientierungspunkt für das Gerechte wird nunmehr die Natur als (gott-)geschaffene Natur. Dieser ursprünglichen Natur, dem paradiesischen Zustand, soll sich der durch den Sündenfall geschwächte Mensch wieder annähern.

Mit der Vertreibung aus dem Paradies und der Erlangung des Unterscheidungsvermögens zwischen Gut und Böse wird die menschliche Natur bzw. ihre geistige Kraft, der *Nous* (einsehende Vernunft), geschwächt oder – je nach unterschiedlichen Konzeptionen – zerstört. Die Heilige Schrift und der *Nous* sollen gleichwohl Ausgangspunkt zur Diskussion der Gottesebenbildlichkeit sein, und es verbindet sich damit eine ethische Dimension: Die Wiedererlangung der Ebenbildlichkeit und des paradiesischen Zustandes wird dem Menschen zur Aufgabe. Aufgrund des Sündenfalls kann der Mensch zwischen gerecht und ungerecht entscheiden, muss sich aber letztlich Gott als Richter (bzw. dem jüngsten Gericht) stellen.

3. Rezeption der antiken griechischen Philosophie

Die Philosophie des Christentums nimmt Gedanken Platons und Aristoteles' auf. Zwei Phasen dieses Rückgriffs sind voneinander zu unterscheiden: die platonisch geprägte Patristik (ca. 1.–8. Jh.) und die spätere aristotelisch geprägte Scholastik (ca. 9.–14. Jh.), wobei die neuere Forschung diese Schematisierung vermehrt relativiert. Zur Patristik gehört auch die erste Mönchsgeneration der ägyptischen Wüste, Palästinas und des Nahen Ostens (z.B. der Syrer Pseudo-Dionysius Areopagita; Wende vom 5. zum 6. Jh. n. Chr.). Die Gleichsetzung des frühen Christentums mit der Patristik («Kirchenväter») wird durch die neuere Forschung in Frage gestellt, da immer mehr Frauen mit Lehrbefugnis Gegenstand der Forschung werden, etwa Eremitinnen in der Wüste («Wüstenmütter»; Synkletika, Melania, Theodora, Sarrha). Der Begriff der Patristik bringt die Anerkennung der Denker als Lehrer und Lehrerinnen der christlichen Heilslehre zum Ausdruck.

Die früheste Phase der christlichen Philosophie, die **Patristik**, ist als erste Verschmelzung mit der griechisch-römischen Philosophie vorwiegend platonisch geprägt. Vertreter dieser Phase, die christlichen Neuplatoniker, interpretieren v.a. Platon, daneben aber auch – wie insbesondere die neuere Forschung zeigt – Aristoteles. Wichtige Vertreter sind Origenes, als früher Neuplatoniker, sowie Augustinus, der trotz massgeblicher inhaltlicher Unterschiede zur (neu-)platonischen Lehre noch als Platoniker bezeichnet wird. Bemerkenswert und ein Stück weit ungeklärt ist dabei, dass die aristotelischen Schriften wesentlich früher zugänglich waren als die platonischen (bis ins ca. 8., nach anderen Quellen bis ins 12. Jh. war ausschliesslich Platons Dialog *Timaios* bekannt). Der Zugriff auf die platonischen Lehren erfolgte dementsprechend mehrheitlich über Kommentierungen und Sekundärliteratur.

In der zweiten Hauptverschmelzung der christlichen Philosophie mit der griechisch-römischen Antike, in der **Scholastik**, wird v.a. aristotelisch rezipiert, wobei die neuere Forschung eine starke Platonrezeption auch bei Thomas von Aquin nachweist. Nach Thomas von Aquin (1224–1274), dem Hauptvertreter der Scholastik, ist die menschliche Natur durch ihren Sündenfall nicht durch und durch verdorben, sondern nur geschwächt. Der Mensch ist zwar noch immer auf ein religiöses Dogma angewiesen, aber er kann über den Gebrauch seiner Vernunft dennoch zu Erkenntnis gelangen. Diese eigenständige Bedeutung der Vernunft, weg von der reinen Gnadenwahl durch Gott, führt schliesslich in die Zeit der Aufklärung, in der sich die Vernunft selbst vom religiösen Dogma emanzipiert (vgl. dazu nachfolgend 3. Teil). Die Gedanken bleiben, auch wenn wir heute auf einer säkularen Staatsidee aufbauen, Grundpfeiler der rechtsphilosophischen Tradition und nicht selten

auch – ohne dass dies explizit zum Ausdruck kommt – der rechts-
politischen Argumentation.

Zentral für das Verständnis der christlichen Rechtsphilosophie ist
der Gedanke, dass die **göttliche Ordnung** in die weltliche Ordnung aufzunehmen ist, dass sie mithin naturrechtliches Vorbild
für die Ausgestaltung des menschlichen Zusammenlebens ist. Für
die Vergleichbarkeit der göttlichen und der weltlichen Ordnung
ist der Begriff der göttlichen Hierarchie zentral, dessen Prägung
heute dem syrischen Mönch **Pseudo-Dionysius Areopagita** (5. Jh.)
zugerechnet wird. In seinen Traktaten Über die himmlische Hierarchie *(De caelesti hierarchia)* und Über die kirchliche Hierarchie
(De ecclesiastica hierarchia) entwirft er in Anlehnung an die neuplatonische Lehre der Emanation der Wirklichkeit (vgl. oben 1. Teil,
§ 2, Kap. 5.d, Plotin) eine Systematik des Aufbaus des Gottes- und
Kirchenreiches: Die Kirche bildet die himmlische Ordnung ab.
Dieselbe Abbildung soll nach den christlichen Rechtsphilosophen
nun auch in der weltlichen Ordnung des Zusammenlebens erfolgen. Pseudo-Dionysius Areopagita zeichnet damit archetypisch das
Paradigma der christlichen Philosophie auf, nämlich das eines analogen **Entwurfs der weltlichen Rechts- und Gesellschaftsordnung
aus geistlicher Perspektive.**

Ausdruck der Abbildung der göttlichen Ordnung *(civitas dei)* in
der weltlichen Ordnung ist auch der Umstand, dass sich Kaiser und
Könige weihen lassen (erstmals im 4. Jh. n. Chr. Konstantin der
Grosse und Theodosius I., später Karl der Grosse im 9. Jh. n. Chr.).
Indem sich die Herrscher kirchlich einordnen und sich der Wei-
hung unterziehen, fügen sie sich der göttlichen Hierarchie und
Ordnung. Himmlische Ordnungsprinzipien werden in der weltlichen Ordnung und Politik präsent. Die himmlische Ordnung soll
im kanonischen Recht (Kirchenrecht) im Sinne eines **christlichen
Naturrechts** abgebildet werden, dem bis zur erneuten Rezeption
des Römischen Rechts und zur Ausbildung des Vernunftrechts
(vgl. 3. Teil, Rationalistisches Naturrecht) eine zentrale Funktion
zukommt.

Mit der Aufnahme und Abbildung der göttlichen Ordnung im Recht entwickelt sich die weltliche Ordnung gleichermassen. Ihre Form der Gliederung in Stände und Ordnungen mit den unterschiedlichen Aufgaben soll deutlich machen, dass die weltliche Ordnung auch eine **heilige Ordnung** *(civitas dei)* ist. Gestützt auf die eigenständige Entwicklung versteht sich die kirchliche Hierarchie bald als in Konkurrenz zur königlichen oder der Reichsmacht stehend. Es erfolgt – nach Investiturstreit und trotz Einigung auf einen die Kirche vermehrt berücksichtigenden Kompromiss im Wormser Konkordat (1122) – ein Auseinanderdividieren und -differenzieren der beiden Systeme, das sich nach etwa 1000 Jahren im Ergebnis als eine Art Entsakralisierungsvorgang zeigt. Die Geschehnisse sind im Folgenden auf der Grundlage einiger wesentlicher christlicher rechtsphilosophischer Denker nachzuzeichnen.

4. Origenes – intellektualistische Bibelexegese

a) Leben und Gottesbegriff

Die Überlieferungen des Neuplatonikers und frühen Christen Origenes (um 185–254) stammen aus einer Epoche, in der das junge Christentum stark vom griechischen Denken geprägt ist und insbesondere von der Erkenntnisfähigkeit und einer Willensfreiheit der Menschen ausgeht. Origenes' Werk umfasst Abhandlungen zur Dogmenlehre und zur praktischen Theologie, apologetische Schriften, Auslegungen zur Bibel sowie kritische Schriften.

Origenes deutet den **Gottesbegriff** als Idee im Sinne der platonischen Idee des Guten. Für Origenes ist Gott unpersönlich und absolut unkörperlich; die vollkommene Einheit als höchste Form des Seins, die Zeit und Raum überschreitet. Sie ist dem Menschen zunächst unbegreiflich und unverständlich: Man kann Gott nicht erkennen, weil alles, was man erkennen kann, geringer ist (Cels. 6,17 und 62; Comm. in Io. 32,16,187). Gott offenbart sich für Origenes lediglich durch sein Wirken, d.h. im *Logos,* dessen Struktur Origenes immer wieder als platonische Ideen (bzw. der Idee des Guten untergeordnete Ideen) deutet. Diese vernünftige schöpferische Grundregel, die Origenes beschreibt, herrscht ohne Anwesenheit eines Willens oder einer Macht ewig und immer gleich. Der Mensch kann nur durch den *Logos* am Göttlichen teilhaben. *Logos* wird nun christlich als Bild Gottes verstanden, das sich in der Heiligen Schrift, im von Gott offenbarten Weltgesetz sowie im Wirken von Jesus zeigt. Jesus wird dabei auch als Inkarnation des *Logos* bezeichnet, der – nach neuplatonischer Prägung – in Hypostasen hervorgeht.

b)   Welt und Wirklichkeit

Eine zentrale Fragestellung von Origenes richtet sich auf die Welt und Wirklichkeit sowie darauf, in welchem Verhältnis die sich in Vielheit und Verschiedenartigkeit entfaltende sichtbare Welt zu Gott als ihrem Ursprung und Ziel steht. Gott wird als höchste Form des Seins und der Intelligibilität verstanden, die **Entfaltung der Einheit Gottes in die Vielfalt und Verschiedenheit** als ontologischer Abstieg von der intelligiblen in die sinnlich wahrnehmbare Welt, die als beengend umschrieben wird.

Für Origenes besteht die Welt dabei in einer ewigen geistigen Schöpfung. Er interpretiert den biblischen Schöpfungsbericht als eine **doppelte Schöpfung,** und zwar einer intelligiblen und einer sinnlich wahrnehmbaren Welt, wie bereits verschiedene Alexandriner vor ihm. Die präexistente intelligible Welt bezieht Origenes explizit auch auf den Menschen. Er versteht ihn in plotinischer Prägung als präexistentes Vernunftwesen *(Nous),* andernorts spricht er – in deutlich platonischer Prägung – von präexistierenden Seelen.

Die Entfremdung mit der göttlichen Ordnung schreibt Origenes unter Bezugnahme auf den Sündenfall der freien Entscheidung der Vernunftwesen zu. Sie führt ihn in die sinnlich wahrnehmbare Welt als tiefer angesiedelte ontologische Ebene. Die Entscheidung zur Entfernung von Gott führt bei Origenes zur prinzipiellen **Verantwortlichkeit** eines jeden Individuums mit Blick auf sein Handeln. Dies ist bei ihm jedoch nicht als Strafe zu verstehen; vielmehr bedeutet die dadurch erfolgte Einkörperung in der Welt der Vielheit und Mannigfaltigkeit Ort der Läuterung und Erziehung, um Fortschritte und Besserung in der Gottesliebe machen zu können (Princ. 2,3,2; 3,5,4; Cels. 5,32). Präexistente Vernunftwesen haben nach Origenes auch hier die Wahl, sich der Gotteserkenntnis zuzuwenden oder sich davon abzuwenden. Die Erziehung erfolgt in intellektueller Hinsicht (vgl. unten d, Hermeneutik).

Für Origenes hat Gott die materielle (sinnlich wahrnehmbare, vielfältig mannigfache) Welt um der gefallenen Intellekte willen geschaffen (Cels. 4,99). Der sinnlich wahrnehmbaren Welt kommt nach Origenes gleichwohl Schönheit und Ordnung zu: Obwohl die Materialität durch Vielheit und Mannigfaltigkeit (mithin dem Gegensatz zur göttlichen Einheit) geprägt ist, kann überall in der sichtbaren Welt ein Abglanz des Ewigen (des jenseitigen Guten) aufstrahlen; der materiellen Welt wohnt so eine pädagogische Funktion für die **Aufgabe der Rückkehr** zum geistigen Ursprung inne (vgl. Comm. in Cant. 3,13,15 ff.). Für Origenes sind dabei nicht alle irdischen Wesen durch eigene Schuld in die Welt gekommen, vielmehr sind manche zum Dienst am Weltganzen herabgesendet (Comm. in Io. 2,30,180–187).

c)   Anthropologie

Für Origenes besteht der Mensch aus **Geist, Seele und Körper**. Die Anthropologie ist griechisch geprägt. Sämtliche Geschöpflichkeit ist im Gegensatz zum Gottesbegriff wandelbar.

Für den *Geist* verwendet Origenes den Begriff des *Nous* (synonym verwendet er hierfür auch *Pneuma*). Der Nous ist der «obere Teil der Vernunft». Er wird als frühere (ursprüngliche) (Geistes-)Kraft umschrieben (vgl. Princ. 2,8,4); in der Welt ist er der Rest des präexistenten Vernunftwesens und zuständig für das Erkennen und Denken. Für Origenes ist es der Nous, worauf sich die Gottesebenbildlichkeit im Schöpfungsbericht (Gen. 1,26) bezieht. In diesem Vernunft-Geist ist die Gottesebenbildlichkeit angesiedelt, die

Origenes vereinfachend auch als Fähigkeit zur Gotteserkenntnis beschreibt.

Die *Seele* ist für Origenes die abgekühlte Substanz des einstigen Vernunftwesens. Sie ist, wie in der antiken griechischen Philosophie, auch bei ihm Ursache der Selbstbewegung sowie Sitz des Entscheidungsvermögens und der Wahlfreiheit. Für Origenes ist die Seele präexistent. Der Begriff der Seele bringt bei Origenes bereits die Entfernung von Gott (die er Abkaltung nennt) zum Ausdruck. Sie ist Mittleres zwischen Geist und Körper. Auch bei Origenes findet sich die platonische (oder Platon zugeschriebene) Unterteilung der Seele in vernünftig, muthaft und begehrend.

Origenes versteht die leibliche Existenz als Folge des Sündenfalls, mithin als Einkörperung in die sinnlich wahrnehmbare Welt, die stetigem Wandel unterliegt. Der *Körper* ist Ausdruck der Sterblichkeit und Zerbrechlichkeit, die der Mensch als Folge des Sündenfalls auf sich genommen hat. Origenes umschreibt den Leib als Gewand oder auch Kerker (vgl. bereits Platon, der den Körper als Gefängnis der Seele bezeichnet, die dort verweile, bis sie ihre Schuld abgebüsst habe; Krat. 400 D; vgl. auch Platon, Timaios, 47e). Der Körper ist für Origenes gleichzeitig das Werkzeug der Seele, dem insofern eine Hilfsfunktion für die Erkenntnis zukommt. Er ist Sitz des Begehrens und schliesst sich für Origenes insofern an den untersten Teil der Seele an.

d) Hermeneutik

Auch bei Origenes geht die (Gottes-)Erkenntnis von Texten aus, insbesondere von der Heiligen Schrift, allerdings unter starker Einbeziehung des Erkenntnispotentials des Menschen. Aus den Texten soll sich mittels Auslegung erschliessen, wie der Mensch sich zu verhalten hat und was eine gerechte Ordnung ist. Origenes ist nach aktuellem Forschungsstand der erste christliche Philosoph, der die biblische Hermeneutik in einer eigenen umfangreichen Abhandlung behandelt (vgl. Princ. 4,1–3).

Zentral ist dabei die **allegorische Bibelexegese**; Origenes hält das, was häufig als historisch bezeichnet wird, für bildhaft. In der scheinbaren Vielfalt der einzelnen Inhalte soll die Einheit des göttlichen Wortes erkannt werden. Hinter den Buchstaben, die für ihn sowohl Träger als auch Schleier des höheren Sinns sind, ist die einheitliche Bedeutung der Schrift aufzuzeigen (Princ. 4,2,9; 4,3,5). Das Mittel, diese Stufe zu erreichen, ist nach Origenes die Auslegung; durch sie wird dem wörtlichen Sinn ein weiterer, tieferer Sinn gegeben (Cels. 1,17–18; 4.38 und 44–45). Die äusseren Handlungen, die in der Bibel beschrieben werden, sind nicht wörtlich zu verstehen, sondern als Gleichnis, das «geistig nachvollzogen werden» muss: «Wir gebrauchen die geschichtliche Erzählung als Leiter und suchen die Spuren der Wahrheit in den Buchstaben des Textes» (Comm. in Io. 20,10). So wird etwa der verwendete Begriff «Fluss» als Fluss des Lebens verstanden, die Beweinung des «Vaterlands» als Beweinung der paradiesischen Heimat etc. Origenes versteht die Sequenz «Am Anfang schuf Gott Himmel und Erde» (1. Mose 1) als Schaffung der intelligiblen («Himmel») und der sinnlich wahrnehmbaren Welt («Erde»).

Nach Origenes sind die christlichen **Glaubensregeln** so zwar normativ und damit wie ein (Natur-)Gesetz verbindlich. Allerdings ist er der Auffassung, die Apostel hätten christliche Prinzipien oft bloss mitgeteilt, die wissenschaftliche Begründung ihrer Lehren aber offengelassen (Princ. 1 Praef. 3). Durch Vernunftüberlegungen bzw. die Auslegung seien die entsprechenden Passagen wissenschaftlich zu erschliessen. Origenes vollzieht dies durch Problemanzeigen, die er vielerorts in seinem Werk auch offenlässt (etwa zur Frage, ob der Mensch zwei Seelen habe). In der Betonung, dass menschliches Wissen fragmentarisch bleibt, sind die Aporien Ausdruck wissenschaftlicher Demut.

Für die allegorische Auslegung differenziert Origenes zwischen **vier Sinnesebenen der Bibeltexte** (sog. vierfacher Schriftsinn): Literalsinn (wörtliche, historische Auslegung), typologischer Sinn (dogmatisch-theologische Auslegung in Bildern), tropologischer

Sinn (moralische Sinnebene) und schliesslich anagogischer Sinn (endzeitlich-eschatologische Auslegung; Erkennen des Geistigen). Dieser vierfache Schriftsinn wird im Mittelalter in einem katechistischen Merkspruch zusammengefasst (Der Buchstabe lehrt die Ereignisse *[littera gesta docet],* was du zu glauben hast, die Allegorie *[quid credas, allegoria],* die Moral, was du zu tun hast *[moralis, quid agas],* wohin du streben sollst, die Anagogie *[quo tendas, anagogia]*).

Die Bibel soll also in ihrer ganzen bildhaften Sinndimension gedeutet und verstanden werden; Origenes untersucht dabei auch die Unterscheidung zwischen einem buchstäblichen und dem geistigen Verständnis des in der Bibel häufig verwendeten Begriffs des Gesetzes (z.B. im Römerbrief). Bei der Allegorese geht es demnach um die Ermittlung des verborgenen Sinns der Texte, der den wörtlichen Sinn übersteigt. Origenes gilt damit als Begründer der Hermeneutik, der Lehre der Auslegung und Deutung von Texten. Nicht zuletzt sollten durch die Hermeneutik auch Widersprüchlichkeiten zwischen Altem und Neuem Testament aufgelöst werden können. Der Inhalt der Heiligen Schrift offenbart sich für Origenes dabei stets im Verhältnis zur Fähigkeit der Hörer, ihn zu erfassen (Comm. in Mt. 12,36; vgl. Zambon, in: Riedweg et al., S. 974).

Als antike (oder frühmittelalterliche) Hermeneutik ist die allegorische Textinterpretation auch für das Recht bzw. als Grundlage für die juristische Hermeneutik zentral. Die Auslegungslehre ist – nunmehr in einem säkularen Verständnis – Grundlage der juristischen Arbeit (vgl. Art. 1 ZGB: «Das Gesetz findet auf alle Rechtsfragen Anwendung, für die es nach Wortlaut oder Auslegung eine Bestimmung enthält»). Es ist eine zentrale Einsicht, dass der Gesetzeswortlaut regelmässig nicht das normativ Gesollte zum Ausdruck bringt, sondern dieses vielmehr in Sinnermittlungsschritten (Auslegung) gefunden werden muss. Gerade in der höchstrichterlichen Rechtsprechung finden sich selten Fallkonstellationen, die ohne weiteres auf den Wortlaut zurückzuführen sind; Auslegung und Deutung unter der **juristischen Hermeneutik** (grammatikalischer, systematischer, historischer und teleologischer Sinn der Norm) und damit

die Argumentation, was unter den Gesetzestexten für den konkret
zu beurteilenden Sachverhalt zu verstehen ist, sind das Alltagswerk
höchster Gerichte.

e) Analogisches Erkenntnisprinzip und göttliches Naturgesetz

Die Wichtigkeit der allegorischen Interpretation wird erst im Zusammenspiel mit Origenes' Rezeption von Platon vollständig ersichtlich: Origenes greift auf das antike Erkenntnisprinzip zurück,
wonach sich **Gleiches nur durch Gleiches erkennen** lässt, was in der
Ideenlehre Platons zum Ausdruck kommt (Erkenntnis durch Teilhabe am Wesen *[methexis]* in Form des *Nous* bzw. durch bereits vor-
handenes Wissen der Seele; sog. Paradox des Menon, Menon 80d;
vgl. etwa auch Aristoteles, De anim. I, 2; Met. B 4 1000 b 6). In Interpretation der christlichen Lehre und unter Rückgriff auf die griechische Tradition hält Origenes fest: «Jedes Ding, das an etwas teilhat,
ist zweifellos mit dem, das des gleichen Dinges teilhaft ist, gleichen
Wesens und gleicher Natur» (Princ. IV 4, 9; nach der Anthologie
von H.U. von Balthasar, S. 66). Auf Grundlage dieser Analogie begründet Origenes seine Idee der Unsterblichkeit des *Nous* und der
Seele im Christentum, da diese am Göttlichen teilhat (vgl. *methexis;*
oben 1. Teil, § 2, Kap. 4.b, cc). Herangezogen wird die platonische
Zielformel der Angleichung *(Homoiosis)* an das Gute bzw. das Gerechte – nunmehr unter Bezugnahme auf Gen. 1,26 («Lasset uns
Menschen machen nach unserem Bild, uns ähnlich») – im Sinne
einer Angleichung an Gott (Princ. 3,6,1). Die Vollendung der Ähnlichkeit ist für Origenes auf das eschatologische Ende aufbewahrt
(vgl. Princ. 3,6,1).

Die Erkenntnis erfolgt über die gedankliche Abstrahierung in Analogien, die durch die Bildhaftigkeit der Bibeltexte evoziert werden.
Insofern existiert nichts auf der Erde, das in seiner Bedeutung nicht
über sich hinausgehen würde (vgl. Johannes Scotus Eriugena, Pe-
riphyseon [9. Jh.]), und allein durch Verstehen (insbesondere der
biblischen Allegorien) kann am ewig Göttlichen partizipiert wer-

den. Falls zu Beginn nichts verständlich erscheint, wird ein Mensch im Verlaufe des Lebens mehr und mehr lernen, was Analogien der göttlichen Ordnung sind. In diesem ewigen zirkulären Prozess, bei dem Vernunft und Seele das Göttliche – bzw. den Logos als Bild davon – zu verstehen lernen, werden sie schliesslich selbst göttlich.

Wie bei Platon erkennt der Mensch etwas, weil er an der Idee bzw. dem Logos teilnimmt. Umgekehrt soll sich der Mensch dem angleichen, was er erkennen will, und hier steht es nach Origenes dem Menschen dank seiner **Willensfreiheit** offen, sich durch Verstehen Gott anzunähern. Für ihn hat die Willensfreiheit im Weltgeschehen «höchste Wichtigkeit» (Princ. 3,1,1), und zwar als eine *metaphysische Freiheit:* Der Mensch besitzt nach ihm als ursprüngliches Vernunftwesen Freiheit, die erst eschatologisch wiedererlangt werden kann. Aus der verbliebenen Fähigkeit nach dem Sündenfall kann sich der Mensch jedoch mit eigenem Willen und eigener Entscheidung selbst bestimmen. Für Origenes sind Menschen typischerweise nicht der Notwendigkeit unterworfen, gegen den Willen Gutes oder Böses zu tun (vgl. Princ., Praef. 5). Entscheidungen sind so für ihn nicht vollständig determiniert. Origenes erachtet das Eintreffen eines Ereignisses zwar als oft nicht in der eigenen Macht, indessen sei die Entscheidung, wie das Ereignis zu verarbeiten ist, allein Sache der Vernunft (vgl. Princ. 3,1,1–5; Or. 6,1 f.).

Die Willensfreiheit führt den Menschen auch zur Pflicht, das Naturgesetz zu befolgen. Die Willensfreiheit bezieht Origenes spezifisch auf das auf den Logos zurückgehende Naturrecht bzw. dessen Erkenntnisfähigkeit durch den Menschen: Der Mensch besitzt mit dem *Nous* einen vernünftigen Sinn *(sensus rationabilis)* und die Freiheit des Urteils *(libertas arbitrii)*. Der vernünftige Sinn erlaubt es ihm, zwischen Gut und Böse zu unterscheiden und das Naturgesetz zu erkennen; die *libertas arbitrii* erlaubt es ihm, das Naturgesetz zu befolgen. Das Gewissen leite den Menschen zu einem dem Naturrecht entsprechenden Handeln an. Die Zurechnung von Sünde hängt für Origenes dabei mit der sich entwickelnden Fähigkeit zur Unterscheidung von Gut und Böse bzw. dem Grad der Erkenntnis des Naturgesetzes zusammen. Origenes hält eindringlich fest, dass nicht nur Christen die Erkenntnismöglichkeit des Naturrechts in sich tragen, sondern dass diese Erkenntnisfähigkeit der Naturgesetze wie auch das Gewissen Wesensmerkmal aller Menschen sei, wie er unter Bezugnahme auf Röm. 2,14–15 herleitet. Entsprechend seiner christlichen Prägung betrachtet Origenes Gott als obersten Gesetzgeber, der sich durch den Dekalog und die Lehre Christi offenbart. Demzufolge haben sich alle weltlichen Gesetze am **göttlichen Naturgesetz** zu orientieren. Soweit also ein von Menschen geschaffenes Gesetz der Idee Gottes nicht Rechnung trägt bzw. vernunftwidrig sei (Origenes nennt als Beispiel hierfür kaiserliche Verbote gegen Christen, sich zu versammeln), soll dieses von den Betroffenen nicht beachtet werden, selbst «wenn man dies auch unter Gefahren und Schande tun muss» (Cels. 5.37). Origenes bezeichnet z.B. die Goldene Regel («Behandle andere so, wie du von ihnen behandelt werden willst») als für alle Menschen einsichtiges Naturrecht. Er verfolgt das Ziel einer «Versittlichung» der Rechtsgemeinschaft gestützt auf die vernunftgeleitete Freiheit und ethische Kompetenz, die allen Menschen kraft ihrer Natur gegeben sei.

f)   Eschatologie

Das Heil besteht nach Origenes in der **Rückkehr zu Gott als dem Ursprung,** wo alles seine endgültige Vollkommenheit findet. Die Rückkehr erfolgt für Origenes durch eine innere Verwandlung der Seele durch das Erkennen des *Logos.* Auf diese Weise – durch die Auferstehung des menschlichen Bewusstseins – partizipiert der Mensch mehr und mehr am Göttlichen. Die freiwillige Umkehr zu Gott führt zum Umschwung des Weltendramas. Der *Nous* (bzw. Seelenfunke, wie er später im Mittelalter etwa bei Meister Eckhart [13./14. Jh.] bezeichnet wird) ist das Element, das dem Menschen die göttliche Erkenntnis eröffnet. Aus der Nähe von Origenes zur platonischen Tradition stammt auch seine Überzeugung der Präexistenz der Seele: Geist und Seele sind das Abbild Gottes und schon vor der Geburt angelegt, um anschliessend zu inkarnieren, ganz nach dem Vorbild Jesu.

Strafen oder eine ewige Verdammnis («Hölle») gibt es im Erkenntnisprozess der Seele dieser frühen Christen nicht. Zwar sind Sün-
der (solange sie dies sind) vom Himmelsreich ausgeschlossen und
jede Sünde wird bestraft, die Strafen haben aber pädagogische Bedeutung, und zwar in selbstständiger intellektueller Hinsicht. Dies
lässt den Weg offen, dass sich die «unreinen» Geister nach langen
beschwerlichen Wegen bekehren werden; die Strafen der Hölle nicht
ewig sein werden. Die Erziehung dauert, bis nach der Auferstehung
auch die Endvollendung einer Wiederherstellung des ursprünglichen Zustands erreicht sein wird. Auferstehung ist nach Origenes
ein neuer Zustand der Herrlichkeit und Unverweslichkeit. In der
Apokatastasis (Wiederherstellung des ursprünglichen Zustands)
schliesslich wird vollkommene Körperlosigkeit die Endvollendung
der Geschöpfe sein (Princ. 1,6,4; 2,3,7; 4,4,8). Das Denken des Endes und des Anfangs gleicht sich. Damit ist die materielle Natur
der Welt für Origenes eine blosse Episode im **geistlichen Entwicklungsprozess.**

Auf der Grundlage der Analogie entwickelt Origenes auch die
Lehre der Wiederherstellung eines ehemaligen Zustandes im Sinne
der «Wiederbringung aller»: Wie Gott die Menschen nach seinem
Gleichnis geschaffen habe, sind auch die übrigen Geschöpfe mit der
Ähnlichkeit ihrer himmlischen Urbilder ausgestattet. Erlöst werden
in Origenes' christlicher Philosophie nicht nur die Menschen, sondern auch jedes Tier und jede Pflanze, mithin die gesamte Schöpfung («**Allerlösungslehre**»; *apokatastasis pantōn*).

5. Gregor von Nyssa – Gleichheit der Menschen

Ein weiterer für die Rechtsphilosophie bedeutsamer Vertreter der
Patristik ist Gregor von Nyssa (um 338–394). Gregor bezeichnet
seine Schwester, die Philosophin Makrina (ca. 330–380), deren
Wirken im Wesentlichen durch Gregors Umschreibungen erhalten ist, als seine Lehrerin. Gregors wie auch Makrinas Philosophie
ist dem antiken Bildungsgut verpflichtet. Gregor folgt in verschie-

denen Punkten Origenes, insbesondere hinsichtlich der Willensfreiheit der Menschen und der allegorischen Bibelexegese (so etwa hinsichtlich der doppelten Schöpfung einer intelligiblen und einer materiellen Welt).

Gregor von Nyssa vertritt eine **negative Theologie**: Das Göttliche und seine Attribute sind letztlich nicht darstellbar, sondern können nur in Abbildern, Gleichnissen verstanden werden. Die negative Theologie lehnt die Übertragung menschlicher Eigenschaften (Güte, Barmherzigkeit etc.) auf den Gottesbegriff ab. Über den Begriff können nur negative Aussagen (was Gott nicht ist) wahr sein. Positive (affirmative) Aussagen seien zum Vornherein unwahr. Gregor deutet Gott als **Unendlichkeit**, die als Urprinzip und nicht zeitlich (ohne Anfang und Ende) zu verstehen ist, und so im Gegensatz zur Schöpfung steht, auch zu einer begrenzten Erkenntnis der Menschen. Im Unterschied zur Schöpfung (geschaffenen Welt) und zur menschlichen Person ist die göttliche Person (Gott) nicht durch Ort und Zeit getrennt. Das Verständnis geht auf das platonische Prinzip zurück, wonach das erste Prinzip der Metaphysik unaussprechlich ist (vgl. u.a. Krat. 400e, wo Sokrates feststellen lässt, dass «wir nämlich [auch] von den Göttern nichts wissen, weder von ihnen selbst noch von ihren Namen, wie sie sich untereinander nennen»), das ebenso von der jüdischen Philosophie aufgenommen wird (Philon von Alexandria, 1. Jh.; «Unbegreiflichkeit Gottes»).

Für Gregor ist die **Seele** unsterblich, aber nicht präexistent; sie ist «ein gewordenes Wesen, und zwar ein Wesen lebendig und denkfähig und das dem mit Organen und Sinneswerkzeugen ausgerüsteten Körper die Lebenskraft verleiht und jene Sinneswerkzeuge befähigt, sich zu betätigen, solange der Körper sich in einem entsprechenden Zustand befindet» (Gespräch mit Makrina über Seele und Auferstehung 4,1; das Werk gilt als christliches Gegenstück zu Platons Dialog Phaidon, wobei Makrina die Rolle des Sokrates zuteilwird). Gregor umschreibt eine Selbstständigkeit der Seele, die die Fähigkeit hat, zum göttlichen Ziel *(telos)* zu streben. Manchmal spricht Gregor auch vom Körper als einem Instrument, das vom

Geist gespielt wird. Gregor hegt dabei eine positive Einstellung zum Materiellen im Allgemeinen und zum Körper des Menschen im Speziellen, der aus seiner Sicht mit der Seele zusammen auferstehe.

Gregor verbindet die Idee des Guten, der sich der Mensch nach der platonischen Philosophie annähern soll, mit der christlichen Heilslehre und versteht sie als Ziel der Wiederherstellung der Menschheit in ihrem ursprünglichen (göttlichen) Zustand, die in der Sekundärliteratur oftmals mit «**Verähnlichung mit Gott**» umschrieben wird (*homoiōsis theō;* Gregor selbst spricht von einem «Ausstrecken» nach Gott, das er auch als Sehnsuchtsmotiv verwendet). Gestützt auf die Bibelstelle, wonach Gott den Menschen nach seinem Bilde erschuf (1. Mose [Gen.] 1,27), entwickelt Gregor die *imago-dei*-Lehre: Da die Menschen nach Gottes Bild geschaffen wurden, sind sie für Gregor auch untereinander gleich (A=G, B=G → B=A). Dies gilt für Gregor namentlich für die Gleichwertigkeit von Männern und Frauen (vgl. Hom. Opif. 16, Bezugnahme auf Gal. 3,28). Gregor spricht sich gestützt auf die Gleichheit der Menschen sodann gegen die Sklaverei und für die Freigiebigkeit gegenüber den Armen aus und mahnt die würdevolle Behandlung der Aussätzigen (bezugnehmend auf Mt. 25,40: «Was ihr für einen meiner geringsten Brüder oder für eine meiner geringsten Schwestern getan habt, das habt ihr für mich getan»). So ist der Aufstieg (Gregor verwendet dafür oft die Metapher der Treppe) der Individuen zum Göttlichen für Gregor sowohl ein epistemologischer als auch ein moralischer Aufstieg.

Aus der Ebenbildlichkeit, verstanden als eine Partizipation an der Gottheit, leitet Gregor für alle Menschen die Entscheidungsfreiheit, die Fähigkeit zur Verwirklichung der Tugenden und letztlich ihre **königliche Würde** ab (vgl. heute Art. 7 BV; Art. 1 Grundgesetz). Die Partizipation an Gott betrifft vor allem die Seele und die Vernunft. Trotz der Schwächung durch den Sündenfall – dessen Ausdruck die Sterblichkeit und körperliche Verderblichkeit des Menschen ist – sind für Gregor alle Menschen durch Seele und Vernunft zur Neuschaffung der Gottesebenbildlichkeit – mithin zur Rückgewinnung des göttlichen Zustands – fähig. Partizipation am Göttlichen ist also die Rückgewinnung der ursprünglichen menschlichen Natur vor dem Fall. Der Befähigung, die entsprechenden Tugenden zu realisieren, liegt für Gregor die Selbstbestimmung der Menschen zugrunde, die nicht bei Herkunft, Geschlecht oder gesellschaftlichem Status endet. Gregor spricht sich aus der Gleichheit der Menschen auch für die Freigiebigkeit den Armen gegenüber und gegen die Sklaverei aus. Diese frühe Ableitung der Gleichheit und Selbstbestimmung aller Menschen ist eine für das Recht der **Gleichheit der Menschen** zentrale Grundlage. Es zeigt sich der sehr heterogene Wandel dieses Anspruches im Verlaufe der Zeit. Die Vielgestaltigkeit der geschichtlichen Entwicklung der Gleichheit der Menschen steht im Widerspruch zur heute weit verbreiteten Auffassung der Gleichberechtigung als denkerische Errungenschaft der Moderne.

Zentral ist Gregors Werk auch für die Entwicklung der Religionsfreiheit und des Neutralitätsgrundsatzes der Verfassung: Verschiedene religiöse Lehren bilden für Gregor eine Einheit, die nur unter verschiedenen Blickwinkeln, aus verschiedenen Perspektiven, betrachtet und für den Menschen im Sinne einer negativen (dem Göttlichen keine Attribute gebenden) Theologie letztlich nicht verstanden wird. Aus der Gleichheit der Menschen und der Toleranz für die Vielheit der religiösen Erscheinungsformen ist das immer Gleiche quer durch unterschiedlichste Kulturen als göttliche Ordnung zu erkennen. So geht der Heilswille Gottes gemäss Gregor an alle, ohne Unterscheidung der sozialen Stellung, ohne Unterschied in den Völkern. In der Zeit, zu der er wirkt, sind verschiedene Stellungnahmen früher christlicher und paganer Philosophen rechtsphilosophisch als **Toleranzedikt** zu verstehen. Dem entspricht die politische Vereinbarung des Ost- und Westkaisers von 313 (sog. Mailänder [Toleranz-]Edikt), die vorsieht, «[…] sowohl den Christen als auch überhaupt allen Menschen freie Vollmacht der Religion gewähren, die ein jeder für sich wählt […]». In gleicher Weise äussert sich der nicht christliche Redner Quintus Aurelius Symmachus (um 342–402/403):

> «Es ist recht, dass wir das, was alle verehren, als ein Wesen betrachten […]. Zu denselben Sternen blicken wir empor, der Himmel ist uns allen gemeinsam, dasselbe Weltall umfängt uns. Was liegt daran, in welcher Lehre jeder die Wahrheit sucht? Auf einem einzigen Weg kann man nicht zu einem so hohen Geheimnis vordringen» (Relatio III, 10; TRE 33, 648).

Die **Glaubens- und Gewissensfreiheit** ist heute in Art. 15 BV verankert und widerspiegelt den hier dargestellten Toleranzgedanken (BGE 142 I 49 E. 3.2), der seit Jahrhunderten für die Beurteilung von Eingriffen in die Glaubens- und Gewissensfreiheit herangezogen wird (BGE 49 I 138 E. 4e; vgl. auch BGE 12 93 E. 5). Aufbauend auf den Gedanken der Gleichwertigkeit unterschiedlicher Religionsgemeinschaften soll sich der Staat neutral und diskriminierungsfrei verhalten (Art. 15 und Art. 8 Abs. 2 BV). Einschränkungen der Glaubens- und Gewissensfreiheit sind nur unter den verfassungsmässigen Voraussetzungen (gesetzliche Grundlage, öffentliche Interessen und Verhältnismässigkeit) zulässig (Art. 36 BV). Im Rahmen der Prüfung der Verhältnismässigkeit kommt das Toleranzgebot zum Tragen.

6. Augustinus

a) Metaphysik der inneren Erfahrung

Ausgehend von der vom griechischen Denken geprägten intellektualistischen Auslegung der Bibeltexte der frühen Christen wie Gregor und Origenes beginnt sich das Christentum in den folgenden Epochen zu wandeln. Augenscheinlich wird dies mit den beiden vielleicht berühmtesten Denkern Augustinus und Thomas von Aquin. Im 5. resp. 13. Jh. tritt ein Gottesbegriff auf, der stärker personifiziert wird. Anhand von Augustinus kann diese Entwicklung der starken Änderung gegenüber den dargestellten frühen Christen gut nachvollzogen werden.

Im Gegensatz zu Origenes' neuplatonischem Intellektualismus auf dem vernunfthaften Erkenntnisweg der Seele, rückt **Augustinus** (354–430) die christliche Botschaft zunehmend ins Zentrum. Augustinus ist dem Christentum zunächst abgeneigt, wird dann aber durch ein Bekehrungserlebnis Christ. Er wird vom die Bibeltexte unter Rückgriff auf Plotin neuplatonisch interpretierenden Kirchenvater Ambrosius, dem damaligen Bischof von Mailand, geprägt. Anstelle der bis anhin kosmologischen Betrachtung der christlichen Lehre tritt bei Augustinus immer mehr eine Beziehung des Ich zu Gott im persönlichen Lebensweg, wie ihn Augustinus erlebt haben soll. Der Mensch soll seine Aufmerksamkeit auf das eigene Innere richten im Sinne einer Einkehr *(noli foras ire, in te ipsum redi)* oder, wie Wilhelm Windelband dies ausdrückt, formuliert Augustinus eine «Metaphysik der inneren Erfahrung». Dem subjektiv-existenziellen Denkstil tritt ein vermehrt personifizierter Gottesbegriff entgegen. Gott begegnet dem Menschen also auch mit Liebe, Willen oder sogar Rache; diese Konzeption prägt die christliche Philosophie bis ins 12. Jh. wesentlich.

Augustinus' Kernthema ist der Sündenfall, also die Unruhe der menschlichen Seele, die durch den Fall ihre ursprüngliche Harmonie verloren hat. Origenes interpretiert diesen Fall noch als Sinndeutung und Gleichnis für das menschliche Geschlecht, das letztlich errettet wird. Bei Augustinus ist dies anders. Die Welt wird aus dem Nichts von Gott erschaffen *(creatio ex nihilo;* Conf. XII 7,7). Gottes kreative Kraft lässt die Dinge ins Dasein treten (Conf. XI 6,7 f.); er ist der Schöpfer der körperlichen und geistigen Welt. Das Verhältnis der Idee im Geiste Gottes *(ratione aeterna)* und der konkreten Wirklichkeit wird mit dem Gedanken der Teilhabe *(participatio)* umschrieben. Gott hat die Schöpfung nach Seinsstufen geordnet (De civitate dei XII 2). Die Bindung an die Materie trägt eine Tendenz zum Nichts in sich, gleich wie das Böse, das Augustinus ohne eigenen Seinsgrund nur als die Abwesenheit des Guten definiert *(privatio boni).* Aus dem Verständnis der Teilhabe an einem erstbegründenden Prinzip umschreibt Augustinus auch die Dualität zwischen Leib und Seele. Die Seele ist eine Einheit (De beata vita, II 7). Aufgrund ihrer Geistigkeit partizipiert die Seele an den göttlichen Ideen; nur über sie kann der Leib daran Anteil erfahren (De immortalitate animae XV 24). Die Geistseele ist Bild und Gleichnis Gottes. Sie weist eine triadische Struktur aus (*memoria*, Gedächtnis; *intelligentia*, Einsicht; *voluntas*, Wille). Die Rückführung der Welt und des Menschen auf ein Prinzip (den christlichen Gott) wird Augustinus im Laufe seines Lebens zu einem entschiedenen Gegner der Gnostiker (namentlich der Manichäer) machen. Für Gnostiker wird das Weltgeschehen nicht von einem guten Gott bestimmt, sondern von zwei sich gleichwertig gegenüberstehenden Kräften des Guten und des Bösen.

b)   Abkehr vom freien Willen

Augustinus deutet in früheren Schriften einen freien Willen zumindest an (s.a. De libro arbitrio I 12, 26; III 3,7); auch nennt er die Goldene Regel (s. hiervor Kap. 4.e) als Ausdruck dafür, dass die Menschen Elemente der Gerechtigkeit erkennen (Conf. I, 18, 20). Allerdings führt ihn die Erfahrung, dass sich Menschen regelmässig nicht nach der christlichen Heilslehre verhalten, zunehmend zu einer abweichenden Erkenntnis: Die erste Ursache der Sünde ist der Wille, und es steht nicht in der Macht des der Sünde verfallenen Menschen, gut zu sein. Durch die Erbsünde sind alle Menschen, ohne persönliche Schuld, sündig geworden und deshalb von Gott verworfen (*massa peccatorum;* De diversis quaestionibus I 2,19), es sei denn, sie werden von Gott auserwählt (De civitate dei XIII 14). Der gute Wille und damit die Zustimmung zur göttlichen Berufung werden für Augustinus allein durch Gott bewirkt. Dazu ist der Mensch nicht fähig und dementsprechend auf Gottes Erlösung angewiesen (sog. *Gnadenlehre*). Eingeführt wird also eine Prädestinationslehre in Form einer **Gnadenwahl Gottes**. Die Befreiung des Menschen kann von diesem selbst nicht mehr geleistet werden.

Aufgrund der Sündhaftigkeit können aus der äusseren Welt keine Erkenntnisse abgeleitet werden. Die einschneidende gedankliche

Trennung zwischen der Welt, wie sie ursprünglich von Gott geschaffen wurde *(terra integra)* einerseits und wie sie durch den Sündenfall des Menschen geworden ist *(terra vulnerata)*, überträgt Augustinus insofern direkt auf die Menschennatur: Zu unterscheiden ist zwischen der Menschennatur, wie sie ursprünglich von Gott geschaffen wurde *(homo primigenius)*, und wie sie durch den Sündenfall geworden ist *(homo lapsus)*. Aus seiner verdorbenen Natur heraus kann der Mensch kein Sollen im Sinne eigener Erkenntnis ableiten, er ist auf *Offenbarung* angewiesen. Augustinus betont vor diesem Hintergrund die Autorität der Heiligen Schrift in ihrem Wortlaut und spricht sich gegen ein allegorisches Bibelverständnis aus. Ebenso deutet er die Gnade für von Gott auserwählte Menschen explizit als Bestandteil von Gottes Gerechtigkeit – wie auch die ewige Bestrafung («ewigen Höllenstrafen») der nicht auserwählten Menschen (z.B. c. Pelag., 2,7,13).

Damit erfolgt mit Blick auf die Erkenntnisfähigkeit in der Philosophie eine fundamentale Umkehr zur (insbesondere klassischen) antiken Philosophie und ihren frühchristlichen Deutungen. Das pessimistische Menschenbild bedeutet eine wesentliche Abweichung etwa von Origenes' Willensfreiheit und der neuplatonisch geprägten seelischen Erkenntnisfähigkeit über Analogien. Das Subjekt, die Seele, und das Ziel, die Erkenntnis Gottes, sind die gleichen wie bei den behandelten frühen Vertretern der Patristik geblieben. Für Augustinus bedarf es jedoch eines in der Welt sichtbaren universalen Heilswegs, den die Kirche anbietet. Gott und die Kirche werden zu einer Autorität, deren Führung sich Erkenntnis und Wille des Menschen auf der Suche nach Wahrheit anvertrauen können (De ordine II 5,16; II 9,26). Das angemessene «Verhalten» des Menschen dieser göttlichen Autorität gegenüber ist der *Glaube*. Während sowohl Origenes als auch Gregor Rache oder negative Handlungen als wider die göttliche Natur erachten und von einer Allversöhnung ausgehen, ändert sich dies mit der Lehre von Augustinus.

c)   Glaube und Gehorsam

Der Glaube an die göttliche Offenbarung ist ein Akt des Willens und insofern ein Akt des Gehorsams (vgl. De ordine II 9,26). Der Glaube ist Folge der Einsicht in die Glaubwürdigkeit der Kirche und der Heiligen Schriften; der Erkenntnisprozess wird gegenüber dem dargestellten griechischen Denken verändert zu «ich glaube, damit ich erkennen kann» *(credo ut intelligam)*. Das Nichtanerkennen des Weges der Erkenntnis durch Einsicht, sondern erst durch Glauben, bildet eine wesentliche Differenz zwischen Platonismus und dieser wirkungsmächtigen Form des Christentums. Insofern erscheint die Bezeichnung von Augustinus als «Platoniker» verkürzt. Hinzuweisen ist darauf, dass sich auch in Augustinus' Schriften nicht nur Elemente einer pessimistischen Erkenntnistheorie finden, sondern auch – wenige – Hinweise auf eine nicht vollständig verdorbene Erkenntnisstruktur. So werde Wahrheit dem Menschen durch Einstrahlung *(illuminatio)* zuteil. In Analogie zur optischen Wahrnehmung erkennt Augustinus der *illuminatio* eine ähnliche Funktion wie dem Sonnenlicht beim Vorgang des Sehens zu: Nur wenn der Gegenstand der Betrachtung beleuchtet wird, kann er überhaupt wahrgenommen werden. Übertragen auf geistige Betrachtungsgegenstände nimmt für Augustinus Christus als «Innerer Lehrer» die Funktion des Sonnenlichts ein. Durch ihn kann der Mensch überhaupt erst intelligible Gegenstände wahrnehmen oder selbst notwendige und allgemeingültige Erkenntnisinhalte entwickeln. Im Ergebnis ist die Wahrnehmung also keine autonome Leistung des Menschen; sie ist vielmehr stets nur unter Rückgriff auf göttliche Hilfe möglich. Die nicht mit klaren Konturen formulierte Illuminationslehre hat zahlreiche Interpretationen erfahren. Dabei ist das Verhältnis auch nach neuerer Forschung in den Schriften nicht klar. Verwiesen wird (nach wie vor) auf eine Parallele, die *illuminatio* verhalte sich zur Erkenntnis analog wie die Gnade zur Willensfreiheit. Alle Erkenntnis steht jedoch, wie Augustinus – in bisweilen ausdrücklicher Korrektur seines früheren Werks – festhält, hinter dem Willen Gottes zurück.

Als Voraussetzungen für die Auserwählung Gottes treten auf der Seite des Menschen Glaube und Gehorsam hervor. Dies jedoch, ohne dass im irdischen Leben je klar würde, wer auserwählt werden soll: Augustinus umschreibt ein «gnädiges Handeln des göttlichen Richters des Endgerichts», dessen Entscheidung niemand vorhersehen oder vorwegnehmen könne. Das Glück des Menschen hängt nicht mehr wie in der antiken Tradition von erkennender Einsicht, sondern vom Willen *(voluntas)* und der Gnade Gottes ab.

Die Toleranz früher Christen wandelt sich unter dem Eindruck der Auserwählung hin zu einer bestimmenden und auch verfolgenden Institutionalisierung. Eine eingehende Korrektur des Frühwerks erfolgt bei Augustinus denn auch hinsichtlich des Umgangs mit Andersgläubigen und kirchlichem Zwang: Ein neues, autoritäres Verständnis der Kirche manifestiert sich namentlich in Augustinus' Haltung zur **Verfolgung von Häretikern** (u.a. der Gnostiker, Manichäer, Heiden). Erst eher abgeneigt, ist die Verfolgung für ihn schliesslich ein vertretbares Mittel, das in der Bibel angelegt ist. So wird etwa Luk. 14, 23 («Und der Herr sprach zu dem Knecht: ‹Geh hinaus auf die Landstraßen und an die Zäune und nötige sie herein zu kommen, dass mein Haus voll werde›») von Augustinus als Legitimationsgrundlage für die Verfolgung von Häretikern und den Einsatz staatlicher Gewalt verwendet.

d)   Staatslehre

Im Werk De civitate dei widmet sich Augustinus der Staatslehre und der Frage nach dem Verhältnis von Staat und Kirche. Die Lehre der Priorität der göttlichen Gnade wird bei Augustinus auch institutionell entwickelt, und zwar in der Lehre der zwei Gemeinschaften *(civitates)*, die als **himmlischer Staat** *(civitas dei)* und **irdischer Staat** *(civitas terrena)* übersetzt werden. Der säkulare Staat wird durch Menschen konstituiert, deren Natur durch die Erbsünde verdorben ist. Der daraus resultierende *amor sui* (Selbstliebe im negativen Sinne, bei Augustinus verstanden als Gegenteil von Gottesliebe) ist eine ständige Gefahr für den Staat. Der irdische Staat basiert für Augustinus – er bezieht sich ausdrücklich auf das Römische Reich – auf Nutzen, genauer auf Verträgen zur Sicherung gegenseitiger (Eigen-)Interessen, dem Streben nach irdischen Gütern, nach hegemonialer Expansion. Ein solcher Staat ist faktisch der Gerechtigkeit entzogen. Augustinus deutet an, dass im Gegensatz hierzu eine Vielzahl kleinerer, in einträchtiger Nachbarschaft lebende Völkerreiche zu grösserem Glück der Menschen gereichen würden (De civitate dei, 4,15).

Der himmlische Staat hingegen, den Augustinus als im irdischen Staat unsichtbar beschreibt, zeichnet sich durch die Liebe zu Gott aus – für ihn das oberste Gebot des Naturrechts, das nicht zuletzt auch beinhaltet, den anderen Gutes zu tun. Die Zugehörigkeit zum Gottesstaat ergibt sich entsprechend seiner Theorie aus der richtigen Wahl des Lebensziels: Wer von der Gnade bestimmt wird, das Göttliche über alles zu lieben, ist Mitglied des Gottesstaates. Augustinus betrachtet die Geschichte als einen ständigen Kampf zwischen beiden Staaten (Welten). Die weltliche politische Ordnung weist keine göttliche Legitimation auf, weshalb ein Gläubiger sich nicht mit ihr identifizieren kann. Gleichzeitig ist Augustinus überzeugt, es gebe kein Wesen, das nicht nach Frieden strebt (De civitate dei XIX 12). Auch Kriege werden nach ihm für den Frieden geführt (De civitate dei XIX 13). Das Mindestmass an Recht und Gleichheit und damit an Frieden, das durch einen irdischen Staat gewährleistet werde, sei somit durchaus ein Gut und geeignet, die übermässige Selbstliebe einzudämmen. Auch wenn der Staat nur Güter der säkularen Welt verfolgt, geschehe durch den Zusammenschluss gleichwohl etwas Gutes. Insofern ist die politische Ordnung auch von der Kirche zu beachten, da der Friede, welcher durch sie generiert wird, den Christen bei der Erreichung ihres Heilzieles zweckdienlich ist: Durch den Sündenfall wurde die Regelung des Zusammenlebens von Menschen mittels Autorität notwendig. Der weltliche Staat steht in diesem Sinne in einer **subsidiären Funktion** zum kirchlichen (ewigen) Staat. Es besteht insofern Eintracht zwischen beiden Staaten in den zum vergänglichen Leben gehörenden Dingen (De civitate dei XIX 17).

Augustinus äussert sich auch zum Recht. Der naturrechtliche Begriff des Rechts ist für ihn notwendig mit der Gerechtigkeit verknüpft («Denn wo keine […] Gerechtigkeit ist, gibt es auch kein Recht»; De civitate dei XIX 21). Er mahnt die Herrscher des Römischen Reiches an, sich nicht wie Räuberbanden zu verhalten, weil sie sonst der eigentlichsten Charakteristik eines Staats (damals Reiches) verlustig gehen würden.[2] Zur Illustration bezieht sich Augustinus auf die Geschichte eines aufgegriffenen Seeräubers, der vom Kaiser gefragt, was ihm einfalle, das Meer unsicher zu machen, mit freimütigem Trotz erwidert haben soll: «Und was fällt Dir ein, dass Du das Erdreich unsicher machst? Freilich, weil ich es mit einem kleinen Fahrzeug tue, heisse ich Räuber. Du tust es mit einer großen Flotte und heisst Imperator». Augustinus hält fest: «Was anderes sind also Reiche, wenn ihnen Gerechtigkeit fehlt, als große Räuberbanden?» (De civitate dei IX 4).

Für die nähere Bestimmung der göttlichen Rechtsordnung greift Augustinus Elemente der antik-stoischen Naturrechtslehre auf und verbindet deren Begriffe mit theologisch-philosophischem Gedankengut. Die *lex aeterna* wird als Vernunft oder Wille Gottes bezeichnet und beinhaltet das Gebot, die natürliche Ordnung zu erhalten und nicht zu zerstören. Die *lex naturalis* wird als die von Gott geschaffene Ordnung der Natur erfasst. Sie steht in engem Zusammenhang mit der *lex aeterna* und ist sozusagen deren Niederschlag als eine Ordnung des Ganzen, in dem das Niedere dem Höheren, das Zeitliche dem Ewigen dient. Die *lex humana* schliesslich ist das menschliche Gesetz. Es soll sich gemäss Augustinus an der Herstellung und **Wahrung von Gerechtigkeit** und einer gerechten Ordnung, mithin an der *lex aeterna,* orientieren, gilt jedoch nur für eine bestimmte Zeit. Die *lex aeterna* ist für die menschlichen Gesetze Legitimationsgrundlage. In diesem Sinne betrachtet Augustinus

---

[2] Augustinus deutet dabei jedoch gleichermassen an, dass es für den irdischen Staat – im Unterschied zum himmlischen Staat – letztlich nicht möglich ist, die Gerechtigkeit zu erreichen.

menschliche Gesetze, die der göttlichen Ordnung widersprechen als *leges corruptae,* die für sich keine Gültigkeit beanspruchen können.

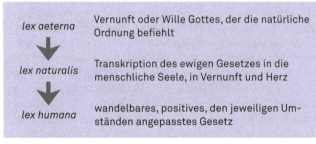

lex aeterna	Vernunft oder Wille Gottes, der die natürliche Ordnung befiehlt
lex naturalis	Transkription des ewigen Gesetzes in die menschliche Seele, in Vernunft und Herz
lex humana	wandelbares, positives, den jeweiligen Umständen angepasstes Gesetz

Grafik: Christianisierung der Normtrias *lex aeterna, lex naturalis, lex humana* durch Augustinus.

§ 2   Scholastik

1.   Vermittlung des griechischen Denkens durch arabische Gelehrte

Während der Begriff *Patristik* für die Epoche der frühen Kirchenväter und -mütter verwendet wird (vgl. 2. Teil, § 1), bezeichnet man die christliche Denktradition des Hoch- und Spätmittelalters (bis 15. Jh.) als *Scholastik.* Viele Schriften der Neuplatoniker und die Lehren des Aristoteles werden stark rezipiert. Berühmte Vertreter der Scholastik sind etwa Johannes Scotus Eriugena (9. Jh.), Thomas von Aquin, Wilhelm Ockham oder Meister Eckhart (1260–1328).

Die Übermittlung des antiken Gedankengutes an die christliche Scholastik erfolgt nicht über das okzidentielle Denken allein, sondern im Wesentlichen über die arabische Welt. Ab dem frühen 7. Jh. strebt der Islam als neue Religion auf; ab 750 werden insbesondere in Bagdad sehr viele der griechischen Texte, die aus Byzanz bezogen wurden, ins Arabische übersetzt. Islamische Gelehrte wie Ibn Sina (Avicenna) und Ibn Rushd (Averroës) haben dabei eine zentrale Bedeutung für die Erhaltung und Weiterentwicklung der antiken Schriften, wovon namentlich die Aristoteles-Kommentare des Ibn Rushd zeugen.

a)   Ibn Sina

Das philosophische Hauptwerk des Mediziners und Philosophen Ibn Sina (980–1037; latinisiert: Avicenna) ist das «Buch der Heilung», eine Enzyklopädie über alle Einzelwissenschaften (Logik, Physik, Mathematik, Metaphysik). Der persische Gelehrte unterrichtet auf dem heutigen Gebiet des Iran. In einem früheren Werk «Philosophie für den Prosodisten» setzt sich Ibn Sina mit der Metaphysik des Aristoteles auseinander, kommentiert dessen Auffassungen konstruktiv und schafft damit die Voraussetzungen für eine neue Aristoteles-Diskussion. Indem er auch neuplatonisches Gedankengut mit aristotelischen Lehren verbindet, entwickelt Ibn Sina eine umfassende metaphysische Weltbeschreibung, die sich auf die Begriffe des Seins und des Selbst stützt.

Ibn Sina unterscheidet im **Sein** zwischen *Essenz* (was es ausmacht, das zu sein; primär und vorgeordnet) und *Existenz* (kontingentes Sein; dieses kann sein oder nicht sein; ist von einer Ursache abhängig). Alle wahrnehmbaren Dinge können Veränderungen erfahren; jedes von ihnen entsteht und jedes von ihnen vergeht. Für Ibn Sina ist ihre Existenz somit bloss *möglich*. Solange allerdings bloss mögliche Ursachen gefunden werden, kann die Tatsache, dass Dinge existieren, nicht hinreichend begründet werden. Ibn Sina unterscheidet entsprechend mögliche von notwendigen Existenzweisen. Bei der Analyse der möglichen Existenzweisen verfolgt er ihre sie bedingenden Ursachen auf ihrerseits bedingende Ursachen zurück. Jeder konkret wahrnehmbare Gegenstand hat für ihn also eine Ursache; die Ursache kann die Existenz letztlich ermöglichen, obwohl die Nichtexistenz möglich wäre. Schliesslich stösst er in seiner Analyse denkerisch auf eine Ursache, die das Sein aller Dinge, die für sich betrachtet nur möglich sind, notwendig macht. Diese Ursache ist polar gegenüber den umschriebenen Ursachenketten und ist von ihnen insbesondere insofern zu unterscheiden, als sie für ihre Existenz nicht auf eine andere Ursache angewiesen ist. Das in diesem Sinne *Notwendig-Seiende* wird von Ibn Sina Gott genannt. Gott ist für ihn das einzig Seiende, das notwendigerweise existiert. In seiner «Metaphysik», dem 4. Teil der «Heilung», erläutert Ibn Sina, dass in Gott Wesen (Essenz) und Existenz (Dasein) zusammenfallen; bei allen anderen Dingen seien sie getrennt: «Hier aber, in Gott, ist dieses unmöglich; denn die notwendige Existenz ist in ihrem Dasein selbständig begründet. Sie ist vielmehr selbst das Fundament (und die Affirmation) des Daseins. Ja, die Existenz ist eine Bedingung für die Konstitution der Wesenheit des notwendig Seienden, weil dasselbe die Existenz selbst ist in Verbindung mit einer Privation oder der Unmöglichkeit, vergänglich zu sein.» (Übers. Horten, S. 512)

Das Notwendig-Seiende (Gott) ist für Ibn Sina sowohl ewig als auch Allursache für die Kontingenz der Dinge (anders als für Aristoteles existieren entsprechend für Ibn Sina die konkreten Dinge nicht vor allen anderen): «Daher ist also der notwendig Seiende ein Einziger, der in seiner Seinsstufe kein gleichgeartetes Ding neben sich hat, noch ist daher irgend etwas außer ihm notwendig seiend. Er ist folglich das erste verursachende Prinzip für jedes Ding außer ihm. Er ist das erste Prinzip für die notwendige Existenz jedes anderen Dinges [...] Wenn also die Dinge außer ihm wirklich sind, dann ist ihre Existenz hergeleitet aus der Existenz des ersten Seienden. Er ist der Erste.» (Übers. Horten, S. 498) Die äussere Wirklichkeit emaniert für Ibn Sina aus dem Notwendig-Seienden (Gott), um dorthin wieder zurückzukehren. Das Notwendig-Seiende wird entsprechend auch als *Einheit* umschrieben. Herausgearbeitet wird also eine ontologische Differenz zwischen subsistenten (Gott; Notwendig-Seienden) und den kontingenten möglich-seienden Dingen, wobei bei Letzteren Essenz (Wesen) und Existenz (Dasein) auseinanderfallen. Damit ist eine neue Metaphysik eingeführt mit herausragend grossem Echo, das sich nicht auf die islamische Welt

beschränkt. Die Unterscheidung alles Seienden in Wesen und Dasein hat später einen grossen Einfluss auf den Universalienstreit des
Mittelalters (vgl. unten 2. Teil, § 2, Kap. 3).

Ibn Sina vertritt in seiner Anthropologie die These, dass der Mensch
aus Körper und Seele bestehe. Mit der *Seele* sind Identität, Ursprung
und letzte Bestimmung des Menschseins verbunden. Um die Seele
zu erklären, beginnt er mit dem eigenen Wesen (**Selbst**, *dhât*), das er
als unzweifelhafte Existenz annimmt («Kehre zurück zu Dir selbst
und überlege […], ob Du Deine eigene Existenz leugnen und Dich
selbst in Abrede stellen kannst […] Selbst ein Schlafender oder
ein Betrunkener geht seines Wesens/Selbst niemals verlustig, auch
wenn er in seinem Gedächtnis nicht immer eine Repräsentation
davon besitzt»; Ibn Sina, Hinweise und Mahnungen, ca. 1030–1040,
zit. nach Rudolph, S. 49 f.). Weder die Sinne noch eine Handlung,
sondern die Seele als eine unkörperliche Kraft ist Trägerin des
Selbstbewusstseins. Ibn Sina umschreibt ihre Beschaffenheit als im-
materiell, unzerstörbar (den Tod überdauernd) und individuell (sie
macht die Individualität eines Menschen aus). Die Seele ist dabei
der rationale Anfang des Menschen, der durch Erkenntnisse (philosophische Einsichten) zu vervollkommnen ist. Interessant ist dabei,
dass im Rahmen der Selbstbetrachtung für Ibn Sina die *Intuition* die
höchste Form von Rationalität darstellt. Sie wird mit dem Begriff
des Scharfsinns (gr. *anchinoia;* arabisch: *dhakâ*) umschrieben, und
zwar als unmittelbares Erfassen dessen, in welchem logischen Zusammenhang eine konkrete Aussage steht.

b)   Ibn Rushd

Der in Spanien geborene **Ibn Rushd** (1126–1198; latinisiert Averroës)
studiert islamische Theologie, Rechtswissenschaft und Medizin in
Cordoba und ist später als Arzt und Richter am obersten Gericht tätig. Für Ibn Rushd ist Aristoteles der grösste Philosoph; von zentraler Bedeutung sind daher seine Erläuterungen zu den Schriften des
griechischen Denkers, von welchen drei verschiedene Kommentare
vorliegen: eine Kurzdarstellung (Summa), ein mittlerer Kommentar

und ein Kommentar des gesamten Werks (Abschnitt um Abschnitt). Ab dem 13. Jh. werden die Kommentare ins Lateinische übersetzt.

Der Gottesbegriff übt für Ibn Rushd eine transzendierende Kausalität aus. Gott ist die *prima causa,* der erste Beweger, der unmittelbar die Vielheit der Dinge erschafft. Ibn Rushd differenziert den Gottesbegriff vom Menschen über die Umschreibung des Wissens: Während die Menschen ihr Wissen Schritt um Schritt durch die Auseinandersetzung mit konkreten Dingen erwerben, ist es bei Gott für Ibn Rushd umgekehrt: Gottes Wissen umfasst von Ewigkeit her alle Dinge und ist insofern Voraussetzung, dass alle Einzeldinge entstanden sind. Die Art des Wissens in Gott und in den Menschen ist demnach grundlegend verschieden. Der islamische Philosoph verneint die Unsterblichkeit der Einzelseele; unsterblich erscheint ihm nur der überpersönliche Geist. So seien etwa Platon und Sokrates sterblich, unsterblich aber sei die Philosophie.

Aus rechtsphilosophischer Sicht ist Ibn Rushds «*Buch der entscheidenden Abhandlung und die Urteilsfällung über das Verhältnis von Gesetz und Philosophie*» (Kitab fasl al-maqal, 1179) bedeutsam. Ibn Rushds philosophischer Einstieg ist die Frage, ob es vom religiösen Gesetz (d.h. vom Koran und der Überlieferung) erlaubt, verboten, empfohlen oder gar notwendig sei, zu philosophieren. Für Ibn Rushd ist dies keine theologische oder philosophische Frage. Vielmehr ist die entscheidende Abhandlung ein Rechtsgutachten *(fatwā).* Die Geltung des islamischen Rechts ist also die Grundannahme, von welcher aus Ibn Rushd das Philosophieren als solches auf seine Konformität mit dem Gesetz überprüft. Aufgrund verschiedener Zitate von Koranversen, die Aufforderungen zum Nachdenken über den Glauben enthalten, gelangt Ibn Rushd schliesslich zum Ergebnis, dass eine *Verpflichtung* zum Philosophieren bestehe. Diese Antwort begründet er mit dem Hinweis, dass der Koran in verschiedenen Versen zum Philosophieren, zum rationalen Denken und zur wissenschaftlichen Erforschung der Welt ausdrücklich anhalte («Wollt ihr denn nicht nachdenken?»; Koran, Sure 6 Vers 50; «Und Wir haben zu dir die Ermahnung hinabgesandt, damit du den Menschen klar machst, was ihnen offenbart worden ist, und auf dass sie nachdenken mögen»; Koran, Sure 16 Vers 44). Der Koran weise sodann interpretationsbedürftige Passagen auf, deren Inhalt nicht ohne philosophische Tätigkeit zu erschliessen sei. «So ist nun deutlich, dass das Studium der Bücher der Alten von Seiten des religiösen Gesetzes *[scharia]* nothwendig ist, da ihre Absicht in ihren Büchern und ihr Zweck gerade der Zweck ist, zu welchem das religiöse Gesetz ermuntert. Und wenn Jemand einen, der würdig dieses Studiums ist, davon abhält [...], so schliesst er die Leute von der Pforte aus, von der aus die Religion die Menschen zur Kenntnis Gottes beruft nämlich von der Pforte des Studiums, welche zur eigentlichen Erkenntnis desselben führt.» (Harmonie der Religion und Philosophie, 5, übers. v. Müller; vgl. auch die Übers. v. Schupp, Die entscheidende Abhandlung, 10). Die Bedeutung, die der Koran dem Verstand und der rationalen Erkenntnis zumisst, ist für muslimische Gelehrte gleichermassen intellektueller Anstoss und religiöse Verpflichtung. Ibn Rushd sieht sich fortan als berechtigt an, sich seinen eigenen philosophischen Untersuchungen zuzuwenden, die er v.a. mittels seiner Aristoteles-Exegese betreibt.

Ibn Rushd legitimiert damit das Philosophieren im juristischen Sinne. Doch in welcher Beziehung stehen Religion und Philosophie aus philosophisch-theologischer Sicht? Ibn Rushd vertritt den Standpunkt, dass sich Philosophie und Offenbarungsreligion nicht widersprächen. Es gebe nur eine Wahrheit, zu welcher man (je nach Befähigung) über die Philosophie oder über die Religion gelange. Philosophie sei grundsätzlich die gegenüber der Religion höhere Wahrheit. Sie sei letztlich nichts anderes als die Vereinigung des göttlichen Verstandes mit dem menschlichen Verstand und bilde so den höchsten Zweck der Seele. Religion gebe die Wahrheit demgegenüber nur in bildlicher Einkleidung für die Masse wieder; mit anderen Worten zeichnet sich die Religion durch ihre Fähigkeit aus, Wahrheit den Gläubigen zu vermitteln, und nicht dadurch, dass sie inhaltlich ein Mehr an Wahrheit bieten kann.

Die Emanzipation der Philosophie von der Religion ist ein Gedanke, der später von unterschiedlichen christlichen Denkern weitergeführt wird. So beschäftigt sich insbesondere auch Thomas von Aquin mit dem Werk Ibn Rushds. Am Ende dieser Entwicklung wird ein Naturrechtsbegriff stehen, der sich nicht mehr über ein göttliches Gesetz, sondern über die menschliche Vernunft definiert und legitimiert.

2. Thomas von Aquin

a) Vorbemerkungen

Auch bei den christlichen Denkern der Scholastik erfährt die aristotelische Lehre eine eindrucksvolle Rezeption. Nebst den biblischen Offenbarungen und den kanonischen Aussagen der frühen Kirchenväter übt besonders die peripatetische Logik und die darin ausgearbeitete Lehre der Kategorien grossen Einfluss auf christliche Denker aus.

Der aristotelische Einfluss zeigt sich bei **Thomas von Aquin** (1225–1274) und bei den sogenannten **Nominalisten**, zu denen Autoren wie Wilhelm von Ockham, oder Pierre d'Ailly gezählt werden. Die vorliegende Betrachtung konzentriert sich auf Thomas von Aquin als den am meisten rezipierten Denker dieser Zeit sowie auf den Nominalismus, der als geistige Strömung an der Schwelle zur Neuzeit von einer wachsenden Zahl von Universitäten gelehrt wird.

b) Geschichtlicher Hintergrund und Biographisches

Die hochmittelalterlichen Jahrhunderte sind geprägt von Auseinandersetzungen zwischen Kaiserreich und Papsttum. Einen vorläufigen Endpunkt dieser Konflikte markiert 1076/77 der berühmte Gang nach Canossa von Heinrich IV. Zuvor hatte es unzählige Anläufe gegeben, die widerstreitenden Teilreiche weltlicher und geistlicher Macht zu einen. Mit dem Wormser Konkordat (1122) gelingt schliesslich eine Übereinkunft, in der die Hauptstreitpunkte beigelegt werden können.

Im südlichen Italien herrscht damals der säkulare Beamtenstaat unter Friedrich II. Unter diesen Vorzeichen beginnt der Grafensohn Thomas von Aquin sein Studium Generale in Neapel und tritt im Alter von etwa 19 Jahren gegen den Willen seiner Eltern in den neu gegründeten Dominikanerorden ein. Seine Studien führt er beim berühmten Lehrer Albertus Magnus (1200–1280) fort, zunächst in Paris und später in Köln.

c)   **Philosophie**

Wie für alle christlichen Autoren ist auch für Thomas von Aquin der **Sündenfall** als Ursprung des weltlichen Menschseins ein zentraler Ausgangspunkt. Die Wirklichkeit des irdischen Daseins wird in scharfem Kontrast zur ursprünglich-paradiesischen Einheit mit Gott begriffen. Hätte sich der Mensch nicht an der Erkenntnis versuchen wollen, wäre er nicht als *homo lapsus* ins Leben verstossen worden. In dieser Betrachtungsweise wird die Natur als zweigeteilt verstanden, einerseits das sündhafte Erdendasein, andererseits die integre Natur als Reich Gottes, an welchem der Mensch kraft seines Ursprungs noch teilhaben kann.

Wo aber Augustinus noch die Auffassung vertreten hatte, die Natur sei durch den Sündenfall durch und durch verdorben, führt Thomas von Aquin nun eine neue Interpretation ein, die für das weitere scholastische Denken von zentraler Bedeutung ist. Die thomistische Position sieht die **menschliche Natur** nach dem Ereignis des Sündenfalls nicht mehr als ganz und gar schlecht an, sondern bloss als *geschwächt*. Abgesehen von dieser Schwäche, so Thomas von Aquin, enthält die menschliche Natur alle Wesensmerkmale der heilen Natur und kann so unmittelbar auf sich selbst zurückgreifen, wo es um die Begründung von rechtem Handeln geht. In Abgrenzung zu Augustinus entlastet Thomas die Texte der Offenbarung vom alleinigen Anspruch auf Wahrheit und führt mit der **menschlichen Vernunft** (als integres Element seines Wesens) einen weiteren Massstab der Gerechtigkeit ein. Augustinus sieht den Menschen als ein von Grund auf zerstörtes Wesen; Einsichten, die der blossen menschlichen Vernunft entspringen, müssen notwendigerweise unsicher und fehlerhaft bleiben. Thomas hingegen konzipiert im Rahmen des christlichen Menschenbildes eine verwundete Konstitution, die aber durchaus einem integren Grund erwächst und so zu einer unmittelbaren Quelle des Naturrechts werden kann. Bei Thomas von Aquin vollzieht sich damit die Grundlegung der *lex naturalis* als vertrauenswürdige Erkenntnisquelle hinsichtlich des göttlichen Gesetzes.

Thomas selbst ist noch mit sich einig, dass im Zweifelsfall zwischen Vernunft und dem Wort Gottes das **Primat der Offenbarung** zu gelten hat. Er rechnet mit unbemerkten Defiziten und Täuschungen des menschlichen Denkvermögens, wohingegen den Lehren der Bibel in seinen Augen die reine Wahrheit zukommt. In diesen Prozessen regen sich ganz deutlich jene Ansätze, die in der Neuzeit durch die geistesgeschichtlichen Beben der Reformation und der Aufklärung zur dominanten Schule werden sollten. Diese Auffassung von der Philosophie als selbständiger Erkenntnisform stellt denn auch eine Abkehr vom Philosophieverständnis Augustinus' dar. Wenngleich Thomas dem Diktum der Schrift im Zweifelsfall noch den Vorrang einräumt, so beginnt er dennoch mit systematischem Eifer die denkerische Aufarbeitung all dessen, was ihn die Religion lehrt. Die Geister der ermächtigten Vernunft, die Thomas ins mittelalterliche Denken ruft, ohne es wahrscheinlich in dieser Konsequenz zu wollen, wird die kirchliche Lehre in der Folge nie mehr los. Thomas steht am Beginn eines Prozesses, durch den die Vernunft nach und nach aus dem rein theologischen Dogma ausbrechen wird.

In ähnlicher Weise wie Thomas den Gebrauch der Vernunft rechtfertigt, etabliert er auch die Bedeutung der v.a. **aristotelischen Lehren**. Es ist in jener Zeit durchaus erklärungsbedürftig, sich derart umfassend mit dem Werk eines heidnischen Autors zu befassen und die von ihm erlernten geistigen Instrumente zur Untersuchung christlicher Texte heranzuziehen. Thomas' Hauptwerk ist die «Summe der Theologie» (Summa theologiae [STh], oder kurz Summa). Er entwickelt in seinen Studien die Methoden, welche die Denk- und Arbeitsweise der ersten Universitäten, die in jener Zeit gegründet werden, massgeblich prägt. Im Kern beruft sich diese Methode auf die antike Dialektik und entwickelt diese für den christlichen Kontext weiter. Ausgangspunkt bildet eine These, die von einem früheren Denker vertreten wurde, zum Beispiel eine Definition der Gerechtigkeit von Augustinus. Daraufhin wird die scheinbar nicht kompatible Gegenthese einer anderen (meist kirchlichen) Autorität ausgeführt. Im dritten Schritt kommt es zum Versuch einer Synthese. Es soll analysiert und erklärt werden, warum sich die Positionen nur scheinbar widersprechen, oder wo Fehler gemacht wurden: These, Gegenthese, Erklärung des Kommentators. Die Struktur dieser Vorgehensweise wird heute noch als **Scholastische Methode** gelehrt, etwa in Klosterschulen.

Thomas entwirft auch eine Seinslehre. Alles, was der Erfahrung begegnet, kann sein oder nicht sein, kann werden und vergehen. Diese Gegebenheit untersucht Thomas auf der Grundlage der aristotelischen Lehre der **Entelechie**, jener Theorie, die das Verhältnis von Potenz und Akt diskutiert. Wie bereits das Samenkorn die gesamte Pflanze in sich trägt, so birgt in der Natur immer ein Vorausliegendes dasjenige in sich, was sich daraus verwirklichen kann. Eine bestimmte Substanz setzt in einem Akt immer die in ihr liegende Potenz um, die ihr eigentliches Sein bedeutet. Diese Lehre wird nun von Thomas in den christlichen Kontext übertragen, indem er postuliert: die Wesensbestimmung (Potenz) des Menschen besteht darin, Gott ähnlich zu werden (Akt). Aus dem Entelechie-Gedanken, den Aristoteles in Buch IX der Metaphysik entwickelt als Potential und Prozess einer Form, die sich in einer Materie umsetzt, postuliert Thomas von Aquin eine innerliche Wesensbestimmung des Menschen, Gott ähnlich zu werden. Wie der Kern im Apfel bereits die Anlage des gesamten Baums vorerst verborgen enthält, so trägt jeder Mensch Gott als dereinstige Bestimmung in sich.

Bei Thomas ist die Welt, die er als Schöpfung Gottes und in diesem Streben begreift, grundsätzlich positiv bestimmt. Alle Eigenwertigkeit und Eigenwirksamkeit der Welt konzentriert Thomas dabei auf den **Menschen**. Er legt ihm eine Autonomie der Vernunft zugrunde, die sich in der Verhältnisbestimmung von Schöpfer und Geschöpf konkretisiert: Während der Erkenntnisweg der Theologie von Gott ausgeht und durch die Offenbarung in die Schöpfung absteigt, nimmt die natürliche Vernunft bei der Schöpfung ihren Anfang und steigt bis zur Erkenntnis Gottes auf (ScG III, 25). Thomas benutzt die Theorie der Entelechie, um den Menschen in einer doppelten Natur zu beschreiben: einerseits durch den Sündenfall pervertiert in seinem gegenwärtigen Zustand, andererseits durchaus begabt mit dem Kern des Göttlichen, dem in ihm angelegten Ziel seiner eigentlichen Natur. Das Göttliche anzustreben wird dabei mit **dem Guten** gleichgesetzt, sich davon zu entfernen mit dem Schlechten.

Auf dieser Grundlage nun wagt Thomas eine Definition des **Naturrechts**, die sich nicht direkt auf ein religiöses Diktum zurückführren lässt, sondern ihren Ursprung in einem originär vernünftigen Grundsatz hat: «Das Gute ist zu tun und das Schlechte zu meiden.» (*quod bonum est faciendum et prosequendum, et malum vitandum*, STh I–II, q. 94, a. 2 co). Thomas erkennt in der Vernunft die Fähigkeit, das Gute (Gott) anzustreben und entsprechend die rechte Wahl zwischen dem *Guten* und dem *Schlechten* zu treffen. Denn **mithilfe der Vernunft** lassen sich die dazu notwendigen Prinzipien ableiten (wie etwa die Neigung, sich selbst zu erhalten), die den Inhalt einer natürlichen Gerechtigkeit bilden. Als Inhalt des Naturrechts gilt für ihn, die elementaren Forderungen der menschlichen Vernunft zu respektieren, die er in Selbsterhaltung, Fortpflanzung, Hinwendung zu Gott, und Gemeinschaftsbildung sieht. Die Konzeption bringt die verschiedentlich geäusserte Kritik mit sich, dass kirchlich-dogmatische Inhalte vermeintlich aus der Vernunft abgeleitet werden.

Die vor über 600 Jahren entwickelte Position von Thomas wird immer wieder zu aktuellen Aspekten der Bioethik-Diskussion herangezogen. Das sogenannte Potentialitätsargument formuliert nach Massgabe des aristotelischen-thomistischen Entelechie-Begriffs eine Wertigkeit des Embryos, die ihm in der Betrachtungsweise aus der

Potenz zum vollen Menschsein zukommt. Das Argument stützt sich also auf die Tatsache, dass sich jede Person aus einem embryonalen Stadium entwickelt, und begründet so, dass das Entwicklungspotential menschlicher **Embryonen und Föten** von moralischer Relevanz ist. Auch wenn im Rahmen zeitgenössischer Verfassungsdebatten (meist) nicht ausdrücklich auf christliche Grundlagen Bezug genommen wird, stützt sich das Potentialitätsargument, das für die Schutzwürdigkeit von Embryonen in der Bioethik-Diskussion das meistverwendete Argument ist, auf die thomistische Lehre, wonach ein menschlicher Embryo eine potentielle Person ist, und dass es unrecht ist, solche potentiellen Personen zu töten.

Dieses Konzept der christlichen Entelechie bringt nun gerade im Vergleich mit platonisch geprägten Vertretern der Patristik eine deutliche **Aufwertung der realen Erfahrungswelt** mit sich. So zieht Thomas nicht selten Beispiele aus der Natur heran, um sie, ihrem Wesen nach von Gott geschaffen und somit perfekt, als christliches Normativ zu stilisieren. Thomas übernimmt aber auch etwa die aristotelische Ansicht, eine Unterteilung der Menschen in Herrscher und Sklaven sei gerecht, und widerspricht in dieser Hinsicht früheren Christen wie Gregor von Nyssa, der gerade die Gleichheit aller Menschen aus den Evangelien herausliest. Wie Aristoteles beobachtet Thomas die aktuellen Verhältnisse, versucht sie zu kontextualisieren und zu rechtfertigen. Der Vorwurf an Thomas' vernunftbegründetes Naturrecht liegt auf der Hand: Hat er nicht einfach die unantastbaren Prinzipien, wie sie in der Lektüre der Bibel interpretiert wurden, aus einer Vernunft eigenen Zuschnitts scheinabgeleitet? Was ist gewonnen, wenn altbekannten Vorgaben der christlichen Tradition nun sozusagen im Nachhinein ein Erkenntnisakt vorausgeht? Unter Bezugnahme auf Augustinus und in Abkehr vom Urchristentum, das für den Gewaltverzicht gegen Verfolger und ein Sich-Verantworten-Müssen vor dem baldigen Endgericht stand, leitet Thomas unter dem Gesichtswinkel des Gemeinwohls sogar das Recht auf einen «gerechten» Krieg her («für die Wahrheit des Glaubens [...] und für die Beschützung der Christen»; STh II–II, q. 40, a.2). Krieg an sich verstösst bei ihm noch nicht gegen die sittliche Ordnung; es findet sich auch kein Verbot von Angriffskriegen. Im Kontrast dazu verbietet heute die UN-Charta jegliche Angriffskriege, unabhängig «rechtfertigender Motive».

d) Gemeinschaft und Rechtsordnung

Ein wichtiger Punkt ist bei Thomas' Philosophie sodann die **Gemeinschaft**. Auch sie geht in Teilen auf die Anthropologie von Aristoteles zurück, der den Menschen ja vorab als politisch-soziales Wesen beschrieben hatte und seine Vervollkommnung nur im Rahmen der Gemeinschaft für möglich hielt. Das Idealbild der Freundschaft im Staat liess sich für die christliche Gemeinde gut adaptieren. Die Tugenden versteht Thomas wie Aristoteles als Haltung *(hexis)*, die er nunmehr, nach seinem Verständnis in Ergänzung der platonischen Kardinaltugenden, christlich (Glaube, Liebe, Hoffnung) interpretiert. Während die so verstandenen Tugenden das innere Leben regeln, soll das äussere Leben durch **Gesetze** in geordnete Bahnen gelenkt werden. Thomas versteht das Gesetz zunächst als eine Regel, als Vorschrift für menschliche Handlungen. Oberste Norm der menschlichen Handlungen ist die Vernunft. Letzten Endes geht somit jedes Gesetz auf die Vernunft zurück; es formuliert, was die Vernunft verlangt (STh I–II, q. 90, a. 1). Was durch das Gesetz vorgeschrieben wird, muss einem Ziel dienen, das sich eine Gemeinschaft setzt. Die menschlichen Akte zielen auf Glückseligkeit, entsprechend muss auch das Gesetz auf das gemeinsame Glück und Wohlergehen einer Gemeinschaft ausgerichtet sein (*Omnis lex ad bonum commune ordinatur,* STh III, q. 90, a. 2 co).

Weil das Gesetz auf das Gemeinwohl ausgerichtet ist, soll es von der Allgemeinheit oder einer Person, die die Allgemeinheit rechtmässig repräsentiert, erlassen werden (STh I–II, q. 90, a. 3). Hieraus ergibt sich die Definition des Gesetzes: «Gesetz sei nichts Anderes als die Richtschnur und Vorschrift der Vernunft im Ersten, in jenem nämlich, der ein vollendetes Gemeinwesen leitet» (*nihil aliud est lex quam dictamen practicae rationis in principe, qui gubernat aliquam communitatem perfectam,* STh I–II, q. 91, a. 1 co). Thomas versteht demnach ein Gesetz als Anordnung der Vernunft, die auf das Gemeinwohl gerichtet ist. Hinsichtlich der Frage, wer ein Gemeinwesen konkret leiten soll, kommt es zu einer christlichen Ausformung der klassischen Staatsformenlehre: Thomas spricht sich für eine Mischung aus Monarchie, Aristokratie und Demokratie aus. Dabei soll der König vom Volk gewählt und von besonders Gebildeten unterstützt werden. Die Könige sind ihrerseits dem Papst untertan, dies dient letztlich dem Ziel des geistigen Heils. Der Kirche kommt entsprechend eine bedeutsame politische Rolle zu.

Thomas systematisiert und konkretisiert seine Gedanken zur **Rechtsordnung** in gewohnter Gliederung. Als *lex aeterna* wird der Ordnungsplan der göttlichen Weisheit bezeichnet. Dieser spiegelt sich als *Naturrecht* im menschlichen Vernunftvermögen, in der Fähigkeit des Menschen, dasjenige zu erkennen, das im Hinblick auf seinen Daseinszweck gut oder schlecht ist. In seinem Potenzial, etwa die christliche Gemeinschaft als ihm gemässe Form des sozialen Lebens zu erkennen, zeigt sich der Keim göttlicher Weisheit im menschlichen Geist. Vom Naturrecht grenzt Thomas das positive Recht ab, die *lex humana.* Er zeigt ein gewisses Verständnis dafür, dass dieses Recht als geschriebenes Gesetz nicht immer perfekt ist, dennoch aber einen wichtigen Zweck erfüllt, indem es als ein konkretes Regulativ eine Grundlage zur befriedeten Gesellschaft bildet. Zwar orientiert sich der Mensch idealerweise in seiner Erkenntnisbefähigung nach dem Naturrecht und übt sich in Tugend; darauf alleine darf es eine Gemeinschaft gemäss Thomas aber nicht ankommen lassen. Es muss darüber hinaus eine positivrechtliche Ordnung geben, die sich nach jenen ausrichtet, die keine natürliche Neigung haben, Rechtes zu erkennen und umzusetzen, und in erster Linie ihre eigenen Interessen verfolgen.

Jedes Gesetz wird dabei für eine Gemeinschaft erlassen; es gibt so viele Gesetzesordnungen, wie es Gemeinschaften gibt. Für Thomas ist indessen die erste und grösste Gemeinschaft die Welt, die von Gott geleitet wird. Ihr oberster Gesetzgeber ist Gott als höchste

Norm und letztes Ziel aller Dinge. Gott selbst stellt in seiner Vernunft das höchste Gesetz dar, das Thomas *lex aeterna* nennt (STh, I–II, q. 91, a. 1; vgl. auch ScG III, 115). Dieses ewige Gesetz offenbart sich der Menschheit durch die menschliche Natur, der eine natürliche Neigung zum Rechten und zum letzten Ziel übertragen ist, wodurch sie an der göttlichen Natur teilnimmt. Dies wird von Thomas mit dem Begriff der *analogia entis* beschrieben: der Mensch ist als Geschöpf Gott als Schöpfer weder absolut gleich noch absolut verschieden. Vielmehr kommt den Geschöpfen die göttliche Natur in analoger Weise zu, indem der Mensch an der göttlichen Natur teilnehmen kann – die Dinge stimmen analog im Sein überein.

Die Teilnahme am ewigen göttlichen Gesetz, in dem unmittelbar die letzten Normen unseres Handelns in der Gemeinschaft erkannt werden, wird Naturgesetz *(lex naturalis)* genannt. Die *lex naturalis* ist nichts anderes als ein Abdruck des göttlichen Lichts im Menschen bzw. als die **Teilnahme am göttlichen Gesetz mittels Vernunft** (*Unde patet quod lex naturalis nihil aliud est quam participatio legis aeternae in rationali creatura,* STh, I–II, q. 91, a. 2 co). Inhalt der *lex naturalis* ist für Thomas die Summe der der von der Vernunft als naturgemäss erkannten Verpflichtungen. Dazu gehören die – eingangs bereits umschriebenen – Prinzipien der Sittlichkeit wie etwa, dass das Gute getan, das Schlechte vermieden werden soll, als Gesetz. Thomas leitet hiervon auch das Gebot der Selbsterhaltung ab. Aus dem natürlichen Hang zur Gemeinschaft folgt auch etwa, dass niemand beleidigt werden darf (STh I–II, q. 91, a. 2 ad 2 und q. 94, a. 2), und Thomas bezieht sich ebenso auf seine Auslegung der zehn Gebote.

Insofern fliessen für Thomas alle Gesetze in letzter Instanz aus einer Quelle, der *lex aeterna,* und leiten von ihr ihre Gültigkeit her (*Unde omnes leges, inquantum participant de datione recta, intantum derivatur a lege aeterna,* STh I–II, q. 93, a. 3 co). Durch die *lex naturalis* nimmt der Mensch am göttlichen Gesetz teil, und zwar in Form von Prinzipien: Die Folgerungen aus den Prinzipien für die konkrete menschliche Gemeinschaft muss die menschliche Vernunft selbst ziehen. Dies geschieht im menschlichen Gesetz (*lex humana;* «*et istae particulares dispositiones adinventae secundum rationem humanam dicuntur leges humanae*», STh I–II, q. 91, a. 3 co).

Für die *lex humana* wählt Thomas als Bezugspunkt den empirischen Menschen in seiner einfachen Eigenart und bezogen auf seine **tatsächlichen Verhältnisse.** Die *lex humana* für sich kann den Menschen nicht zum ewigen Heil führen. Sie soll aber die Bedingungen schaffen, nämlich Ruhe und Friedfertigkeit in einer politisch stabilen Gemeinschaft, in der ein Leben nach christlichen Maximen möglich ist. Thomas favorisiert zur Erhaltung dieser Stabilität die damals geltenden Herrschafts- und Abhängigkeitsverhältnisse, so wie er auch die Geschlechterdifferenz betont. Thomas verwirft weiter die Allerlösungslehre, wie sie Origenes (oder später etwa Eriugena und im 20. Jh. z.B. Karl Barth) vertreten haben, und knüpft an die Höllenlehre des Augustinus an.

Thomas verbreitet strikte Inhalte in gesellschaftlich-sozialen Fragen (nur schon das Unterrichten von Frauen lehnt er im Gegensatz etwa zu Origenes ab) und rigide Haltungen gegen Andersdenkende. Gleichwohl liegt im Verständnis des Naturgesetzes *(lex naturalis)* als Vernunftgesetz, das nach Thomas im Gewissen seine deutlichste Ausprägung erfährt, ein wirkungsmächtiger **Ansatz für die neuzeitliche Begründung von Normativität.** Thomas eröffnet neue Perspektiven menschlicher Autonomie auch für den Bereich der praktischen Philosophie (Ethik, Rechtsphilosophie, Staatsphilosophie, Politische Philosophie).

3. Universalienstreit und Nominalismus

a) Kernfrage

Bereits in der Einleitung wurde erwähnt, dass juristische Überlegungen nicht ohne Beizug von Gerechtigkeitskonzeptionen angestellt werden können. Wenn der Mensch also die Bewertung vornimmt, ein gewisses Ergebnis seiner juristischen Tätigkeit (etwa ein Gerichtsentscheid) sei gerecht, wie steht es dann um die Eigenschaft des Gerechtseins? Ist der Gerichtsentscheid repräsentativ für eine abstrakte Gerechtigkeitsidee, die unabhängig vom konkreten, gerechten Ergebnis bereits existiert? Oder charakterisiert der Mensch mit der Bezeichnung eines gerechten Entscheids lediglich ein gedankliches Konstrukt, ohne dass es dahinter die Eigenschaft der Gerechtigkeit als solche gibt?

Um diese Fragen dreht sich der sog. *Universalienstreit*. Eine Universalie (ein Allgemeinbegriff) ist eine allgemeine Eigenschaft, die einer bestimmten Gruppe von Einzeldingen zukommt. Beispielsweise kann sich ein Allgemeinbegriff darauf beziehen, dass eine Gruppe von Einzeldingen eine rote Farbe aufweist, oder darauf, dass gewisse Einzeldinge einer bestimmten Art angehören (so etwa die Aussage, dass A. und B. Menschen sind). Wie bereits oben angedeutet, stellt sich nun die Frage, ob diese Allgemeinbegriffe *tatsächlich existieren* oder bloss *mentale Konzepte* darstellen. Wenn man also von der Prämisse ausgeht, dass A. und B. der Art der Menschen angehören, so können unterschiedliche Positionen hinsichtlich der Universalie «Mensch» bezogen werden.

Die Position der **Realisten** ist, dass dem Allgemeinbegriff eine eigene ontologische Existenz zukommt. Auf das obige Beispiel bezogen bedeutet dies, dass nicht nur A. und B. existieren. Vielmehr weist auch die Art «Mensch» als abstrakte Entität eine Existenz auf, die durch A. und B. exemplifiziert wird. Entsprechend würde der Mensch als Universalie existieren, selbst wenn es keine Menschen im Sinne von einzelnen Individuen gäbe, welche das Menschsein verkörpern.

Die **Nominalisten** bestreiten diese Aussage. Für sie sind Universalien lediglich gedankliche Konzepte, sprachliche Ausdrücke, mit welchen Einzeldinge kategorisiert werden können, ohne dass sie eine eigenständige Existenz aufweisen würden. Es gibt nach ihnen nichts, was ausserhalb der Einzeldinge besteht. Existieren also weder A. noch B., so gibt es auch den Menschen als abstrakte Idee nicht.

Während die Realisten die Auffassung vertreten, die Universalien existierten unabhängig von den Einzeldingen *(ante rem)*, statuieren die Nominalisten, die Universalien existierten bloss als Gedanken oder Wörter *(nomina)*, mit deren Hilfe Einzelgegenstände zu Gattungen zusammengefasst werden könnten.

b) Entwicklung des Realismus

Bei der Frage nach den wichtigsten Vertretern des Realismus drängt es sich auf, die augenscheinliche Verbindung des Realismus mit der Ideenlehre Platons zu erläutern. Platon nimmt eine intelligible, übergeordnete Form an, gewissermassen eine Idee der Allgemeinbegriffe (wie z.B. der Menschheit, der Baumheit etc.), die ontologisch existiert und gestützt auf die Erkenntnis möglich ist. Dieses Paradigma substanziiert sich gemäss Platon in jedem einzelnen Menschen oder Baum. Wenn A. als Mensch erkannt wird, so geschieht dies Kraft eines Erinnerungsaktes an die paradigmatische Idee des Menschen, an die A. als konkrete Manifestation erinnert. Im Rang der Wirklichkeit findet sich primär die allgemeine Idee – mithin der Allgemeinbegriff – die von A. als einer Erscheinungsform repräsentiert wird.

Auch Aristoteles sieht Universalien als eigentlichen Gegenstand wirklichen Wissens. Von Platons Konzept der Ideen weicht er zu verschiedenen Zeiten seines Lebens ab, indem er die Universalien nicht im Sinne von unabhängigen Archetypen versteht, sondern als den sinnlich wahrnehmbaren Dingen innewohnend. Die Allgemeinbegriffe, unter die man so einzelne Vertreter zusammenfasst, werden folglich induktiv-begrifflich hergeleitet. Sie ergeben sich sekundär und erheben einen anders gearteten Anspruch auf Wirklichkeit als dasjenige, wovon sie sprechen, nämlich die konkreten Dinge. Es ist der einzelne A., der primär und unmittelbar erkannt wird und in welchem schliesslich, nach wiederholten Erfahrungen mit ähnlichen Vertretern der Spezies, das Prädikat des Menschseins als Universalie hergeleitet wird. Aristoteles postuliert demnach ein Vermögen in der menschlichen Seele, mittels eines

Abstraktionsschrittes aus einer bestimmten Ansammlung von Dingen (z.B. Menschen) auf einen Allgemeinbegriff (z.B. den Speziesbegriff «Mensch») zu schliessen. Dieser ist A. immanent und real, ohne jedoch separat von ihm als Idee zu existieren.

In Spätantike und frühem Mittelalter entfaltet sich zunächst v.a. die platonische Sichtweise, die von Vertretern des sog. Neuplatonismus wie dem frühen **Augustinus** oder **Johannes Eriugena** in die christliche Schöpfungsvorstellung eingegliedert wird. Doch früher noch obliegt es dem Neuplatoniker **Porphyrios** (233 bis 301 oder 305 n. Chr.), das Universalienproblem in seinem Kommentar zu Aristoteles' logischen Schriften auf eine einfache Formel zu bringen und für die Auseinandersetzung der kommenden Jahrhunderte vorzubereiten: «Gleich mit den Seins-Geschlechtern und ihren Erscheinungsformen anzufangen: Die Frage, ob sie Seinsbestand haben oder allein im blossen Gedanken liegen, und wenn sie denn wirklich *sind*, ob es Körper sind oder körperlose Wesen, und ob sie getrennt rein für sich (sind) oder nur in Wahrnehmbarem und in dessen Reich sein haben, darüber zu sprechen versage ich mir, da ein derartiges Unterfangen sehr in die Tiefe geht und weiterer, ausführlicherer Untersuchung bedarf» (Porphyrios, Einführung in die Kategorien des Aristoteles, Vorwort). Weitere zweihundert Jahre später übersetzt Boethius (480/485–524/526) diesen griechischen Text ins Lateinische und nimmt die zitierten Zeilen als Ausgangspunkt der Diskussion.

c) Entwicklung des Nominalismus

Nachdem die realistische Denkweise die Frühscholastik im Grunde geprägt hatte, sieht sie im französischen Kanoniker **Johannes Roscelin** (ca. 1050 bis ca. 1124) einen ersten nominalistischen Herausforderer. Die Quellenlage ist hierbei insofern unbefriedigend, als Roscelins Ansichten hauptsächlich in der Wiedergabe kritischer Rezipienten erhalten sind (insbesondere von Anselm von Canterbury, ca. 1033–1109, und Abaelard, 1079–1142). Diesen zufolge pocht Roscelin auf eine klare Unterscheidung zwischen der sprachlichen

Bezeichnung und dem Ding, auf das sie sich bezieht. In Universalien sieht er nichts weiter als den *Lufthauch des Sprechens,* wenn ihre Bezeichnung wiedergegeben wird (*flatus vocis;* starker Nominalismus oder sog. Vokalismus). Roscelin soll auf der Synode von Soissons 1092 seine Auffassung der Trinität widerrufen haben müssen, die er gemäss seiner nominalistischen Theorie nicht als Einheit, sondern als drei getrennte Personen betrachtete. Der anschliessende Vormarsch der nominalistischen Auffassung scheint zum Teil eine Reaktion hierauf gewesen zu sein und gleichzeitig eine emanzipatorische Wirkung gegenüber einer christlichen Ordnung ausgeübt zu haben. Als *via moderna* (neuer Weg) etabliert sich der Nominalismus neben dem traditionellen Paradigma *(via antiqua).* In den im 14. und 15. Jh. aufkommenden Universitäten entwickeln sich die Schulen häufig strikt entlang einem der beiden Wege.

Roscelins Schüler **Abaelard** (1079–1142) nimmt eine erste sprachanalytische Korrektur des strikten Nominalismus vor, der seinem Lehrer unterstellt wurde, indem er Worte unter zwei Aspekten begreift: Lautgefüge *(vox)* und Bedeutung *(sermo).* Eine solche Bedeutung, so formuliert Abaelard seine nominalistische Position, richte sich aber zunächst immer auf ein Einzelding (*dieser* A. ist ein *Mensch*) und werde nur verallgemeinert, sofern sie für alle ähnlichen Dinge zur Anwendung gebracht werde. Somit bildet eine Universalie schlicht ein unvermeidbares Konzept unserer Sprache, das aber keinen Anspruch auf eigentliche Existenz erheben kann (sog. Konzeptualismus). Mit solchen Argumenten fordert Abaelard die vorherrschende realistische Auffassung seiner Zeit heraus.

Abaelard selber findet seinen Herausforderer im Franziskaner Gelehrten **Johannes Duns Scotus** (ca. 1266–1308). Gegenüber Abaelard führt dieser ins Feld, es gäbe zwar wirklich keine universal transzendenten Ideen (Scotus nennt etwa das Beispiel der *Pferdheit*); er sieht aber durchaus eine gemeinsame Natur *(natura communis),* die alle Pferde teilen. Diese *natura communis* jedoch werde im menschlichen Denken erst in einem Abstraktionsschritt universalisiert. Seinen Standpunkt im Universalienstreit arbeitet Scotus in erster Linie am Problem des Individuums heraus, indem er sich fragt, wie ein Wesen zugleich einer Art angehören und dennoch davon unterschiedlich sein kann. Seiner Ansicht nach wird in einem Individuum die *natura communis* durch ein Prinzip der Individuation (*hecceitas,* «Diesheit») zusammengefasst. A.s Menschsein (Artbegriff) und A.s *hecceitas* sind in seinem Sein identisch und demnach nur über den mentalen Schritt der Formalunterscheidung zu trennen. Hiermit nimmt Scotus eine Mittelstellung zwischen Realismus und Nominalismus ein: zum einen anerkennt er die reale Existenz der einheitlichen Allgemeinbegriffe; zum anderen aber gesteht er den Individuen die essentiellere Seinsweise zu. Der Grund, dass ein Individuum dennoch unterschieden werden kann, hängt gemäss Scotus mit der «intuitiven Kognition» zusammen, die dem menschlichen Geist nebst der unversalisierenden, abstrakten Kognition eigen ist.

Im 14. Jh. schliesslich gewinnt die nominalistische Sichtweise an Boden und bringt ihren einflussreichsten und umstrittensten Vertreter hervor: **Wilhelm von Ockham** (ca. 1288–1347). Dieser geht von Scotus' Konzept der intuitiven Kognition aus. Er anerkennt für jeden Untersuchungsgegenstand eine einzige hinreichende Erklärung. Gemäss dem nach ihm benannten, argumentativen Sparsamkeitsprinzip (Ockhams «Rasiermesser»), versucht er in seinem Beitrag zum Streit um die Universalien die Diskussion zu ökonomisieren, indem er die Menge der erklärenden Parameter reduziert: Für Ockham gibt es nichts auf der Welt ausser Einzeldinge und deren Qualitäten. In seinen frühen Schriften bezeichnet er Universalien und Artbegriffe noch als *«ficta»*, als illusionäre Zusammenfassungen. Später erübrigt seine Lehre selbst diese als mentale Konzepte begriffenen Einheiten, indem sich seine Erkenntnistheorie auf zwei Parameter beschränkt: Das real existierende Einzelding und den mentalen Erkenntnisakt. Das Universale wird hierbei nurmehr als Eigenschaft (Qualität) des Einzeldings «mentaler Akt» angesehen *(ens in anima).* Der Allgemeinbegriff ist demnach ein mentales Zeichen, das auf mehrere Dinge verweist.

In theologischer Hinsicht zeigt sich Ockham grosszügiger. So gesteht er dem Begriff der göttlichen Dreieinigkeit durchaus aussermentale Wirklichkeit zu. Hinsichtlich seiner zeichentheoretischen Behandlung des Universalien-Problems allerdings bereitet er die spätere logisch-sprachanalytische Diskussion vor, die in der modernen Philosophie das vorherrschende thematische Feld der Auseinandersetzung bildet. In der Moderne hat besonders Ockhams Sparsamkeitsprinzip, das «Rasiermesser», Anerkennung gefunden, so bspw. bei Charles Peirce (1839–1914) und Bertrand Russell (1872–1970). Ockham wird darüber hinaus als «geistiger Vater» des konstruktivistischen Ansatzes bezeichnet (vgl. unten 5. Teil § 6, Kap. 1).

3. Teil   Rationalistisches Naturrecht

§ 1   Grundlagen

1.   Staatenbildung und politische Philosophie

Müsste eine Epoche in der Ideengeschichte herausgehoben werden als die wegweisende Zeit für die Grundlegung insbesondere des Verfassungsrechts, so wäre es wohl diejenige des rationalistischen Naturrechts (spätes 16. bis frühes 18. Jh.). Vieles, was in unserem heutigen Verständnis von Menschenrechten, in unserem staatspolitischen Denken und der Regelung unseres Gemeinschaftslebens selbstverständlich und unabdingbar erscheint, wird in dieser Phase ausgearbeitet und philosophisch begründet.

Die Denker dieser Epoche stellen sich grundsätzliche Fragen wie: Wie soll die Gesellschaft funktionieren? Wie soll der Staat aufgebaut sein? Auf welche Elemente sollen sich Gesetze stützen? Die von den prägenden Ideen des rationalistischen Naturrechts gelieferten Antworten auf diese Fragen spielen in den heutigen Verfassungen eine entscheidende Rolle. Grundsätze der Rechtsstaatlichkeit, die Menschenwürde, die Gleichheit aller Bürger oder die Gewaltenteilung werden im rationalistischen Naturrecht als Prinzipien rechtspolitisch ausgearbeitet und (teilweise) auch praktisch umgesetzt. Viele Denker zu jener Zeit wirken bei Hof als Lehrer und Erzieher, fungieren nicht selten als moralische Berater der Krone und haben aus diesen Gründen massgeblichen Einfluss auf die politischen Mächte.

Die Entwicklung des rationalistischen Naturrechts spielt sich in der beginnenden Neuzeit ab (15./16. Jh. bis 18./19. Jh.). Seit kurz vor dieser Zeit entstehen erste Territorialstaaten, eine Form des gesellschaftlichen Zusammenlebens, die sich von der mittelalterlichen Lehensordnung unterscheidet. Mit Ausnahme des Beamtenstaates Sizilien fusst bis zum 16. Jh. die Organisation der mittelalterlichen Gesellschaften auf der Standesgliederung (Lehenswesen). Ein Lehen *(beneficium, feudum)* war ein weltliches Gut wie ein Stück Land, ein politisches Amt, ein Recht (wie etwa Steuern einzutreiben). Der Eigentümer des Lehens (Äbtissin, Vogt etc.) gab dieses unter Bedingungen, z.B. gegenseitiger Treue (Zugehörigkeit zur Äbtissin) in den Besitz des Berechtigten. Die Gesellschaftsordnung ist somit durch ein Personalprinzip organisiert. Mit der Staatenentwicklung erfolgt der Schritt zum Territorialprinzip, das sich auf bestimmte, durch äussere Grenzen definierte Gebiete beruft.

2. Verschiedene Generationen von Naturrechtlern

Die früheste Periode des rationalistischen Naturrechts ist hauptsächlich geprägt von den spanischen Moraltheologen (Francisco Vitoria, 1483–1546, Francisco Suárez, 1548–1617), die sich noch stark nach religiösen Grundsätzen ausrichten. **Hugo Grotius** (1583–1645), der als Begründer des Völkerrechts gilt, fällt ebenfalls in diesen Zeitabschnitt. Er versucht ein naturrechtliches Programm festzuhalten, das in Form grundsätzlicher Rechtsregeln ein allgemeingültiges Völkerrecht umreisst.

Im Namen des rationalistischen Naturrechts beginnt ein Paradigmenwechsel. Die Vernunft bildet einen neuen und zentralen Verankerungspunkt in der ethischen, politischen und rechtlichen Argumentation. So weist Grotius darauf hin, dass die Inhalte des Völkerrechts als des grundlegenden Rechts auch unter der Annahme gelten würden, es gäbe keinen Gott. Diese universale Gültigkeit illustriert er etwa anhand der Freiheit der Meere. Nach Grotius sind alle Nationen berechtigt, alle Meere zu befahren und darauf Handel zu treiben, und keiner Nation steht es zu, Anspruch zu erheben auf einzelne Abschnitte der Ozeane.

Auf Hugo Grotius folgt eine zweite Generation von Denkern, welche die Lehre des rationalistischen Naturrechts massgeblich mitgeprägt hat. Die Generation um **Thomas Hobbes** (1588–1679),

Samuel von Pufendorf (1632–1694) und **John Locke** (1632–1704) vollzieht die Loslösung von moraltheologischen Grundsätzen noch stärker. Ins Zentrum der Betrachtung kommen die Mittel des eigenen Denkens. Im Zuge dieser Entwicklung kommt auch den neuen Naturwissenschaften eine mehr und mehr bedeutsame Rolle zu. Galilei stösst in seinen Untersuchungen auf die Fallgesetze und findet in Naturphänomenen unabänderliche (Natur-)Gesetze. In ebensolcher Weise versucht nun die Rechtsphilosophie dieser Zeit, Auffassungen des gesellschaftlichen Lebens und Staatskonzepte auf ähnlich objektivierte Grundlagen zu stützen. So, wie die empirischen Wissenschaften ihre Erkenntnisse auf wiederholbare Beobachtungen gründen und die dahinter wirksamen Naturgesetze zu beschreiben versuchen, nimmt die Rechtsphilosophie jener Zeit in diesem Sinne objektivierbare Grundlagen an, die es zu beschreiben gilt. Auf diese Weise rückt das Rationale als Begründungsmoment auch für staatstheoretische Themen vermehrt ins Zentrum.

In einer dritten Generation dieser Schule haben Gelehrte wie **Christian Thomasius** (1655–1728) und **Christian Wolff** (1679–1754) nun auch einen erheblichen Einfluss auf die weitere Entwicklung der Gesetzgebung. So prägt Thomasius etwa die Kritik an der Folter in seinen Schriften gegen die mittelalterliche Praxis. Er distanziert sich von damaligen sozial-religiösen Ideen, beschreibt sie als eine festgefahrene Form des Aberglaubens, eine pervertierte Form ursprünglicher Gebote. Insbesondere bezeichnet er sie als untauglich für die gerichtliche Beweisabnahme, wie sie etwa in Hexenverfolgungsprozessen zur Anwendung kommen. Wird den angeklagten Frauen und Männern etwa vorgeworfen, sie hätten einen Pakt mit dem Teufel geschlossen, so argumentiert Thomasius, es sei grundsätzlich für einen Menschen nicht möglich, mit der Figur des Teufels in Beziehung zu treten, geschweige denn mit ihm einen Vertrag einzugehen. Folglich dürfe ein Rechtssystem sich nicht auf solche Vorstellungen stützen, schliesst Thomasius und verlangt die Streichung der entsprechenden Normen aus den Gesetzbüchern. Christian Wolff gilt als Begründer der Begriffsjurisprudenz (juristische Methodenlehre des 19. Jh.) und Cesare Beccaria (1738–1794) fordert die Abschaffung der Todesstrafe. Er schliesst aus, dass die Gemeinschaft dazu legitimiert ist, einem Menschen das Kostbarste zu nehmen, das er besitzt: sein Leben.

Im Folgenden wird das ideengeschichtliche Wirken der **zweiten Generation** vertieft.

3. Entwicklung der Rechtsbereiche

Neben dem bereits angesprochenen Fundament des Völkerrechts werden im rationalistischen Naturrecht auch die noch heute gültigen Grundlagen des Privatrechts umrissen. Die rationelle Struktur in Vertragsrecht, Erbrecht und Familienrecht wird systematisch konzipiert. Die grösste Wirkung findet sich jedoch wie erwähnt auf dem Gebiet des Verfassungsrechts. Zum ersten Mal beruft sich in der Virginia Declaration of Rights und in der amerikanischen Unabhängigkeitserklärung von 1776 ein Grundrechtstext systematisch auf die Rechte jedes Menschen, wie sie im System des rationalistischen Naturrechts begründet sind. Zwar enthält die letztgenannte *Unanimous Declaration of The Thirteen United States of America* noch keine positivrechtlichen Garantien, doch die Menschenrechte werden klar als angeboren und unabänderlich vorausgesetzt und sollen die Leitidee und Leitplanke jeder Gesetzgebung bilden.

Rechtlich verbindliche Garantien der Menschenrechte finden sich in der *Bill of Rights,* den ersten zehn Zusatzartikeln der US-amerikanischen Verfassung, in Kraft gesetzt 1791 und bis heute anrufbar. Die französische *déclaration des droits de l'homme et du citoyen,* 1789 erlassen, wird für sehr lange Zeit als der Durchbruch der Menschenrechte in der westlichen Welt gefeiert. Sie bezieht sich allerdings ausschliesslich auf den männlichen Teil der Bevölkerung und schliesst Frauen von den Menschen- und Bürgerrechten aus. Olympe de Gouges schreibt eine Paralleldeklaration für Frauen, die von der Forschung erst in neuerer Zeit entdeckt und in deren Bedeutsamkeit entwickelt wird.

Die Ereignisse im Gefolge der französischen Revolution können als Grundidee für verschiedene Prozesse in der Geschichte angesehen werden, in denen Ideale erreicht und politisch festgehalten werden, in der Folge aber eine starke Gegenbewegung hervorrufen und oft in der Wiederkehr überkommen geglaubter Ordnungen enden. Die Realisierung der Ziele des dritten Standes, die Ideale von Freiheit, Gleichheit und Brüderlichkeit, die gesetzliche Verankerung der Menschenrechte, alle diese Errungenschaften münden in Frankreich und Europa vorläufig in der Restauration, der Rückkehr des alten politischen Systems. Erst im 19. und 20. Jh. werden diese Menschenrechte, deren philosophische Begründung jene Zeit geleistet hat, in den Staaten umfassend auf eine solide normative Ebene gebracht.

§ 2 Vertragstheoretiker

Wie wurden nun diese Ideen für eine ideale Rechtskultur und eine optimale Ausgestaltung des Staatswesens unabhängig vom religiösen Dogma entworfen? Dargestellt werden hier vorab die Theorien von drei zentralen Denkern der zweiten Generation des rationalistischen Naturrechts, die sich in der Herleitung des idealen Staates auf die Vertragstheorie stützen: Thomas Hobbes, Samuel von Pufendorf und John Locke.

1. Thomas Hobbes

a) Bestimmende Elemente

Thomas Hobbes (1588–1679) prägt durch seine Reflexion auf die Natur des Menschen eine erste zentrale rechtsphilosophische Staatskonzeption der Epoche. Sein Denken bildet – unter Modifikationen – auch heute noch einen zentralen Referenzpunkt.

In Hobbes' Abhandlung über die Anfangsgründe des Natur- und Staatsrechts liegt die Staatsmacht vollumfänglich beim König. Geprägt von den zu seinen Lebzeiten herrschenden Unruhen und Verwerfungen in seiner Heimat England sieht Hobbes die Notwendigkeit einer starken, ungeteilten Führung. Anlässlich der Einführung einer neuen Gottesdienstordnung in Schottland lehnt sich die dortige Bevölkerung auf und die Tumulte greifen rasch auf England über, wo die parlamentarischen Strukturen die Probleme nicht bewältigen können. Die Wirren in den Jahren des nun folgenden Bürgerkrieges (1642–1649) führen schliesslich zur Ermordung des Königs und gelten für Hobbes als Beleg für die Untauglichkeit eines Systems unter der Ägide eines geschwächten Herrschers. Im Exil der französischen Monarchie und vor dem Hintergrund der chaotischen Gegebenheiten in seiner Heimat versucht Hobbes also, eine Staatstheorie zur Vermeidung solcher Vorkommnisse zu begründen.

Hobbes folgt dabei der neuen naturwissenschaftlichen Methode. Er studiert Mathematik und Geometrie, und er wird in der Folge stark beeinflusst von seinen Begegnungen mit Galileo Galilei und anderen Vertretern der neuen Naturwissenschaften. Seine These unternimmt den Versuch, nach dem Vorbild der empirischen Vorgehensweise auf die Notwendigkeit einer zentralen Staatsgewalt zur Prävention von Unruhe, Umsturz und Krieg zu schliessen. Hobbes will seine Philosophie des Staates logisch herleiten wie die Physik die Fallgesetze. Die Anlehnung einer geisteswissenschaftlichen Disziplin an die Paradigmen der neuen Naturwissenschaften erfreut sich bis in die heutige Zeit – wenn auch in abgewandelten Formen – der Beliebtheit.

b) Naturrecht und Naturzustand

Wie aber funktioniert dieses Hobbes'sche Denken? Zu differenzieren sind zunächst die zwei zentralen Begriffe von *Naturzustand (state of nature)* und *Naturrecht (laws of nature)*. Der Naturzustand ist die gedankliche Fiktion, die Hobbes heranzieht und mit seinen

Erfahrungen der Kriegswirren abstimmt. In einem Gedanken-experiment versucht er sich einen Zustand ohne Staat vorzustellen und stattdessen die gesellschaftlich ursprünglichen, «natürlichen» Eigenheiten zu beschreiben. Hobbes fragt sich, wie sich der Mensch ganz ohne Staat verhalten würde, und v.a. bezeichnet er die Gefahren, die eine solche Form des Zusammenlebens birgt. Für Hobbes ist klar, dass in diesem Naturzustand v.a. die schlechten menschlichen Eigenschaften schrankenlos zum Durchbruch kämen. Methodisch stützt er seine Erkenntnisse auf geschichtliche Beobachtung und Anschauung der Welt, wie er sie vorfindet: «Wir sehen, dass alle Staaten, selbst wenn sie mit ihren Nachbarn Frieden haben, trotzdem ihre Grenzen mit militärischen Posten, ihre Städte mit Mauern, Toren und Wachen beschützen. Zu welchem Zweck sollten sie dies tun, wenn sie von den Nachbarn nichts befürchteten?» (Civ., Vorwort, S. 29). «Aber selbst wenn es nie eine Zeit gegeben hätte, da einzelne Menschen im Kriegszustand miteinander lebten, befinden sich doch zu allen Zeiten Könige und Personen von souveräner Autorität wegen ihrer Unabhängigkeit in ständiger Rivalität und in der Stellung und Haltung von Gladiatoren, die Waffen gegeneinander gerichtet und die Augen aufeinander geheftet, das heisst, ihre Festungen, Garnisonen und Geschütze konzentrieren sich auf die Grenzen ihrer Reiche und ständige Spione auf ihre Nachbarn, was eine Kriegshaltung ist.» (Leviathan, 13. Kapitel, S. 106).

Hobbes stellt fest, bereits auf der Ebene der existierenden umliegenden Staaten herrsche die stete Angst vor den Anrainern. Dass der tatsächliche Krieg nicht permanent tobe, so Hobbes, sei nichts als Zufall. In einem zweiten Schritt überträgt er diese Beobachtung von den Staaten auf die einzelnen Bürger. Auch diese fürchten sich vor ihren Nachbarn, verriegeln nachts die Türe ihrer Behausung, sorgen sich um ihr Hab und Gut, nicht selten auch um ihr Leben: «Und wenn daher zwei Menschen das gleiche verlangen, in dessen Genuss sie dennoch nicht beide kommen können, werden sie Feinde; und auf dem Weg zu ihrem Ziel (das hauptsächlich in ihrer Selbsterhaltung und zuweilen nur in ihrem Vergnügen besteht) bemühen sie sich, einander zu vernichten oder zu unterwerfen» (Leviathan, 13. Kapitel, S. 103).

Hobbes' Menschenbild ist pessimistisch. Er sieht den Menschen nicht primär Gott ähnlich, in irgendeiner Weise ideal oder auch nur vernunftbegabt. Stattdessen lehrt ihn seine sorgfältige Beobachtung, namentlich unter den chaotischen Umständen des Bürgerkriegs, dass sich menschliches Verhalten durch Aggression und Furcht charakterisiert, stets in Sorge vor einem Angriff und zugleich bereit, selber anzugreifen. An die Stelle der christlichen begründungstheoretischen Idee der Gottähnlichkeit tritt hier also die Erfahrung eines schrecklichen Kriegszustands, akzentuiert durch die berühmten Aussagen «*homo homini lupus*» (der Mensch ist des Menschen Wolf; Civ., Widmung, S. 7) und «*bellum omnium contra omnes*» (Krieg aller gegen alle; Civ., Vorwort, S. 33), der den Anstoss bildet zur Frage nach einer gerechten und funktionsfähigen Staatsordnung. Hobbes schliesst, es liege im Wesen des Menschen, Angst zu verbreiten und Angst zu haben. Folglich ist für ihn eine funktionierende Gesellschaft ohne schützende Staatsgewalt undenkbar. Es ist für Hobbes offensichtlich, dass einer Staatsorganisation in erster Linie die Aufgabe zufällt, diese Schwäche des Menschen und den daraus folgenden kriegerischen Naturzustand in geordnete, friedliche Bahnen zu lenken.

Von dieser Überzeugung ist es bloss ein kleiner gedanklicher Schritt, diesen Staat mit maximalen Kompetenzen auszustatten. Gemäss Hobbes kann nur eine starke Staatsgewalt diese Ausgangslage kontrollieren. Mit dem Modell des *Leviathans* entwirft der britische Philosoph das Idealkonzept dieses allmächtigen Staatsgebildes. Dem Zweck der Beherrschung des allgegenwärtigen Gewaltpotenzials der Bürger untereinander wird nur eine souveräne Obrigkeit gerecht. Hobbes' ausgesprochen negatives Menschenbild im Naturzustand ruft nach einem monarchisch ordnenden Staatsmodell.

c)   Gesellschaftsvertrag als Ausweg aus dem Naturzustand

Diesen Staat will Hobbes jedoch nicht auf dem Weg einer beliebigen
Machtusurpation installiert sehen. Vielmehr schlägt er das Mittel
des *Gesellschaftsvertrags* vor. Dieser Vertrag stellt eine Abmachung
der Bürger dar, die miteinander vereinbaren, eine Staatsgewalt einzusetzen. Hobbes fragt sich, wie eine Gesellschaft im Naturzustand
an den Punkt gelangt, eine solche Vereinbarung zu treffen und wie
dieser Kontrakt im Einzelnen beschaffen sein muss, um seinen
Zweck zu erfüllen.

Da jeder Mensch im Naturzustand um sein Leben und um seinen
Besitz fürchtet, muss zwangsläufig ein Wunsch nach einer Lösung
bestehen, eine gewisse Sicherheit herbeizuführen. Aus Hobbes'
Sicht kann eine solche Garantie nur durch einen Pakt des gesellschaftlichen Friedens erreicht werden. Das Konzept sieht vor, dem
Streben nach Sicherheit zu entsprechen, indem man sich auf eine
überparteiliche Instanz verständigt, die alle Entscheidungs- und
Verfügungsgewalt auf sich vereinigen soll. Die Angst, die im Naturzustand omnipräsent ist, soll abgelöst werden durch Furcht vor
gerechten Sanktionen dieser Instanz. Hobbes geht davon aus, dass
diesen Preis jeder Mensch zu zahlen bereit sein würde, da dadurch
das Privileg eines gesicherten Lebens unter friedlichen Umständen
erstanden werden kann. Freiwillig gibt jeder Bürger ein Stück seiner Autonomie auf und erhält dafür den Schutz vor Chaos, Umsturz
und willkürlicher Gewalt.

Dieser Gesellschaftsvertrag soll ein Abkommen eines jeden Bürgers
mit einem jeden Bürger sein. Unter der Bedingung, dass es ihm jeder andere gleichtut, verzichtet jeder Bürger auf sein Recht, über
sich selber zu verfügen, und delegiert diese Kompetenz an den Staat.
So soll ein Monarch mittels eines umfassenden gesellschaftlichen
Einverständnisses – mithin des Einverständnisses jedes einzelnen
Bürgers – legitimiert werden. So wird der nunmehr unangefoch-
tene Leviathan eingesetzt, um Friede und Schutz zu garantieren.
Das kirchliche Dogma eines göttlich auserwählten Herrschers sieht

sich im Konzept von Hobbes ersetzt durch ein aus einer freien Entscheidung der Bürger eingesetztes Oberhaupt.

d) Staatliche Macht aus Zustimmung der Bürger

Die Macht im Staat stützt sich also in der revolutionären Idee
Hobbes' auf den Gesellschaftsvertrag. Dessen gedankliches Fundament basiert seinerseits auf der Beobachtung des Menschen als
eigennütziges, kriegerisches Wesen. Das Modell des Leviathans re-
kurriert nicht auf ein ideales Sollen; vielmehr bilden reale Begeben-
heiten den Ausgangspunkt der Staatstheorie. Zwar nimmt auch die
christliche Theorie den Menschen als Ausgangspunkt, beschreibt
ihn aber in seinem biblischen Zusammenhang, insbesondere in
seinem Verhältnis zu Gott. Hobbes aber rückt nun eine äussere
Verhaltensweise des Menschen als Begründung für seine Staatsphilosophie ins Zentrum. Nicht ein religiös-metaphysisches Ziel oder
eine kosmologische Ordnung bestimmt die beste gesellschaftliche
Organisationsform, sondern die Reflexion der konkreten menschlichen Gegebenheiten und Verhaltensweisen selbst.

Hobbes spart nicht mit Bezügen zur biblischen Tradition. Nicht
nur nennt er seinen Staat «Leviathan» nach dem Seeungeheuer der
jüdisch-christlichen Mythologie, er stellt markant fest: «Das ist die
Entstehung jenes grossen Leviathan oder besser (um ehrerbietiger
zu sprechen) jenes sterblichen Gottes, dem wir unter dem unsterb-
lichen Gott unseren Frieden und unsere Sicherheit verdanken.»
(Leviathan, 17. Kapitel, S. 145). Diese Anleihen aber akzentuieren
die neue, gewissermassen säkularisierte Gesellschaftsordnung, die
sich wohl weiterhin unter dem Gewölbe eines «ewigen Gottes» organisiert, sich aber selbstständig und aus freien Stücken ihre Grundlage schafft. Die Gottesordnung ist für die Begründung der Staatstheorie obsolet geworden.

Eine weitere historische Neuerung dieses Vertragsmodells ist neben
der Begründung auch sein Zweck. Waren vormals Staaten in ihrer
Struktur auf ein jenseitiges Reich ausgerichtet, dessen Normativ die

gesellschaftliche Ordnung zu entsprechen hatte, so soll der Vertrag gemäss Hobbes einzig auf Frieden und Ordnung im Hier und Jetzt ausgerichtet sein. Es geht nicht mehr um das Seelenheil des Einzelnen oder um das Ideal einer göttlichen Gesellschaftsordnung; Hobbes leitet seine Staatstheorie von realen Umständen ab und zielt auf einen realen, tatsächlichen Frieden zwischen den Menschen. Um dies zu erreichen, muss ein absoluter politischer Souverän eingesetzt werden, damit er in der Lage ist, den Vertrag durchzusetzen und die ihm überantwortete Pflicht zu erfüllen.

e) Rechte der Menschen

Hobbes geht in seiner Schrift von einer grundsätzlichen Gleichheit der Fähigkeiten der Menschen aus. «Die Natur hat die Menschen in den körperlichen und geistigen Fähigkeiten so gleich geschaffen, dass sich zwar zuweilen einer finden lassen mag, der offensichtlich von grösserer Körperkraft oder schnellerem Auffassungsvermögen ist als ein anderer; jedoch wenn man alles zusammenrechnet, ist der Unterschied zwischen Mensch und Mensch nicht so beträchtlich, dass ein Mensch daraufhin irgendeinen Vorteil für sich fordern kann, auf den ein anderer nicht so gut einen Anspruch erheben könnte.» (Leviathan, 13. Kapitel, S. 102). Hobbes fährt fort: «Und was die geistigen Fähigkeiten betrifft (abgesehen von den auf Worten begründeten Künsten und besonders von jener Fähigkeit, nach allgemeinen und unfehlbaren Regeln vorzugehen, Wissenschaft genannt […]), so finde ich noch eine grössere Gleichheit unter den Menschen als hinsichtlich der Körperkraft. Denn Klugheit ist nur Erfahrung, die der gleiche Zeitaufwand allen Menschen gleichermassen in Dingen verleiht, denen sie sich in gleicher Weise widmen.» (Leviathan, 13. Kapitel, S. 102).

Er sieht den Menschen in seinem blossen Dasein mit Rechten ausgestattet, die ihm nicht erst jemand zubilligen muss. Im Naturzustand beziehen sich diese Rechte auf Selbsterhaltung. Der Mensch hat das Recht, sich zu schützen und auf seinen Eigennutz abzuzielen. Weil aber der Gebrauch dieses Rechts zwangsläufig negative Auswirkungen nach sich zieht, sollen diese Rechte übertragen werden, so dass ein anderer für die Erhaltung der Menschen sorgt. Auf diese Weise können sich die Menschen der Verwirklichung ihrer positiven Eigenschaften widmen, sei es in der Arbeit, der Religion, der Pflege von Besitztümern. Innerhalb der vom Leviathan gesetzten Grenzen soll der einzelne Bürger ein freies Leben führen können, wobei ihm jedoch keine modernen Freiheitsrechte wie etwa die Meinungsäusserungsfreiheit zukommen sollen. In welcher konkreten Form sieht Hobbes hierbei die Souveränität des Staates? Die Macht soll ungeteilt beim alleinigen Herrscher liegen. Von der Idee einer Gewaltenteilung, wie sie etwa Locke und Montesquieu vorsehen werden, sieht er ab. Dieser allmächtige Souverän ist keiner Instanz gegenüber verantwortlich. Das absolute Staatsoberhaupt darf nach eigenem Gutdünken walten, solange es seinen Zweck erfüllt, Frieden und Ordnung zu gewährleisten. Scheitert der Herrscher aber an dieser einen zentralen Aufgabe, verliert er seine Legitimation, und die Bürger dürfen ihn absetzen. Seine Macht ist also einzig durch die Vorgabe eines klar definierten Ziels beschränkt. Leviathan soll seine Gewalt als Mittel einsetzen, Sicherheit und Ordnung zu erhalten.

Die Staatstheorie Hobbes' prägt eine scharfe Trennung zwischen dem Naturrecht im Naturzustand und dem Gesetz, das sich eine solche vertragseinige Gesellschaft in ihrem vom Leviathan beherrschten Staat gibt. Wiederum greift der Gedanke der neuen Naturwissenschaften, indem Hobbes eine Zwangsläufigkeit eines solchen Vertrags postuliert. Es ist die Vernunft des Menschen, die ihn dazu bringt, freiwillig seine Naturrechte auf eine staatliche Herrschaft zu übertragen. In einer rationellen Analyse der eigenen Situation, so Hobbes, muss jeder einzelne Bürger zum Schluss kommen, von der Übertragung seiner Naturrechte auf eine omnipotente Staatsgewalt zu profitieren.

Auf diese Weise rückt Hobbes das Vernunftrecht als Gegenstück des ursprünglichen Naturrechts ins Zentrum seiner Staatsphilosophie und wird zu einem der Begründer der rationalistischen Naturrechtslehre. Diese zeichnet sich aus durch einen Verzicht auf eine metaphysische Begründung für die Staatsstruktur selbst. Es ist alleine die Vernunft, die Einsichtsfähigkeit des einzelnen Bürgers, die früher oder später im Sinne einer Gesetzmässigkeit zu dem von Hobbes vorgestellten Staatsmodell führen wird. Die Ziele, die der Bürger im Naturzustand erreichen will, sind im System des Leviathans günstiger und sicherer zu haben, weshalb er sich gemäss seiner Vernunft dazu entschliessen muss.

Rechtsgesellschaftliche Vorschläge werden in jener Zeit des rationalistischen Naturrechts aus einer Vernunftanalyse hergeleitet, eine rationale Moralbegründung für Staat und Gesellschaft. Zentral für diese These des Gesellschaftsvertrags ist der Grundsatz *pacta sunt servanda* («Verträge sind einzuhalten»). Zu diesem Konzept der Gerechtigkeit gehört unbedingtes Einhalten des geschlossenen Vertrags und somit unbedingte Unterordnung unter den eingesetzten Monarchen. So sieht Hobbes die Gleichbehandlung der Menschen als unabdingbare Aufgabe des Staates. Ebenso haben die Richter unparteiisch zu sein. Diverse Grundrechte, die heute in den demokratischen Verfassungen stehen (Art. 8 BV für die Rechtsgleichheit und Art. 30 Abs. 1 BV für gerichtliche Behörden) zeichnen sich unter anderen in den Gedanken Hobbes' mit ab. Allerdings sieht Hobbes keine Möglichkeit der Intervention für die Bürger vor, falls der starke Staat fehlbar werden sollte. Ebenso eindeutig gestaltet er die Vorherrschaft der Staatsmacht gegenüber der Kirche aus. Hobbes' Theorie legt es augenscheinlich nahe, das Religiös-Moralische geringer zu gewichten und der Organisation der Kirche eine dem Staat klar untergeordnete Rolle beizumessen.

Es stellt sich nun die Frage, wo Hobbes die Grenze zieht, was die Macht des Staates anbelangt. Wenn es seine Absicht ist, Ordnung und Frieden durch sein Modell herbeizuführen, so muss er doch für den Fall vorgesorgt haben, dass der Staat die ihm zugedachte Funktion aus irgendeinem Grund nicht mehr erfüllen, oder sogar selbst, ganz wie ein Akteur im Naturzustand, den Bürgern nach dem Leben trachten sollte. Hobbes sieht in einem hypothetischen dysfunktionalen Handeln des Staates denn auch einen Bruch des Vertrags, womit die Bürger als Vertragsparteien nicht mehr an ihre Verpflichtungen gebunden wären. Bricht etwa ein Bürgerkrieg aus, sind die Vertragsbedingungen ausser Kraft und jeder Bürger wird erneut auf sich selbst gestellt, seine Interessen verfolgen. Einzig eine solche Situation rechtfertigt nach Hobbes ein Aufbegehren gegen den Staat.

Hobbes hält jede aus Idealen hergeleitete Ordnung für wertlos, solange sie nicht in der Lage ist, die Menschen in einem Staat voreinander zu schützen. Gedanken zum Platz des Menschen im Kosmos oder seiner Abkunft aus dem Paradies sind für ihn unnütz, wenn sich aus ihnen keine friedvolle Gesellschaftsform ableiten lässt.

f)   Kritik

Die Kritik an Hobbes setzt mit der Erfahrung der letzten Jahrhunderte an. Wie sich gezeigt hat, können Machtkonzentrationen – selbst wenn sie dafür gedacht sind, die Menschen zu schützen – zu unvorstellbaren Katastrophen führen. Zu denken ist an Exzesse von Unrechtsstaaten wie jene der Nazi-Herrschaft oder des stalinistischen Regimes. Die Frage, in welchem Ausmass Hobbes gerade das repressive Potential des allmächtigen Leviathans gegen die schutzbefohlenen Bürger unterschätzte, ist der Ansatzpunkt vieler seiner Kritiker (exemplarisch: Leo Strauss [1899–1973], Joseph Vialatoux [1880–1970]).

Die ursprüngliche Theorie Hobbes' wird entsprechend kaum mehr vertreten, indessen liegen Rezeptionen dieser Theorie in der Form des demokratischen Souveräns als absolutem Herrscher vor. Auch diese Interpretation ist indes nicht ohne Kritik geblieben, insbesondere hinsichtlich fehlender Rechtstaatlichkeit und des mangelnden Schutzes der Rechte von Minderheiten.

2. Samuel Pufendorf

a) Biographische Einbettung

Bis zu einem gewissen Mass haben die Denker des Vernunftrechts den Staat in seiner heutigen Konzeption vorbereitet. Dies gilt auch für Samuel Freiherr von Pufendorf (1632–1694), Schüler des Aufklärers und Mathematikers Erhard Weigel. Im Dänisch-Schwedischen Krieg gerät er in Gefangenschaft und findet sich somit in ähnlicher Weise wie Hobbes konkret mit den Gräueln kriegerischer Auseinandersetzungen konfrontiert. Während seiner Haft reflektiert und analysiert Pufendorf die Kriegserfahrungen, die sein Denken nachhaltig prägen. Sein Hauptwerk «*De iure naturae et gentium libri octo*» («Acht Bücher vom Natur- und Völkerrecht») wird zu einer der berühmtesten philosophischen Abhandlungen zur Staatslehre. In seiner Vernunftlehre bezieht er sich stark auf Thomas von Aquin, arbeitet allerdings intensiv die thomistische Vernunft in dessen Argumenten heraus und versucht diese von der biblischen Doktrin loszulösen. Dieser Ansatz wird zu einem Erfolg, sein Werk geniesst hohes Ansehen und findet rasche Verbreitung. Nicht zuletzt dürfen seine Texte als vorbereitende Gedankensysteme für die amerikanische Aufklärung und mithin für das moderne Verständnis eines Rechtsstaats gesehen werden.

b) Vernunft und Erfahrung

Typisch für diese Zeit findet sich auch bei Pufendorf eine vertiefte Auseinandersetzung mit dem Problem von Vernunft und Erfahrung als Erkenntnismittel. Pufendorf versucht, das Naturrecht mithilfe blosser Vernunft (ohne Bezugnahme auf eine Moraltheologie) zu ermitteln. Er ist der Auffassung, in der Natur des Menschen sei ein Gesetz angelegt, das es zu erkunden und zu befolgen gelte. Die Betrachtung des Menschen steht wieder im Vordergrund und Pufendorf geht davon aus, dass sich ebendiese Betrachtungen mit der Vernunft einordnen und sich allgemeine Grundsätze daraus ableiten lassen. Die Vernunft und vernünftige Beobachtung gehen allem

Dogma vor. Pufendorf beschreibt die Vernunft demnach als eine gesetzmässige Struktur, die einen verlässlichen Massstab für Kritik und Diskussion der Betrachtungen abgibt. Begründet wird damit eine Autonomie der theoretischen Vernunft. Die Position ist fernab vom Konstruktivismus (vgl. unten, 5. Teil, § 6, Kap. 1): Vernunft ist für Pufendorf ein Mittel zur Erkenntnis der Naturgesetze und des Naturrechts, aber sie bringt sie nicht hervor. Vernunft hat für Geltung und Inhalt des Naturrechts keine konstitutive Kraft.

Eine neue Methode liegt in Pufendorfs Vorgehen, historische Rechtsgrundlagen als Form der Erfahrung zu sammeln, um sie für die Diskussion der Staatstheorie zugänglich zu machen. Anstelle einer idealen Ableitung des Rechts trägt Pufendorf im Erfahrungshorizont der Jahrhunderte alles zusammen, was die antiken, mittelalterlichen und damals modernen Geschichtsschreiber über Sitten und Gesetze der Völker überliefern, und versucht, gestützt auf vernünftige Sichtung die eigene Theorie darauf aufzubauen. Es ist sein Ziel, allgemeine Gesetze zu orten, die in dieser weiten Betrachtung der Völker und des Rechts durch ihre Konstanz über einen langen Zeitraum als wiederholendes Muster *(Ornament)* auffallen. Pufendorf versucht auf diese Weise, eine Art Massstab bleibender Werte für das gesellschaftliche Zusammenleben herauszuarbeiten. Zusammen mit der Analyse der menschlichen Natur ist für Pufendorf Einsicht in die geschichtliche Erfahrung eine zentrale Grundlage, um eine gerechte gesellschaftliche Ordnung entwickeln zu können.

c)   **Entia physica und entia moralia**

Bei der Betrachtung des Menschen geht Pufendorf von einem dualen Konzept einer physischen und einer moralischen Wesenheit aus. Aus dieser Unterscheidung der Gestalt ergibt sich wiederum eine Unterscheidung der Funktionen, die natürlich-körperlichen Bedürfnisse wie Schlafen, Essen etc. *(entia physica)* auf der einen und das Erkenntnisvermögen der Person und damit ihre Moralfähigkeit *(entia moralia)* mit einem freien Willen auf der anderen Seite.

Aus der Moralfähigkeit *(entia moralia)* folgt für Pufendorf, dass eine Handlung äusserlich gleich ausgeführt, moralisch jedoch völlig unterschiedlich zu bewerten ist. Alle Tätigkeiten können als äussere physikalische Handlungen betrachtet werden; damit ist es aber nicht getan; menschliche Handlungen sind gleichzeitig wertekonstituiert. Denn eine körperliche Verletzung eines Menschen ist völlig unterschiedlich zu beurteilen, je nachdem, ob sie in Absicht einer vorsätzlichen Tötung oder aus Notwehr erfolgt. Alle Handlungen des Menschen sind so der Beurteilung unterworfen, ob und inwiefern sie richtig oder moralisch wertvoll geschehen.

Aus der Naturkausalität des Menschen *(entia physica)* leitet Pufendorf nicht eine Abwertung der Menschen (wie im Sinne des Sündenfalls) ab, sondern deren Hilfsbedürftigkeit. Der Mensch ist als Ausdruck seiner naturkausalen Beschaffenheit viel stärker als andere Lebewesen auf andere angewiesen. Ein Mensch ist in seinen ersten Lebensjahren aussergewöhnlich abhängig und braucht viele Jahre, bis er Ansätze von Selbstständigkeit entwickelt, wohingegen sich etwa ein neugeborenes Fohlen bereits nach wenigen Stunden innerhalb der Herde bewegen kann. Sowohl die Moralfähigkeit als auch die Bedürftigkeit werden so Grundlage eines **sozialen Kulturkonzepts**: Der Mensch soll sich in der Gemeinschaft zusammenschliessen, soll als Ausdruck der Moralfähigkeit gemeinsame Werte aufbauen, um auch die spezifische Bedürftigkeit des Menschen zu schützen. Die so entstehende staatliche Gemeinschaft schützt davor, Ursachen zu setzen, die Menschen verletzen. Aus der Kulturnotwendigkeit der Menschen fordert Pufendorf einen gesellschaftlichen Bund, ein soziales Kulturkonzept, das letztlich ebenfalls Ausdruck der *entia moralia* ist: Die dieses verwirklichenden Gesetze und Verträge bringen die moralische Kompetenz des Menschen zum Ausdruck.

Pufendorf verweist darauf, dass dieses Modell der Doppelnatur des Menschen, bestehend aus einem physischen und einem moralischen Aspekt, auch der Gesetzgebung zugrunde zu legen sei. Ein

Gesetz muss nach Pufendorf einerseits die natürliche Bedürftigkeit des Menschen reflektieren. Andererseits muss die wechselseitige Achtung, die Pufendorfs Bild des Menschen erfordert, auch im Recht zum Ausdruck kommen. Dieser Grundgedanke soll sich nicht bloss in Abwehrrechten aussprechen, die den einzelnen Menschen vor Schädigung und Einschränkung durch andere schützen.

d)   Grundkomponenten der menschlichen Natur

Pufendorf stellt in seiner Beschreibung des Menschen ähnlich wie bereits Hobbes einen «Selbsterhaltungstrieb» *(amor sui)* fest. Er hebt darüber hinaus auch die grundlegende Bedürftigkeit des Menschen hervor, sobald er auf sich allein gestellt ist. Für dieses Empfinden verwendet er den Begriff der «Hilflosigkeit» *(imbecillitas)*. Pufendorf sieht in dieser starken Abhängigkeit eine besondere Eigenheit des Menschen, die für die Staatsgründung und Ausgestaltung des Staates spezifisch bedacht werden muss (vgl. hiervor c). Als ein drittes Charakteristikum sieht Pufendorf dasjenige, das den Menschen immer wieder reizt, anderen zu schaden; eine Eigenheit, die er *pravitas animi* («Gesinnung zur Schädigung anderer») nennt. Pufendorf beschreibt den Menschen unter diesem Blickwinkel als ein Wesen, das niemals genug hat und niemals zufrieden sein kann. Er führt diese Beobachtung mit einem Mensch-Tier Vergleich weiter aus: Hat ein Tier etwas gegessen, so ist es zufrieden. Hat ein Mensch genügend zu essen, so reicht ihm dies nicht; er strebt nach Gaumenkitzel, anderen Nahrungsmitteln und Delikatessen. In Pufendorfs Menschenbild spielt demnach ein Machtstreben eine zentrale Rolle, ein unveräusserlicher Trieb, sich besserzustellen und gegen andere Menschen durchsetzen zu wollen. Im Konzept eines Staates sind also nicht bloss Werte wie Solidarität oder Freundschaft als vernunftgemässe Haltungen vorauszusetzen, wie das bei Aristoteles geschieht, sondern es sind gerade die schadhaften, eigennützigen Wesensmerkmale der Menschen vorauszusehen und zu berücksichtigen.

Selbsterhaltung *(amor sui)*, Hilflosigkeit *(imbecillitas)* und Gesinnung zur Schädigung anderer *(pravitas animi)* bilden die Trias von Eigenschaften, aus denen Pufendorf die *Geselligkeit* herleitet, das oberste Prinzip seiner Vorstellung von Naturrecht. Der Mensch kann mit diesen Eigenheiten nur sinnvoll umgehen, wenn er sich mit seinesgleichen, eine Kultur bildend, zusammenschliesst. Nur in der *Gesellschaft* gibt es die Möglichkeit, den natürlichen Bedürfnissen des Menschen zu entsprechen und seinen natürlichen Anmassungen Einhalt zu gebieten. Dieser Zweck wird in den Gesellschaften mittels Gesetzen durchgesetzt. Er sieht nur die grösserflächig organisierte, staatliche Gemeinschaft in der Lage, auf längere Sicht das Wohl der Bürger zu garantieren. Die Gesellschaft als Ganzes aber kann sich gegenseitig helfen oder hat zumindest die besten Voraussetzungen dazu. Hierbei ist zu bedenken, dass Pufendorf die Geselligkeit nicht einfach als einen aufgefundenen Instinkt beschreibt, sondern als Sollen, das für ein vernünftiges Konzipieren der Gemeinschaft notwendig mitgedacht werden muss. Auch wenn Pufendorf selbst nicht an einen Sozialstaat denkt, werden seine Konzepte mitunter als Grundlage zeitgenössischer Sozialstaaten herangezogen.

e)   Menschenwürde und naturrechtliche Gleichheit

Zur Begründung des sittlichen Zusammenlebens beruft sich Pufendorf auf die Menschenwürde, die er aus der schlichten Entsprechung des menschlichen Gegenübers herleitet: «Denn gewisslich hat jene [gemeine Liebe] keine andere Ursache zum Grunde, als die Gleichheit der menschlichen Natur […] Zum Exempel, wenn die Ursache zu geben wäre, warum ein Mensch dem andern nicht solle Schaden tun. So würde man nicht sagen: Darum, weil ihm solches gut [nützlich] ist, ob es wohl an sich auch richtig wäre; sondern es würde vielmehr heissen: Weil der andere auch ein Mensch, und einer dem andern von Natur so nahe verwandt ist, deswegen es das grössteste Unrecht wäre, wenn sie einander beschädigen wollten.» (De iure naturae et gentium II, 3,18). Diese berühmte Stelle postu-

liert eine fundamentale menschliche Verwandtschaft, wie sie als
Idee in der Geschichte der Anthropologie immer wieder auftaucht
(vgl. Antiphon, 1. Teil, § 2, Kap. 3.c). Pufendorf hebt diese Verwandtschaft ab von einem blossen Kalkül, das im Respekt gegenüber anderen Menschen ein Mittel zur Optimierung des eigenen
Nutzens darstellt (utilitaristisches Nutzenkalkül). Dieses Konzept
beruht auf einer vorbehaltlosen Achtung jedes einzelnen Menschen,
d.h. auf seiner Würde, die vom jeweiligen Staat als zentrales Prinzip
anerkannt, als Ausdruck von Kultur gesellschaftlich gepflegt und
rechtlich geschützt werden soll. Der eigentliche Sinn der Gemeinschaft liegt nach dieser Ansicht letztlich in der Wahrung der Würde
jedes *einzelnen* Menschen. Sie kommt allen Menschen gleichermassen zu und impliziert zwingend eine naturrechtliche Gleichheit. Sie
impliziert auch einen auf individueller Freiheit beruhenden Ver-
tragsbegriff.

Ein berühmtes Beispiel Pufendorfs hierfür ist die bei ihm grundgelegte Gleichheit in der Ehe: Auch wenn er selbst eine «leichte
Herrschaft» von Männern favorisiert, ist die konkrete Ausgestaltung
den Partnern überlassen, was mithin die Ehefreiheit grundlegt. Es
kann nach Pufendorf insofern keine allgemeine Eheherrschaft geben, sondern nur eine besondere: Wie diese gestaltet wird, bestimmen die Partner nach dem Recht der Natur selber, solange es ihnen
die Gesetze nicht verbieten. Gesetzestexte wie das Schweizerische
Zivilgesetzbuch sehen bis 1988 ein patriarchalisch geprägtes Ehe-
modell vor. Bereits in der Frühmoderne werden jedoch Theorien
entwickelt, die von einer Gleichheit der Ehepartner ausgehen. Bei
der Reform des Schweizer Eherechts im Jahr 1988 zur Implementierung des Grundsatzes der Gleichberechtigung zwischen Frau und
Mann werden denn auch Textpassagen von Pufendorf herangezogen – mit dem Hinweis, dass schon im 17. Jh. von einer Gleichheit
ausgegangen wurde, die nunmehr zu übernehmen sei.

Der von Pufendorf mit entwickelten Menschenwürde kommt in aktuellen Verfassungsbeschwerden zentrale Bedeutung zu. Zur Wahrung der Würde jedes einzelnen Menschen siehe etwa BVerfGE 115,

118 (deutsches Bundesverfassungsgericht, 15. Februar 2006), wonach es mit der Garantie der Menschenwürde unvereinbar ist, ein Flugzeug abzuschiessen, das gegen das Leben von Menschen eingesetzt werden soll, wenn davon unbeteiligte Menschen an Bord des Luftfahrzeugs betroffen werden (vgl. zur Herleitung des absoluten Werts eines jeden Menschen ebenso 4. Teil [Kant]).

f) Staatsgründung in drei Stufen

Um das Ideal des die Würde und gleichzeitige Hilfsbedürftigkeit der Menschen respektierenden Gemeinschaftslebens zu garantieren, ist für Pufendorf eine dreistufige Staatsgründung erforderlich. Zur Errichtung derselben wird vorgeschlagen, dass (1) die künftigen Bürger miteinander einen Vertrag eingehen, um eine beständige Gemeinschaft zu gründen, die ihrem Wohl und ihrer Sicherheit durch gemeinsamen Rat und gemeinsame Führung dienen soll. Die Grundlage der Staatsgründung besteht also in einem freiwilligen Vereinungsvertrag (sog. *pactum unionis*). Diesem Vertrag folgt (2) ein weiterer Vertrag über die Regierungsform. Ob dies nun ein präsidiales oder parlamentarisches System sei, soll durch die Bürger selbst festgelegt werden. Im letzten Schritt (3) soll beschlossen werden, welchen Personen und Gremien die Regierungsverantwortung übertragen wird. Diese eingesetzte Obrigkeit wird zur Sorge für das Gemeinwohl und die allgemeine Sicherheit verpflichtet. Die übrigen Bürger wiederum verpflichten sich zu Gehorsam (sog. *pactum subjectionis*).

Dadurch geschehen zugleich die Unterwerfung und die Einigung aller einzelnen Bürger unter einen gemeinsamen Willen, wodurch der Staat zu einer Einheit wird. Im Unterschied zu Hobbes steht diese Staatobrigkeit jedoch nicht über dem Vertrag, sondern ist in den *pactum subjectionis* als eingesetzter Körper eingebunden. Auch beschränkt sich die Aufgabe des Staatsoberhaupts nicht bloss auf die Verhinderung von kriegerischen Auseinandersetzungen und anderen schadhaften Entwicklungen zwischen den Menschen, sondern soll ebenso involviert sein in Schaffung und Erhalt des Gemeinwohls. Der Staat soll in der Theorie Pufendorfs die moralische Haltung, die ihn aus naturrechtlicher Sicht notwendig macht, nicht bloss schützen, sondern aktiv verwirklichen. Der Hilflosigkeit als existentieller menschlicher Eigenschaft soll durch entsprechende staatliche Vorkehrungen bis zu einem gewissen Grad Abhilfe geschaffen werden. Dies kann jedoch nur gelingen, wenn sich die Bürger in dieser positiven Haltung gegenüber den Mitmenschen üben, wozu sie im staatlichen Kontext am ehesten angehalten werden. Die Pufendorfsche Konzeption entwickelt und erfasst die staatliche soziale Gemeinschaft als Grundlage des menschlichen Zusammenlebens letztlich als kulturelle Entwicklung.

3. John Locke

a) Grundpositionen und Biographie

John Locke (1632–1704), ein weiterer stark rezipierter Vertreter der rationalistischen Naturrechtslehre, steht für ein liberales Staatsmodell. Anders als Pufendorf leitet er sein politisches Denken unmittelbar von der Freiheit des Einzelnen ab, während Aspekte der Überwindung der Hilfsbedürftigkeit und der gemeinschaftlichen Solidarität in den Hintergrund treten. Wie Pufendorf fundiert auch Locke in seinen Schriften eine naturrechtlich begründete Verfassungstheorie, die noch heute weltweit eine Vielzahl der Rechtsordnungen prägt. Die beiden Grundauffassungen bilden in wechselnder Gewichtung Grundelemente zeitgenössischer Rechtsgefüge. Es zeigt sich, dass sich die Aspekte der hier in den Grundzügen entwickelten Denkpositionen nicht nur für das Staatsgefüge als solches, sondern als Orientierungspunkte für eine gerechte gesellschaftliche Ordnung auch in allem institutionalisierten Handeln zeigen, wie etwa im Rahmen der Gesetzesinterpretation und Rechtsprechung der Gerichte: Wie liberal oder sozial Gesetze interpretiert werden, ist regelmässig Gegenstand der juristischen Hermeneutik. Im Rahmen der Auslegungskunst lassen sich Gesetze für einen Einzelfall regelmässig liberaler oder unter stärkerer Gewichtung des

Schutzgedankens (Konsumentenschutz, Umweltschutz etc.) interpretieren.[3]

Locke stellt sich wie Pufendorf die Frage, in welcher Form ein Staat zum Wohl seiner Bürger ausgestaltet werden müsse. Seine Theorie des Liberalismus baut auf den Leitmotiven der angeborenen Menschenrechte auf und enthält sowohl Grundzüge der Demokratie als auch der konstitutionellen Monarchie. In England ist man Lockes Ideen gegenüber skeptisch. Er wird bespitzelt und flieht nach Holland ins Exil, wo er eine richtungsweisende Schrift verfasst, die *Epistola de tolerantia* (Toleranzbrief). Dieses Traktat untersucht, wie der Staat mit Religionsausübung umgehen soll. Locke hat darin sehr wichtige Toleranzgrundsätze entwickelt, die als Vorläufer der heutigen Glaubens- und Gewissensfreiheit (Art. 15 BV) verstanden werden (vgl. BGE 142 I 49 E. 3.2). 1689 werden seine berühmtesten Schriften veröffentlicht, die Zwei Abhandlungen über die Regierung (*«Two Treatises of Government»*), in welchen er die Grundpfeiler des staatlichen Zusammenlebens beschreibt: Gewaltenteilung, Souveränität des Volkes und Wahrung des Privateigentums. In seinen Abhandlungen bemängelt Locke das seinerzeit vorherrschende Modell der absolutistischen Monarchie und stellt stattdessen ein liberales Konzept einer Kooperation von Volk und Regierung vor. Im Mittelpunkt dieses liberalen Regierungsmodells sieht Locke die individuelle Freiheit und die generelle Ablehnung autoritärer Einmischung. Besonders populär werden Lockes Thesen zur Zeit der Aufklärung und finden sich beispielsweise in der amerikanischen Unabhängigkeitserklärung von 1776 und in der französischen Verfassung von 1791 wieder. Locke schafft darüber hinaus die geistigen Grundpfei-

---

[3] Hinzuweisen ist darauf, dass der Begriff «liberal» gerade in der Gerichtspraxis sehr heterogen verwendet wird, d.h. nicht nur für wirtschaftsliberale Positionen, sondern auch für die freiheitliche – sozialliberale (progressive) – Auslegung von Grundrechten im Sinne der Selbstbestimmung des Individuums. Gemeinsam ist der Fokus auf das Individuum.

ler für die *Glorious Revolution* der Gegner des königlichen Absolutismus im Jahr 1688, welche die Einführung der konstitutionellen Monarchie in England bewirkt. Die Ideen von Eigentum, Gewaltenteilung und Freiheit werden zu festen Komponenten der neuen Herrschaftsform. Lockes politisches Gedankengut ist jedoch nicht nur für die Entwicklung der konstitutionellen Monarchie in England von zentraler Bedeutung, sondern auch für die weltweite Entfaltung der parlamentarischen und rechtsstaatlichen Demokratie. Aufgrund seiner liberalen Staatstheorie wird Locke als Begründer des Liberalismus bezeichnet. (Zu John Lockes Erkenntnistheorie vgl. 4. Teil, § 2, Kap. 1, Kant).

b)   Naturzustand

Auch Locke zieht für die Entwicklung seiner Staatstheorie den Naturzustand heran. Der Naturzustand wird auch bei ihm in Bezug auf ein gedeihliches Zusammenleben auf seine Schwachstellen hin untersucht. Auf diese Weise soll festgestellt werden, worin die Aufgaben des Staates zu bestehen haben und welche Instrumente zu deren Umsetzung geeignet sind. Die Instrumente werden als Mittel gesehen, um die Nachteile des Naturzustands auszugleichen. Im Unterschied zu Pufendorf und Hobbes ergibt sich der Naturzustand für Locke nicht aus einem Gedankenexperiment in Form einer Beobachtung über das Wesen des Menschen, sondern wird als tatsächlicher historischer Ausgangspunkt behauptet. So weist Locke darauf hin, dass zu jener Zeit im 17. Jh. in gewissen Teilen des jungen Amerika das von ihm als Naturzustand postulierte Gefüge tatsächlich besteht, ein ursprüngliches Leben ohne staatliche Regelung. Für Locke existieren im Naturzustand bereits die Reihe der Naturrechte, die in der staatlich organisierten Gemeinschaft verbrieft werden sollen: Freiheit, Gleichheit, persönliches Eigentum. Hinzuweisen ist darauf, dass Locke dabei die Rechte im Naturzustand, insbesondere die Gleichheit der Menschen, nicht auf säkulare philosophische Prämissen, sondern aus der christlichen Philosophie ableitet, namentlich aus der *Imago-Dei*-Lehre (vgl. dazu 2. Teil, § 1 Kap. 5).

Locke gelangt demnach zum Schluss, dass nicht von einem prinzipiell kriegerischen Naturzustand auszugehen ist oder von einem Kampf, den jeder Mensch über kurz oder lang gegen jeden anderen auszutragen hätte. Vielmehr sieht er in der ursprünglichen Natur des Menschen eine Vernunft wirksam, die ihn gemäss den Einsichten in natürliche Rechte und Pflichten leben lässt. Der Mensch strebt nach Selbsterhalt und weil alle frei und gleich sind, soll jeder Mensch auch die übrige Menschheit erhalten. Niemand darf einem anderen das Leben oder was er dazu braucht – also auch Eigentum, Gesundheit und Freiheit – wegnehmen. Bei Locke wendet sich Selbsterhaltungstrieb zu einem Motiv für gegenseitige Verpflichtung und Friedfertigkeit. Einen Mangel entdeckt aber freilich auch Locke in seinem Naturzustand. Denn die uneingeschränkte Freiheit des Menschen führt in letzter Konsequenz zu einem Recht auf Durchsetzung der eigenen Rechte; jeder Mensch wäre dann Richter in eigener Sache. Diesen Umstand problematisiert Locke und sieht in ihm die eigentliche Rechtfertigung einer Staatsgewalt. Man kann also schon von diesen Prämissen des Naturzustands ablesen, dass Lockes Staatskonzept weit weniger zu leisten hat als etwa jenes von Hobbes oder Pufendorf.

c)   Gesellschaftsvertrag

Aus dem Vertrauen in die natürliche Vernunft des Menschen ergibt sich ein Staatskonzept, das sich vornehmlich im Erhalt von Abwehrrechten organisiert. In der konsensualen Rechtsetzung halten die Bürger gewisse verbindliche Normen fest, deren Durchsetzung sie an staatliche Strukturen delegieren. Darin allein sieht Locke die Aufgabe eines Staates: der Einzelne willigt ein, nicht selbst für die Umsetzung seines natürlichen Anspruches auf Leben, Unversehrtheit und Eigentum sorgen zu sollen, sondern diese Verpflichtung in einem Vertragsschluss der Allgemeinheit anheimzustellen. Auch Locke möchte Defizite im Naturzustand ausgeglichen sehen, muss dazu aber ungleich geringere staatliche Vorkehrungen treffen als seine Zeitgenossen Hobbes und Pufendorf. Die institutionelle

Funktion des Staates besteht in einer rechtsetzenden und in einer vollziehenden Gewalt (exekutive Gewalt). Diese Einrichtungen sind aber gemäss Locke nur dann legitim, wenn sie auf einer freiwilligen Übereinkunft gründen. Nur wenn die Menschen in einen entsprechenden Vertrag einwilligen. Daraus ergibt sich ein liberales Verständnis, das sich auf präzise Rechtsetzung und die Garantie unparteilicher Richter beschränkt. Der (einzige) Sinn der staatlichen Gesellschaft ist es, das Leben, die Freiheit, das Eigentum und die Gesundheit des Einzelnen zu sichern. Nur so kann gemäss Locke sichergestellt werden, dass der einzelne Bürger und seine Rechte im Zentrum stehen und dass jegliche staatliche Dynamik innerhalb des Konsenses der Bürger geschieht. Alle Staatsgewalt ist in Lockes Augen durch das Naturrecht beschränkt. Sie darf über die im Naturzustand dem einzelnen Menschen zustehenden Rechte hinaus keine Verfügungsmacht erhalten.

Zur Umschreibung von Lockes Staatstheorie wird häufig der Begriff des *Nachtwächterstaates* herangezogen. Locke propagiert eine äusserste Zurückhaltung des Staates, weshalb sich heute liberale und auch neoliberale Kreise auf seine Konzepte berufen. Ein Nachtwächterstaat hat für Freiheit und Sicherheit seiner Bürger zu sorgen und enthält sich darüber hinaus jeglicher Art von Verantwortung: weder Sozialsysteme und -ziele noch Aufgaben im Bereich von Bildung, Altersvorsorge oder Umwelt sind vorgesehen. Diskutiert wird das Konzept von Locke hier hinsichtlich der Frage, ob eine hohe Besteuerung das Eigentum in unzulässiger Weise einschränke. Gegenpositionen verweisen darauf, dass die Spitzensteuersätze in den USA, Deutschland und Frankreich seit den Kriegen des 20. Jh. erheblich gesenkt wurden und vielmehr eine zunehmend ungleiche Einkommensverteilung problematisch sei. Verfassungsrechtlich wäre eine degressive Besteuerung mit dem Grundsatz der Besteuerung nach der wirtschaftlichen Leistungsfähigkeit nicht mehr vereinbar (BGE 133 I 206 ff.).

d)   Grundlagen der staatlichen Legitimität

In der Entwicklung seines Staatsmodells hat Locke einen wichtigen Grundsatz herausgearbeitet, ohne den heute kein Rechtsstaat denkbar ist: Der Staat kann nur tätig sein, wo er seine Legitimation durch die Bürger bezieht. D.h. für die moderne demokratische Staatstradition, wo es ihm eine gesetzliche Grundlage erlaubt. In der Schweiz wird dieser Grundsatz in Art. 5 Abs. 1 der Bundesverfassung festgehalten. Jeder Bürger, der ein staatliches Handeln ohne gesetzliche Grundlage feststellt, kann dies vor Gericht geltend machen; Staatshandeln ist Rechtshandeln. Sollte der Staat einem seiner Bürger Eigentum enteignen wollen (etwa in Zusammenhang mit einem wichtigen Infrastrukturprojekt), ohne eine gesetzliche Grundlage anführen zu können, ist seine Handlung bereits hieraus rechtswidrig. Es reicht also nicht, «vernünftige Gründe» für eine Einschränkung des Handelns eines Bürgers vorzuhalten, erforderlich ist vielmehr das Gesetz: Erst die demokratische Zustimmung der Bürger im Gesetz macht als elementarste Legitimation die Einschränkung ihrer Rechte überhaupt denkbar.

Ein zweites wichtiges Element in der Grundlegung des Staates ist die *Unparteilichkeit*. Vor dem Hintergrund einer seit dem frühen Mittelalter präsenten Fehdekultur betont Locke die zentrale Bedeutung einer neutralen Gerichtsbarkeit und damit im Ergebnis des Gewaltmonopols des Staates. Wo eine unabhängige Justiz fehlt, können die freiheitlichen Grundrechte nicht geschützt werden. Die Regulierung von Rechtsbrüchen dem Staat vorzubehalten anstelle einer direkten Austragung zwischen Geschädigtem und Schädiger, ist für Locke die Hauptlegitimation des Staates. Die dem Menschen bereits im Naturzustand zustehenden Menschen- und Grundrechte wie Leben und Freiheit könnten ohne unabhängige Justiz nicht geschützt werden. Der Anspruch auf unabhängige Behörden (Art. 29 Abs. 1 BV) und – insbesondere – auf unparteiliche Gerichte (Art. 30 BV; Art. 97 Abs. 1 GG) ist auch heute eines der zentralsten Merkmale von Rechtsstaatlichkeit. Bereits ein festgestellter Anschein von Befangenheit eines Gerichtsmitglieds löst die Grundrechtsgarantie aus.

e)   Unveräusserliche Rechte

Locke postuliert die Freiheitsrechte des Einzelnen als unveräusserlich. Die Rechte des Menschen existieren unabhängig vom Staat. Ein
Staat kann sie zwar respektieren oder rechtswidrig missachten; er
kann sie aber weder erschaffen noch auflösen. Kein menschliches
Gesetz kann für ihn gültig sein, das dem Naturrecht widerspricht.

Ein Gesetz, das gegen die Freiheit oder die Gleichheit des Menschen
wäre, ist für Locke nicht denkbar. Die Staatsgewalt darf entsprechend keine Handlungen vornehmen, die die Staatsunterworfenen
an Leib und Leben bedrohen oder ihres Vermögens berauben würden. Der Staat darf also weder Eigentum noch die Freiheit beein-
trächtigen. Sobald der Staat ein diesbezüglich entgegenstehendes
Gesetz erlassen würde, das dem entgegensteht, wäre es für Locke
nichtig. Es ist bei Locke nicht denkbar, dass der Staat hinter den
Prämissen zurücksteht, aus denen er sich für die Sicherung der Freiheiten des Naturzustands erst konstituiert.

Aus Lockes Ideen ergibt sich ein demokratisches Staatsverständ-
nis. Die legislative Gewalt hat als oberste Gewalt beim Volk zu liegen und ist an das Naturrecht gebunden. Locke diskutiert dabei
verschiedene Varianten: Hat das Volk die legislative Gewalt in die
Hände eines Einzelnen gelegt, so ist das eine Monarchie. Hat sie das
Volk einigen Auserwählten übertragen, so ist das eine Oligarchie.
Und behält sie das Volk selbst, so ist es eine Demokratie. Statt eines
Leviathans wie bei Hobbes findet sich bei Locke die «konstitutio-
nelle und gouvernemental-administrative politische Selbstorgani-
sation der bürgerlichen Gesellschaft auf der pragmatischen Basis
des effizienzsichernden Mehrheitsprinzips» (Kersting, Vertragstheorien, S. 71). Lockes Staatstheorie beschreibt einen nicht-herr-
schenden Souverän und eine nicht-souveräne Regierung, wobei die
Regierung weder vertraglich autorisierter Souverän noch Vertrags-
partner ist. Die Volksherrschaft wird sodann weiter untergliedert:
in eine exekutive Gewalt, welche die Gesetze zu vollziehen hat, und
in eine föderative Gewalt, die sich um die Aussenpolitik kümmert.

Die Legislative ist an das Naturrecht gebunden, was heisst, dass sie die dem Menschen bereits im Naturzustand zustehenden Rechte zu schützen und nicht hinter sie zurückzugehen hat.

Locke betont diese engen Grenzen des Staatsgebildes. Er ist überzeugt, wo der Staat über diese Befugnisse hinausgehe, entstehe früher oder später die Tyrannei. Diese könne durchaus auch vom Volk selbst ausgehen, weshalb es umso wichtiger sei, solche Entwicklungen durch eine entsprechend ausgestaltete Verfassung vorauszusehen und zu unterbinden. Das Naturrecht als Freiheit im Naturzustand steht über dem positiven Recht.

f) Religionsfreiheit als zentrales Grundrecht

Das wichtigste Grundrecht ist für Locke die Religionsfreiheit. Die christliche Religion verdankt ihre Überzeugungskraft nicht dem Zwang; die Verfolgung Andersgläubiger lehnt Locke ab (s. z.B. Ein Brief über Toleranz, S. 8, 10). Für die Umschreibung der Religionsfreiheit orientiert er sich an den Verhältnissen im damaligen Genf, wo im Geist des erstarkenden Calvinismus eine klare Trennung von Kirche und Staat gilt. Mit der Umschreibung der Religionsfreiheit bereitet er einen Kern moderner Rechtsstaatlichkeit vor. Aus den unterschiedlichen Funktionen von Staat und Kirche ergibt sich für Locke auch ihre Trennung. «Wir wollen jetzt betrachten, was eine Kirche ist. Ich halte also dafür, daß eine Kirche eine auf Freiwilligkeit beruhende Gesellschaft von Menschen ist, die sich nach eigener Vereinbarung zusammentun, um Gott in der Weise zu verehren, wie [sie] als annehmbar für ihn und als wirksam für ihr Seelenheil betrachten.» («*Let us now consider what a church is. A church, then, I take to be a voluntary society of men, joining themselves together of their own accord, in order to the public worshipping of God, in such a manner as they judge acceptable to him, and effectual to the salvation of their souls.*» Ein Brief über Toleranz, S. 19.) Jede Vereinigung muss durch Gesetze geregelt werden, die sich die Kirche selbst geben darf.

Für den Frieden in einer Gesellschaft sieht er die Neutralität des Staates in religiösen Belangen als unabdingbar an: Sein Gegenstand sind zivile Angelegenheiten, um die er sich zu kümmern hat, nicht aber religiöse Angelegenheiten. Die staatlichen Aufgaben beschränken sich entsprechend auf die Garantie der Religions*freiheit:* «*Zweitens* hat keine Privatperson in irgendeiner Weise ein Recht, eine andere Person im Genuß ihrer bürgerlichen Rechte zu benachteiligen, weil diese zu einer anderen Kirche oder Religion gehört. Alle Rechte und Freiheiten, die ihm als Menschen oder Bürger zustehen, müssen ihm unverletzlich erhalten bleiben. Diese gehören nicht zu den Angelegenheiten der Religion. Keine Gewalt, kein Unrecht darf ihm angetan werden, er sei Christ oder Heide. Ja wahrhaftig, wir dürfen uns nicht mit den engen Maßen bloßer Gerechtigkeit begnügen: Barmherzigkeit, Güte und Freigiebigkeit muß hinzukommen. Das schärft uns das Evangelium ein, befiehlt uns die Vernunft und fordert jene natürliche Brüderlichkeit von uns, in die wir hineingeboren sind.» (Ein Brief über Toleranz, S. 29 f.).

Heute gewährleisten Art. 15 BV und Art. 9 EMRK die Glaubens- und Gewissensfreiheit. Das Grundrecht schützt dabei gleichermassen weltanschauliche, religiöse wie auch atheistische Bekenntnisse. Dabei sind das Bekenntnis zu Glaubensansichten, die Bildung von Religionsgemeinschaften sowie die Praxis von Ritualen ebenso geschützt wie umgekehrt die negative Religionsfreiheit. Diese gewährt jeder Person das Recht, nicht in Formen religiöser Handlung einbezogen zu werden, die man nicht teilt. Entsprechend kann niemand zur Teilnahme an einem bestimmten Religionsunterricht verpflichtet werden.

g)   Privateigentum

Eine Sonderstellung nimmt bei Locke der Schutz des Privateigentums ein, das im 17. Jh. keineswegs eine Selbstverständlichkeit ist. Bis zu diesem Zeitpunkt gibt es keine kodifizierte Theorie des Privateigentums, welche Erwerb und Besitz als Komponenten der persönlichen Freiheit herausgearbeitet hätte. Locke begründet sein

Konzept des Schutzes von Eigentum wiederum durch den Selbsterhaltungstrieb des Menschen. Der Mensch ist für ihn von Natur aus berechtigt, sich zum Zweck der Selbsterhaltung einen Teil der Natur anzueignen. Er sei «Herr seiner selbst» und habe auch «Eigentum» an seinen Handlungen. Die Selbsterhaltung lege daher nicht bloss die Garantie der körperlichen Unversehrtheit nahe, sondern auch Rechte durch die Verarbeitung solcher Naturgüter, mithin die Unversehrtheit eines bestimmten Besitzstands. Diese Rechte stehen dem Bürger für ein Leben ohne Not zu und sind als Privateigentum vor willkürlichen Zugriffen zu schützen. Wo eine Person selbst Arbeit in ein Gemeingut («*Common*»; «Naturgut») investiere, so Locke, obliege dieser Person selbst auch das Recht, darüber zu verfügen (sog. Arbeitstheorie).

In der berühmten Herleitungsformel heisst es: «Obwohl die Erde [...] den Menschen gemeinschaftlich [gehört], so hat doch jeder Mensch ein Eigentum an seiner eigenen Person; auf diese hat niemand ein Recht als er selbst. Die Arbeit seines Körpers und das Werk seiner Hände, können wir sagen, sind im eigentlichen Sinn sein Eigentum. Alles also, was er dem Zustand, den die Natur vorgesehen, und in dem sie es gelassen hat, entrückt, hat er mit seiner Arbeit gemischt, ihm etwas zugesellt, was sein eigen ist, und macht es dadurch zu seinem Eigentum.» («*Though the earth [...] be common to all men, yet every man has a property in his own person: this no body has any right to but himself. The labour of his body, and the work of his hands, we may say, are properly his. Whatsoever then he removes out of the state that nature hath provided, and left it in, he hath mixed his labour with, and joined to it something that is his own, and thereby makes it his property.*» Zwei Abhandlungen über die Regierung II, 5,27.) Auf diese Weise postuliert Locke den Schutz des Privateigentums als naturrechtlich abgeleitetes persönliches Freiheitsrecht, das vom Staat zu respektieren ist. Es ist darauf hinzuweisen, dass die so begründete Eigentumsformel damals den Erwerb der Ländereien durch die Kolonialisierung der Gebiete Amerikas spezifisch legitimieren sollte.

Nachdem Locke definiert hat, wie der Mensch Eigentum an Gemeingütern erwirbt, wird dieser Anspruch nun einer Restriktion unterworfen: Die Anhäufung von Eigentum durch einen Menschen soll die anderen Menschen nicht benachteiligen. Wer etwa so viele Äpfel anhäuft, dass ein Teil davon ungenutzt verrottet, verstösst gegen diese Restriktion; er behält mehr als benötigt und macht den Überschuss für andere unbrauchbar. Die Benachteiligung anderer bzw. die Verschwendung kann allerdings dadurch verhindert werden, dass der Eigentümer seinen Überschuss gegen andere Dinge, die er benötigt, tauscht. Werden nun verderbliche Güter gegen weniger verderbliche eingetauscht (etwa Äpfel gegen Nüsse), und diese wiederum gegen unverderbliche Güter (Nüsse gegen Gold), könne keine Benachteiligung für andere entstehen. «[…] wenn er, aus Gefallen an der Farbe, seine Nüsse weggab für ein Stück Metall, oder seine Schafe umtauschte für Muscheln, oder seine Wolle für einen funkelnden Kiesel oder Diamanten, und diese sein ganzes Leben lang aufbewahrte, so griff er damit nicht in die Rechte anderer ein; er durfte von diesen dauerhaften Dingen anhäufen, soviel er wollte; denn die Überschreitung der Grenzen seines rechtmäßigen Eigentums lag nicht in der Ausdehnung seines Besitzes, sondern darin, daß etwas umkam ohne gebraucht worden zu sein.» («*[…] if he would give his nuts for a piece of metal, pleased with its colour; or exchange his sheep for shells, or wool for a sparkling pebble or a diamond, and keep those by him all his life he invaded not the right of others, he might heap up as much of these durable things as he pleased; the exceeding of the bounds of his just property not lying in the largeness of his possession, but the perishing of any thing uselessly in it.*» Zwei Abhandlungen über die Regierung II, 5,46.) Aus der Vorstellung solcher Tauschvorgänge ergibt sich Lockes Geldtheorie. Mit ihr rechtfertigt er, Vermögen nicht nur über das anzuhäufen, was der Mensch selbst gebrauchen kann, sondern, da nunmehr unverderblich, unbegrenzt. Lockes Geldtheorie wird vermehrt entgegengehalten, dass Geld nicht auf Tausch-, sondern auf Kredit- und Schuldbeziehungen und staatlicher Anerkennung beruht.

Viele libertäre Denker (vornehmlich in den USA) berufen sich nach wie vor auf Lockes Herleitungsformel zur Legitimation von Eigentumsverhältnissen. Ihren Argumenten steht die Kritik gegenüber, dass aus einer solchen Regelung über kurz oder lang grosse Vermögensunterschiede resultieren. Kritiker sehen angesichts der erheblichen globalen ungleichen Vermögensverteilung und Armut die Perspektive Lockes als untauglich und beanstanden einen fehlenden gerechten Ausgleich der Mittel. Auch thematisieren aktuelle Debatten die Beschaffenheit dieses Eigentums. Was Locke als das Ergebnis der «Arbeit seiner Hände» geschützt wissen will, betrifft heute nur noch einen geringen Anteil dessen, was unter den Begriff des Eigentums fällt. Umgekehrt werden im Hinblick auf die Nutzung genetischer Ressourcen und die kommerzielle Weiterentwicklung natürlich vorkommender biologischer Materialien erweiterte Verständnisse von Eigentumsrechten auch unter die (in einem weiten Sinne verstandene) Locke'sche Konzeption subsumiert, insbesondere traditionelle Nutzungen, die vermehrt in rechtlich kommerziell geschützte Nutzungen (sog. Biopatente) einbezogen werden (vgl. dazu UN-Biodiversitätskonvention mit dem Nagoya Protokoll gegen die sog. Biopiraterie).

h) Aufnahme der Ideen in den Bürgerrechtserklärungen

Wie eingangs erwähnt, haben die staatstheoretischen Ideen der rationalistischen Vernunftrechtler einen grossen Einfluss auf die Kodifikationen ausgeübt. In den Bürgerrechtserklärungen des 18. Jh. beginnt sich der Gleichheitsgrundsatz niederzuschlagen, der die Staatlichkeit nicht eigentlich als eine Obrigkeit konzipiert wissen will, sondern bloss als ein Organ, an das bestimmte Aufgaben zum Schutz dieser allen Bürgern zustehenden Grundrechte delegiert werden. Dazu gehören das Recht auf Leben, Freiheit, das Streben nach Glück, welches heute als ein Aspekt der persönlichen Freiheit (Art. 10 Abs. 2 BV) angesehen wird, die Locke als vorstaatlich begreift, die dem Menschen unveräusserlich zustehen und vom Staat geschützt werden sollen. Der Staat selbst leitet seine rechtmässige

Macht von den Regierten selbst her. Wenn es ihm nicht gelingt, die Grundrechte des Einzelnen zu garantieren, ergibt sich für die Bürgergemeinschaft ein Widerstandsrecht.

Die starke Prägung von den Ideen des rationalistischen Naturrechts – gerade durch Lockes Theorie – zeigt sich am Beispiel der amerikanischen Unabhängigkeitserklärung von 1776. Eine Passage daraus statuiert:

«Folgende Wahrheiten erachten wir als selbstverständlich: daß alle Menschen gleich geschaffen sind; daß sie von ihrem Schöpfer mit gewissen unveräußerlichen Rechten ausgestattet sind; daß dazu Leben, Freiheit und das Streben nach Glück gehören; daß zur Sicherung dieser Rechte Regierungen unter den Menschen eingerichtet werden, die ihre rechtmäßige Macht aus der Zustimmung der Regierten herleiten; daß, wenn irgendeine Regierungsform sich für diese Zwecke als schädlich erweist, es das Recht des Volkes ist, sie zu ändern oder abzuschaffen und eine neue Regierung einzusetzen [...].»

4. Teil   Kant

§ 1   Leben und Werk

Mit seinem prägenden Einfluss auf das heutige Gesellschafts- und Rechtssystem gehört Immanuel Kant (1724–1804) zu den wichtigsten Philosophen unserer Zeit. Kant schöpft seine Erkenntnisse nicht aus einer äusseren Dogmatik, sondern im Rückgriff auf die Analyse der Denkweise selbst («aus der Vernunft»). Kant ist Professor für Logik und Metaphysik in Königsberg und hält während etwa 40 Jahren Vorlesungen, auch in Gebieten wie Mathematik, Physik und Biologie. Kants Leben ist arm an äusserlichen Ereignissen und von grosser Stetigkeit gekennzeichnet. Dies hängt auch damit zusammen, dass Kant von Geburt an von schwacher Gesundheit ist. In Erkenntnis dessen schreibt er sich die genaue Einhaltung selbstgewählter Regeln zur Erhaltung seiner Gesundheit und eiserne Konzentration auf seine Lebensaufgabe vor. Als einer der wenigen Philosophen erlangt er bereits zu Lebzeiten grosse Berühmtheit. Zu seinen bekanntesten Schriften gehören: Die Grundlegung der Metaphysik der Sitten, die Kritik der praktischen Vernunft, die Metaphysik der Sitten (seine «Rechtsphilosophie») und die Kritik der reinen Vernunft. Die Gesamtausgabe dieses Werks ist uns erst seit dem 20. Jh. zugänglich.

Die Kritik der reinen Vernunft wird als bedeutendstes Werk für die Philosophie im 20. und wahrscheinlich auch im 21. Jh. gewertet und bildet somit die Grundlage der modernen Philosophie schlechthin. Obgleich über Kant bereits unzählige Schriften publiziert wurden, darf die Rezeption keinesfalls als abgeschlossen betrachtet werden. Vielmehr muss seine Theorie immer wieder aufs Neue gelesen und in neue Kontexte gesetzt werden. Kant liefert uns ein Denkgerüst, welches als Orientierung dienen soll und auch nach über 200 Jahren nicht an Aktualität verloren hat. In der heutigen Rechtsphilosophie schafft er einen bedeutenden normativen Referenzrahmen sowohl für ethische Entscheidungen als auch für die Ausbildung von Rechtssystemen.

§ 2   Erkenntnistheorie

1.   Überwindung von Empirismus und Rationalismus

Kants Philosophie stützt sich im Wesentlichen auf die Bedingungen des Erkennens des Menschen ab. Der Aufschwung der Naturwissenschaften seit dem 15. und 16. Jh. prägt auch die Erkenntnistheorie Kants. In ebendieser Erkenntnistheorie stehen sich zwei gegensätzliche Positionen gegenüber, die sich als Reaktion auf die Dogmatik religiöser Autoritäten herausbilden: der Empirismus und der Rationalismus.

Erkenntnistheoretische **Empiristen** wie John Locke (1632–1704) gehen von der Annahme aus, dass der Mensch metaphorisch betrachtet als «unbeschriebenes Blatt» *(tabula rasa)* geboren wird und sich seine Erkenntnis fortlaufend aus der Sinneswahrnehmung herausbildet («*Let us then suppose the mind to be, as we say, white paper, void of all characters, without any ideas: – How comes it to be furnished? […] To this I answer, in one word, from Experience.*» An Essay Concerning Humane Understanding II, 1,2). Für Locke ist also nichts im Verstand, was nicht vorher in den Sinnen war. Das, was das Denken wahrnimmt, sind sodann nicht die Dinge selbst, sondern nach Lockes Vorstellungen die Ideen *(ideas),* die uns die Sinnesorgane liefern. Dinge werden nach Lockes Theorie nicht als solche erfasst, sondern vielmehr bildet das Denken Ideen von ihnen. Diese sind mit den Dingen (lediglich) dadurch verknüpft, dass sie die entsprechenden Ideen in uns hervorrufen (sog. subjektiver Referenzialismus). Locke deutet nicht nur den Ideenbegriff als Vorstellung radikal von seinem ursprünglichen, antiken Verständnis um, sondern geht auch davon aus, dass es keine angeborenen Ideen gibt; stattdessen stammen alle Ideen aus der Erfahrung (vgl. zur gänzlich anderen Begriffsbedeutung der Idee bei Platon 1. Teil, § 2, Kap. 4.b, aa).

Erkenntnistheoretische **Rationalisten** wie René Descartes (1596–1650) weisen auf die täuschenden Eigenschaften unserer Sinne hin, wie dies bereits in der Antike thematisiert worden war (vgl. 1. Teil, § 2, Kap. 4.b). Selbst bei sog. exakten Wissenschaften wie der Mechanik oder Mathematik zeigt sich eine Fehleranfälligkeit im Rahmen ihrer Anwendung; zudem ergeben sich aus den aufkommenden Naturwissenschaften viele an sich widersprüchliche Erkenntnisse. Die Denkgrundlagen der Wissenschaft sollen demnach einmal komplett aufgelöst und auf tragenden Grundlagen neu aufgebaut werden. Durch die radikale skeptizistische Methode sollen alle in Zweifel ziehbaren Prämissen der Wissenschaft ersetzt werden und mit neuen, unzweifelbaren Fundamenten aufgebaut werden. Nach Descartes ist das Denken der Kern der Wissenschaften, der sich auch gegen den stärksten Skeptizismus verteidigen lässt. Dieses lässt sich in extremis auf das Wissen um die eigene Existenz als einzige unhinterfragbare Gewissheit reduzieren (*je pense, donc je suis*; verwandte Textstellen finden sich bereits bei Augustinus und Ibn Sina). Das Wissen um die eigene Existenz kann von Zweifeln nicht beeinflusst werden. Deshalb nennt ihn Descartes den ersten Grundsatz der Philosophie. Sowohl die Realität des Körpers als auch die eigenen Empfindungen erweisen sich als bezweifelbar, nur das Denken *(res cogitans)* im Sinne der Ratio bleibt als unbezweifelbarer Kern der Existenz bestehen.

Kant macht es sich zur Aufgabe, die beiden gegensätzlichen Denkrichtungen des Empirismus und des Rationalismus zu überwinden. Er beginnt dabei mit dem Grundsatz der Empiristen, wonach Erfahrung aller Erkenntnis vorausgehe. Gemäss Kant kommt Erfahrung zeitlich wohl jeder Erkenntnis zuvor, damit sei aber noch nicht gesagt, dass auch alle Erkenntnis aus der Erfahrung entspringe, denn gemäss Kant ist das, was der Mensch «Erfahrung» nennt, bereits etwas Zusammengesetztes: «Wenn aber gleich alle unsere Erkenntnis mit der Erfahrung anhebt, so entspringt sie darum doch nicht eben alle aus der Erfahrung. Denn es könnte wohl sein, daß selbst unsere Erfahrungserkenntnis ein Zusammengesetztes aus dem sei, was wir durch Eindrücke empfangen, und dem, was unser eigenes Erkenntnisvermögen (durch sinnliche Eindrücke bloß veranlaßt) aus sich selbst hergibt [...].» (KrV B, Einleitung, S. 27)

Erfahrung setzt sich demnach zusammen aus:

– Erkenntnis *a posteriori* (empfangene Sinneseindrücke): von aussen kommende, durch die Sinne wahrgenommene und von der Erfahrung abhängige Eindrücke;

– Erkenntnis *a priori* (eigenes Erkenntnisvermögen): apriorische Vorbedingungen des Verstehens, die aller Erfahrung vorausgehen und die Möglichkeit der Erfahrung erst bedingen. Darunter versteht Kant zum einen die «reinen Anschauungen Raum und Zeit», aber auch Verstandeskategorien wie die Kausalität. Unser Verstand besitzt, unabhängig von der empirischen Wahrnehmung, apriorische Denkstrukturen, die unsere Erkenntnis erst ermöglichen.

Nach Kant verfügen die Menschen demnach neben dem Vermögen, etwas durch die Sinne wahrnehmen zu können, über ein vorgelagertes zweites Vermögen, welches erst ermöglicht, dass Äusseres für Menschen überhaupt in Erscheinung treten kann. So erkennen Menschen einen Baum in einer räumlichen Dimension und zu einem bestimmten Zeitpunkt, was voraussetzt, dass sie die Vorstellung von Raum und Zeit bereits in sich haben, und zwar als Gesetzlichkeit des anschauenden Bewusstseins selbst, als eine apriorische Bedingung der Erfahrung. Raum und auch Zeit sind demnach nicht Teil der sinnlichen Wahrnehmung, sondern sog. **reine Anschauung**, in denen den Menschen alle sinnlichen Gegebenheiten erscheinen. Der Vernunft zufliessen kann aber umgekehrt nur das, was der Sinnesapparat dem Menschen liefert. Insofern ist dieser zugleich auch die Schranke menschlicher Erkenntnis, und Kant widerspricht der erkenntnistheoretischen rationalistischen Position, wonach sich Erkenntnis letztlich nur auf Denken stützen kann. Nach

Kant ist die Wirklichkeit erkennbar, soweit sie unter den apriorischen Vorbedingungen des Verstehens erfahrbar ist, d.h. als Erscheinung. Das, was hinter der Erscheinung steht – Kant nennt es «Ding an sich» –, ist den menschlichen Sinnen nicht zugänglich und kann daher als solches auch nicht Gegenstand unserer Erkenntnis sein (sog. *transzendentale Ästhetik;* vgl. bereits das Beispiel Blüte in UV- und VIS-Spektrum in: 1. Teil, § 2, Kap. 4.b).

Damit vollzieht sich bei Kant die sog. *Kopernikanische Wende*[4] in der Erkenntnistheorie: «Bisher nahm man an, alle unsere Erkenntniß müsse sich nach den Gegenständen richten» (KrV, Vorrede zur zweiten Auflage, S. 11 f.). Nach einem der berühmtesten Sätze der Philosophie stellt Kant fest, dass «wir […] in den Aufgaben der Metaphysik damit besser fortkommen, daß wir annehmen, die Gegenstände müssen sich nach unserer Erkenntniß richten» (KrV B, Vorrede zur zweiten Auflage, S. 12). Für Kant ist es entsprechend nicht unsere Erkenntnis, die sich nach den Gegenständen richtet; vielmehr prägen unsere Vorbedingungen des Verstehens den wahrgenommenen Gegenstand. Die menschliche Erkenntnis richtet sich nicht nach dem Gegenstand, sondern die Gegenstände richten sich nach den *apriorischen Vorbedingungen des Verstehens.* Es ist nicht länger vom Seins-Charakter des wahrgenommenen Objekts auszugehen, sondern von den Erkenntnisbedingungen des Subjekts; die Wirklichkeit ist für den Menschen nur so erkennbar, wie sie ihm erscheint.

Der Rückblick in die Ideengeschichte zeigt, dass sich verschiedene philosophische Strömungen vor Kant intensiv damit auseinandergesetzt haben, wie das Äussere als Objektives beschrieben und philosophisch-normativ fruchtbar zum Ausgangspunkt richtigen Handelns gemacht werden kann. Kant kritisiert diesen Ansatz be-

---

[4] Die Erkenntnis von Kopernikus, dass sich die Sonne nicht um die Erde dreht, sondern die Erde um die Sonne, stellt einen zentralen Wendepunkt in der Naturwissenschaft dar (Abkehr vom geozentrischen Weltbild).

reits unter Bezugnahme auf die apriorische Anschauung. Mit dem Begriff «Ding an sich» macht Kant jedoch gleichermassen deutlich, dass der Gegenstand, der wahrgenommen wird, seinerseits *nicht* von den Erkenntnisbedingungen des Subjekts abhängig ist: «Dinge an sich» sind Gegenstände, wie sie unabhängig unserer Erkenntnis sind[5] und über die wir – weil sie unser Erkenntnisvermögens stets übersteigen – nichts auszusagen vermögen (vgl. zur Abgrenzung die Position des sog. Konstruktivismus, wonach ein wahrgenommenes Objekt substanziell von uns abhängt; unten, 5. Teil, § 6, Kap. 1).

Kants Erkenntnisse dürfen weiter nicht verwechselt werden mit einer Metaphysikkritik, wie sie heute meist verkürzt wiedergegeben wird. Seine Erkenntnistheorie verwirft eine direkte (übersinnliche) *Erkenntnis* der «Dinge an sich». Metaphysik ist nach ihm als Wissenschaft nur möglich als System der Bedingungen der Erkenntnis, d.h. der Untersuchung all dessen, was jemals a priori erkannt werden kann. Die in der apriorischen Erkenntnis gefundene Freiheit (s. sogl. unten 2.) ist für Kant dann aber «objektive Realität» (KpV, Vorrede, S. 4) bzw. Grundlage aller Wissenschaften. Kant bezeichnet die Metaphysik denn auch als die schwerste aller menschlichen Einsichten, von der das dauerhafte Wohl der Menschen letztlich abhinge, und die er als unentbehrlich erachtet. Er bezeichnet sich selbst als Metaphysiker. Die Wissenschaft, die den Unterschied zwischen sinnlicher Erkenntnis von der des Verstandes darlegt –

---

[5] Kant geht – je nach Interpretation – aus von:
  – einer sog. *zwei Welten Lehre*: danach werden wahrgenommene Gegenstände und Dinge an sich als völlig verschiedene Objektarten aufgefasst. Oder von
  – einer sog. *zwei Aspekte-Lehre*, wonach Erscheinung und Ding an sich dasselbe Objekt betreffen, dem sowohl von den Erkenntnissen des Subjekts abhängige (relationale extrinsische) als auch hiervon unabhängige (absolut intrinsische) Eigenschaften zukommen; vgl. die Zusammentragung der aktuellen Diskussion im Detail bei Baumgarten in Willaschek et al., 428.

mithin das, was Kant in seinen Schriften behandelt –, sei eine Propädeutik von Metaphysik.

Vor diesem Hintergrund des kantischen Denkens: Welche Konsequenzen ergeben sich aus der grundlegenden erkenntnistheoretischen Wende und den apriorischen Vorbedingungen des Verstehens für die ethische und rechtliche Fragestellung? Kant vollzieht einen bedeutsamen weiteren Schritt und setzt die Erkenntnistheorie auch zur Grundlage seiner Moraltheorie: Der Mensch soll auch in ethischen Fragen auf die eigenen Vorbedingungen des Verstehens selbst – auf seine apriorischen (autonomen) Fähigkeiten zur Beurteilung von Sachverhalten – zurückgreifen. Dieses *sapere aude* («bediene dich deines eigenen Verstandes») ist ein Korrelat der im Bereich der Erkenntnistheorie dargestellten Umkehr des Blicks und soll im Folgenden erläutert werden.

2. Moralisches Vorverständnis a priori

Das Vorverständnis a priori, das uns etwa Gegenstände in einer räumlichen und zeitlichen Dimension wahrnehmen lässt, beschränkt sich nach Kant nicht nur darauf, wie die Aussenwelt wahrgenommen wird, sondern erstreckt sich auch in den Bereich der Moral. Mit Bezug auf die Begrifflichkeit von Kant soll also dargestellt werden, wie dieses Vorverständnis von ethischen Prinzipien im Menschen funktioniert und wie die Vernunft auf eine ganz spezifische Art der Verallgemeinerung den Willen bestimmen kann.

Nach Kant ist ebenso wie die apriorische Idee von Raum und Zeit ein apriorisches Erkenntnisvermögen des *Moralischen* in uns. Dieses apriorische moralische Erkenntnisvermögen kommt dann zum Tragen, wenn ein Vermögen, unabhängig von der sinnlichen Erfahrung zu erkennen (in Kants Begrifflichkeit die «Reine Vernunft»[6]),

---

[6] Kant bezeichnet als reine Vernunft das Vermögen, a priori etwas zu erkennen resp. das Vermögen, unabhängig von Erfahrung zu erkennen.

den Willen bestimmt. Bei der Kritik (Betrachtung, Analyse) der reinen Vernunft (des apriorischen moralischen Vermögens) zeigt sich nach Kant eine strenge Erkenntnisgesetzlichkeit. Als Vermögen nach Prinzipien a priori zu urteilen, ist sie «gesetzgebend»: Sie kann dem «freien Vernunftwesen» (dem freien Subjekt) eine praktische Handlung als *objektiv notwendig* darstellen, in Kants Terminologie die Handlung «zur Pflicht» machen (sog. deontologische Ethik). Die Arbeitsweise der reinen Vernunft zeigt nach Kant demnach streng allgemeine Gesetze, die der Mensch als «Sittengesetze» (innere moralische Gebote) erkennen kann. Um die Erkenntnisgesetzlichkeit (Arbeitsweise) der reinen Vernunft darzustellen, führt Kant den Kategorischen Imperativ ein («das Sittengesetz wird in einem Kategorischen Imperativ formuliert»; Eisler, S. 267).

a)   **Kategorischer Imperativ als Arbeitsweise der Vernunft**

Kant nennt vier verschiedene Formulierungen des Kategorischen Imperativs. Dabei sind alle Formulierungen nach ihm Ausdruck desselben Gesetzes. Die Grundformel (oder auch Universalisierungsformel) lautet:

«Handle so, dass die Maxime deines Willens jederzeit zugleich auch als Princip einer allgemeinen Gesetzgebung gelten könne.» (KpV, 1. Buch, 1. Hauptstück, § 7, S. 30).

Kant erachtet die Formulierung als die für die moralische Beurteilung («sittliche Beurteilung») einer Handlung am besten geeignete Form und umschreibt sie andernorts wie folgt: «[I]ch soll niemals anders verfahren, als so, dass ich auch wollen könne, meine Maxime solle ein allgemeines Gesetz werden.» (GMS, S. 402). Dabei ist weder von einem Erfahrungsbegriff noch von einem Prinzip der Mittel zu einem bestimmten Gebrauch die Rede. Die Maxime muss vielmehr *denkerisch* so verallgemeinerbar sein, dass sie in eine «mögliche allgemeine Gesetzgebung passen kann» (GMS, S. 403); die Maxime des Wollens muss «mit sich selbst zusammenstimmen [können]» (GMS, S. 422), sodass sie als ein allgemeines Gesetz gewollt werden kann.

Der Gedanke kann vereinfachend an einem Beispiel erläutert werden:[7] Eine Person möchte das eigene Vermögen vergrössern, indem sie einem Elektrowarengeschäft Fernsehgeräte entwendet. Gemäss Kant müsste diese Person nun die Frage stellen, ob ihr Handeln richtig und vernunftgemäss sei, sodass die Maxime ihres Willens jederzeit zugleich auch als Prinzip einer allgemeinen Gesetzgebung gelten könnte. Die hieraus resultierende Maxime nach der Universalisierungsformel wäre: «Man darf stehlen, um sein Vermögen zu vergrössern.» Würde ein solches allgemeines Gesetz umgesetzt werden, so dürfte jedermann stehlen, um sein Vermögen zu vergrössern; auch die betreffende Person dürfte bestohlen werden. Es besteht somit ein Widerspruch zur Universalisierung, denn im veranschaulichten Beispiel wird kein vernunftgemässes Handeln beschrieben.

Die Menschheit ist bei solchen Universalisierungsschritten – wie eine weitere Formel des Kategorischen Imperativs ausdrücklich festhält – nie bloss als Mittel, sondern stets als Zweck zu behandeln (sog. Selbstzweckformel): «Handle so, daß du die Menschheit sowohl in deiner Person, als in der Person eines jeden andern jederzeit zugleich als Zweck, niemals bloß als Mittel brauchst.» (GMS, S. 429). Die Formel verbietet das Verwenden von Menschen als «Mittel zum Zweck» und verankert den absoluten Wert der Person. Begründet wird dies wiederum damit, dass die Verwendung von Menschen als Mittel gemäss dem apriorischen Vermögen, nach

---

[7] Das Beispiel ist insofern vereinfachend, als die Beurteilung der Universalisierung im autonomen Bereich des Denkens des Menschen erfolgt, das mithin apriorisch normativ – d.h. schon gegebenes Wissen – ist, so wie Raum und Zeit bei der Wahrnehmung der äusseren Welt bereits gegeben sind. Da Kant entsprechende Beispiele selbsterklärend verwendet, ist es angebracht, auch hier den Mechanismus (aber nicht dessen normative Funktion) erklärend heranzuziehen.

der Formel des Kategorischen Imperativs Gesetze auf ihre Verallgemeinerbarkeit zu überprüfen, sich letztlich wiederum gegen sich selbst richten würde. Wird die Formel des Kategorischen Imperativs vollzogen, indem geprüft wird, ob Gesetze allgemeingültig sein können, folgt aus ihr somit auch, andere Menschen genau **gleich** zu behandeln. Die absolute Achtung der Mitmenschen ist nach Kant somit ebenfalls Teil der Vernunft. In Anlehnung an diese Formel würden die Maximen, zu lügen oder jemanden zu schädigen, «sich selbst zerstören», da sie die Vorgabe, jeden Menschen zu jeder Zeit als Zweck und nicht als Mittel zu gebrauchen, mit der Verallgemeinerung nicht einhalten können. Kant veranschaulicht die Selbstzweckformel am Beispiel des Lügens: «Der Mensch aber ist keine Sache, mithin nicht etwas, das bloß als Mittel gebraucht werden kann, sondern muß bei allen seinen Handlungen jederzeit als Zweck an sich selbst betrachtet werden. [...] was die nothwendige oder schuldige Pflicht gegen andere betrifft, so wird der, ein lügenhaftes Versprechen gegen andere zu thun im Sinne hat, sofort einsehen, daß er sich eines andern Menschen bloß als Mittels bedienen will, ohne daß dieser zugleich den Zweck in sich enthalte» (GMS, S. 429).

In der sog. Naturgesetzformel lautet der Kategorische Imperativ: «Handle so, als ob die Maxime deiner Handlung durch deinen Willen zum allgemeinen Naturgesetze werden sollte» (GMS, S. 421). Inhalte des Naturgesetzes, wie beispielsweise bei Cicero «niemandem schaden» (*alterum non laedere,* vgl. 1. Teil, § 2, Kap. 5.c), sind Elemente, die die Menschen nach Kant als Geltungsgrund des Handelns nicht von aussen (durch Überlieferung etc.) übernehmen müssen, sondern durch diese Verallgemeinerungsformel, die der Vernunft inhärent ist, selbst herleiten können. Dabei sollen – nach Kants Terminologie – alle Maximen aus eigener Gesetzgebung «zu einem möglichen Reiche der Zwecke als einem Reiche der Natur, zusammenstimmen» (GMS, S. 436). Das Reich der Zwecke (es wird in der Literatur auch als Reich der Naturgesetze oder Naturrecht umschrieben) wird von Kant als ideale oder moralische Ordnung umschrieben. Das menschliche Vermögen, solche Zwecke zu setzen, ist für Kant Autonomie. Als ein gesetzgebendes Glied im Reich der Zwecke (bzw. durch das Existieren als vernünftiges Wesen, wie Kant andernorts schreibt) ist der Mensch frei (vgl. dazu auch unten b). Dabei ist das apriorische Gefühl der Achtung vor dem moralischen Gesetz Triebfeder seines ethischen Handelns.

b)   Freiheit (Autonomie) und Würde

Die Sittlichkeit (Moral) entspringt nach Kant der «ureigenen Gesetzgebung», mithin dem Kategorischen Imperativ als Arbeitsweise der Vernunft, welche in sich jeden Mitmenschen berücksichtigt. Diese **Autonomie** (bzw. die Fähigkeit zu ureigener Gesetzgebung) ist die Grundlage der Moral. Sie beinhaltet die Freiheit, den Willen bestimmen zu können und Affekte zu zähmen. Die Fähigkeit zu ureigener Selbstgesetzgebung bedeutet nach Kant demnach Freiheit; eine Eigenschaft, unabhängig von fremden, bestimmenden Ursachen zu wirken. Woher das Vermögen stammt, im Sinne metaphysischer Ursprungsgründe handeln zu können, kann nach Kant nicht weiter begrifflich geklärt werden – ebenso wenig wie das Objekt des freien Willens, das für Kant Endzweck der reinen Vernunft und zugleich höchstes Gut der Philosophie ist (XX, 292). Freiheit kann insbesondere nicht aus der Erfahrung abgeleitet werden, sonst wäre sie nicht frei, sondern kausal; aber diese Fähigkeit des Menschen ist gerade von allen empirischen Bedingungen unabhängig.

Aus den apriorischen moralischen Fähigkeiten begründet Kant auch die **Würde des Menschen**: Die Würde der Menschheit besteht darin, «allgemein gesetzgebend zu sein» (GMS, S. 438), d.h., sich den eigenen auferlegten moralischen Gesetzen zu unterwerfen. Autonomie im Sinne der dargelegten «ureigenen Gesetzgebung» ist nach Kant der Grund «der Würde der menschlichen und jeder vernünftigen Natur» (GMS, S. 436). Die Würde findet ihren Ausdruck gleichermassen in der Selbstzweckformel des Kategorischen Imperativs, wonach der Mensch stets Zweck ist und niemals bloss als Mittel gebraucht werden kann. Die Pflicht des Menschen ist es, diese

Würde der Menschheit in seiner Person (gegenüber sich selbst und allen anderen Personen) zu wahren. Kant betont dabei auch, dass nicht entscheidend sei, wie viele Menschen praktisch oftmals nicht vernunftgemäss handeln; die Würde des Menschen stütze sich vielmehr auf die Fähigkeit, mithin darauf, dass es prinzipiell möglich sei, eigengesetzlich zu denken.

In der Möglichkeit, eigengesetzlich zu denken, gründet für Kant zugleich die Verpflichtung, ethisch zu handeln. Mit anderen Worten soll sich der Mensch an seine Vernunft halten und gemäss den apriorischen Prinzipen der Vernunft denken. Der Mensch entscheidet nach dem Kategorischen Imperativ, wenn er sich vernunftgemäss verhält, seine Maximen universalisieren kann und den Mitmenschen nur als Zweck, niemals aber als blosses Mittel behandelt. Dieses **Grundprinzip des Denkens** bildet die Grundlage der Würde des Menschen.

§ 3   Rechtslehre

1.   Recht aus Freiheit

Kants Rechtslehre besagt im Wesentlichen, dass der Inbegriff bzw. die Idee des Rechts *Freiheit* sei[8]: Die zentrale Aufgabe des Rechts ist der Schutz der ethischen Fähigkeiten der Menschen und ihrer Möglichkeit, gemäss apriorischen Prinzipien zu denken. Der Staat habe dafür zu sorgen, dass die Menschen möglichst frei ihre Fähigkeiten

---

[8] Kant bezeichnet als Idee im Gegensatz zum zeitgemässen Sprachgebrauch und in Anlehnung an Platon (vgl. oben Kap. 1 § 2 Kap. 4.b) jene Gegenstände, die nicht sinnlich wahrgenommen werden können. Für transzendentale Ideen (wie die Freiheit) gibt es für Kant keinen korrespondierenden Gegenstand im Bereich der Sinne (KrV A 326 / B 383); sie beziehen sich nicht auf die Erfahrung, sondern auf die unbedingte (apriorische) Erkenntnis (KrV A 321/B 378).

ausüben und verfolgen können. Recht, bestehend aus äusseren Gesetzen, soll das innere Gesetz (Verallgemeinerungsformel des Kategorischen Imperativs als inneren Denkens) garantieren können. Diese Rechtspflichten, die Teil der äusseren Gesetzgebung sind, funktionieren zwar nach Kant nicht gleich wie die Tugendpflichten, namentlich sind sie durch äusseren Zwang durchsetzbar. Gleichwohl sollen Rechtspflichten das vernünftige Handeln zur Grundlage haben; Kant entwickelt als Grundlage auch für die äusseren Rechtspflichten eine Form des Kategorischen Imperativs. Für Kant ist das Recht aus der Vernunft entsprungen und stellt eine von der Vernunft geforderte Ordnung der Beziehung der Menschen untereinander dar. Kant versteht eine Rechtsordnung als ein von Menschen konstituiertes Natur- bzw. Vernunftrecht, das unabhängig von allen historischen, kulturellen und religiösen Umständen gelten muss.

2. Der Kategorische Imperativ als Rechtsprinzip

Kant formuliert den Kategorischen Imperativ auch als Prinzip des Rechts: «Eine jede Handlung ist Recht, die oder nach deren Maxime die Freiheit der Willkür eines jeden mit jedermanns Freiheit nach einem allgemeinen Gesetze zusammen bestehen kann.» (MdS, S. 230). Willkür ist dabei nicht im juristisch-technischen Sinn zu verstehen, sondern meint vielmehr, eine jede Handlung ist Recht, die oder nach deren Maxime die Freiheit des Handelns eines jeden mit jedermanns Freiheit nach einem allgemeinen Gesetze zusammen bestehen kann. Recht wird als Freiheit aufgefasst, die erst durch die Freiheit des Nächsten begrenzt wird. Eine Handlung ist rechtens, wenn sie die autonomen Handlungsmöglichkeiten der einzelnen maximal gewähren kann. Das Recht fungiert hierbei als Schutz über die (weit gefasste) Handlungsfähigkeit. Sobald alle autonomen Handlungsformen garantiert werden, entsteht ein Rechtssystem, das die Entwicklung des Denkens bzw. der Vernunft fördern kann. Kant statuiert den Kategorischen Imperativ insofern als Teil des Rechts, als dieser einen Beurteilungsmassstab aufweisen könne für die

Überlegung, ob Gesetze richtig seien oder nicht. Zusammengefasst muss das Recht bei Kant zwei Elemente zwingend beinhalten: die Behandlung der Menschen als Zweck (nicht als blosses Mittel) und die Garantie der grösstmöglichen Freiheit eines jeden Handlungsfähigen. Insofern markiert der Übergang vom Naturzustand, den Kant als «nicht-rechtlich» (im Sinne einer Privatjustiz) und kriegshaft umschreibt, zum rechtlichen institutionalisierten Zustand, in dem «jeder seines Rechts teilhaftig werden kann» (VI, 305 f.), auch den Übergang zu einer Gemeinschaft, die sich nach den gesetzgebenden Prinzipien der Vernunft selbst bestimmt.

3. Vernunftrecht und Menschenrechte

Kant befasst sich wiederholt mit der Idee, welchen Regeln und Begriffen ein allgemeingültiger Charakter eines Vernunft- oder Naturrechts zukommt, wobei er letzteres als das «a priori durch jedes Menschen Vernunft erkennbare» objektive Recht (MdS, S. 412, 345 f.) umschreibt. Das *«ius naturae»* liefert die «unwandelbaren Prinzipien» zu aller positiven Gesetzgebung (MdS, S. 336). Zu unterscheiden ist es vom statutarischen (positiven) Recht, das dem Willen der Gesetzgebung entspringt (MdS, S. 345).

Zu den unwandelbaren Prinzipien («Vernunftideen») des Rechts gehört für Kant zunächst einmal die **Freiheit** als das «einzige, ursprüngliche, jedem Menschen kraft seiner Menschheit zustehende Recht», die er als «Unabhängigkeit [von] eines anderen nötigenden Willkür, sofern sie mit jedes anderen Freiheit nach einem allgemeinen Gesetz bestehen kann» (MdS, S. 345) definiert. Freiheit kann auch im Recht nicht von äusseren Umständen abgeleitet werden; vielmehr gilt sie unabhängig von historischen, kulturellen, sozialen und religiösen Gegebenheiten. Die **Gleichheit** aller Menschen liegt schon in ihrem angeborenen Freiheitsrecht begründet (MS AA VIII, 295). Kant grenzt die Gleichheit der Staatsbürger insbesondere von der ständischen Gesellschaft und ihren ererbten Privilegien und Abhängigkeiten ab. Gleichheit der Menschen impliziert so Gleichheit vor dem Gesetz und eine unterschiedslose Behandlung (Rechtsgleichheit; vgl. heute Art. 8 BV, Art. 3 Grundgesetz).[9] Das Kriterium für die Legitimität von Gesetzen ist entsprechend die Vereinbarkeit der staatlichen Gesetze mit der Freiheit der Bürger, wobei die Bürger untereinander gleich sind, was sich bereits aus der Selbstzweckformel des Kategorischen Imperativs ergibt. Die Menschenrechte werden zur Legitimation allen staatlichen Handelns. Die vorrangige Aufgabe des Staates besteht in der Sicherung der Freiheitsrechte. Sie umfassen für Kant auch die **politische Selbstbestimmung**: Was ein Volk nicht über sich selbst beschliessen kann, kann auch nicht die Gesetzgebung über das Volk beschliessen (vgl. dazu sogl. Kap. 5. in fine).

Die kantische moralphilosophische Begründung der Autonomie (Freiheit), Würde und Gleichheit der Menschen ist bis heute die denkerische Grundlage der von den Verfassungen und der Konvention garantierten Grundrechte und durchdringt ihre Interpretation und Anwendung. Mit der inneren Verbindung zwischen Freiheit und Gleichheit erschliesst Kant «die normative Struktur des modernen Menschenrechtsdenkens» (vgl. Bielefeldt, 71). Aus dem angeborenen Recht auf Freiheit leitet Kant z.B. die Meinungsäusserungsfreiheit ab (heute Art. 16 BV; Art. 10 EMRK). Die gerichtliche Interpretation des Grundrechts durch die obersten Europäischen Gerichte weist eine Struktur gemäss dem kategorischen Imperativ von Kants Rechtslehre auf: Die Meinungsäusserung ist als Freiheit geschützt; sie darf erst dann eingeschränkt werden, wenn zu Hass oder Gewalt aufgerufen wird, wenn also die Grenze eines strafbaren Verhaltens erreicht wird. Die Meinungsäusserungsfreiheit hat im heutigen demokratischen Rechtsstaat so die zentrale Funktion, unterschiedliche Auffassungen zuzulassen, und insbesondere von dominanten Auffassungen abweichende Meinungen zu schützen

---

[9] Hinzuweisen ist darauf, dass Kant selbst die Rechtsgleichheit nur auf aktive Staatsbürger bezieht, die «nicht vom Willen anderer abhängig» seien. Kant macht einige Beispiele, räumt aber selbst ein, dass die Unterscheidung «schwierig» sei (VIII, 295).

und hierfür Rechtsschutz zu gebieten (für ein Beispiel aus dem Bereich des Rundfunkrechts s. etwa BGE 149 I 2). In den USA ist die Redefreiheit jedenfalls verfassungsrechtlich sogar ohne Einschränkungsvorbehalt gewährleistet. Fundamental ist Kants Denken sodann für die Menschenwürde in der Verfassungsgerichtsbarkeit. In der Schweiz gilt die Menschenwürde als oberstes Konstitutionsprinzip, als Richtlinie für die Auslegung von Grundrechten sowie als Auffanggrundrecht (BGE 127 I 6 E. 5b). Sie entfaltet ihre Schutzwirkung in der Verfassungspraxis insbesondere als Richtlinie für die Interpretation der Persönlichen Freiheit (Art. 10 Abs. 2 BV; etwa bei medizinischen Zwangsbehandlungen) oder beim Recht auf Hilfe in Notlagen (Art. 12 BV, ein ursprünglich ungeschriebenes verfassungsmässiges Recht auf Existenzsicherung; vgl. BGE 121 I 367 E. 2). Vgl. für ein Beispiel zur Unantastbarkeit, Art. 1 Abs. 1 Grundgesetz, und zum Schutz der Würde jedes einzelnen Menschen und damit der Unabwägbarkeit der Menschenwürde gemäss der deutschen Verfassungsrechtsprechung 3. Teil, § 2, Kap. 2.e [Pufendorf].

Obwohl die Menschenwürde in der Konvention nicht erwähnt wird, gehört sie zum Wesensinhalt (*«very essence»*) der Konvention (EGMR, *Bouyid v. Belgium*, Nr. 23380/09 [GK], 28. September 2015 § 89). So verletzt es die Menschenwürde, einer Person die Freiheit lebenslänglich zu entziehen, ohne sich nicht wenigstens um deren Rehabilitation zu bemühen (EGMR, *Murray v. The Netherlands*, Nr. 10511/10 [GK], 26. April 2016 §§ 101, 104). Ebenso begründet die Einschliessung eines Angeklagten in einem Metallkäfig im Gerichtssaal eine herabwürdigende Behandlung und eine Verletzung seiner Würde (s. in Anwendung von Art. 3 EMRK EGMR, *Svinarenko und Slyadnev* gegen Russland, 17. Juli 2014 [GK], Nr. 32.541/08 und 43.441/08). Eine Verletzung von Art. 3 EMRK liegt vor, «wenn [eine Handlung] die Person erniedrigt oder entwürdigt, indem sie ihre Menschenwürde missachtet oder herabsetzt, oder wenn sie Gefühle der Angst, der Beklemmung oder der Minderwertigkeit hervorruft, die geeignet sind, die moralische und physische Widerstandskraft einer Person zu brechen»; so bei sexueller Ge-

walt, Zwangsmedikation und Folter zum Nachteil eines deutsch-
libanesischen Doppelbürgers ohne Anklage und Überprüfung im
Rahmen einer geheimen Überstellung, EGMR, *El-Masri gegen die
ehemalige jugoslawische Republik Mazedonien*, 13. Dezember 2012,
Nr. 39630/09 [GK], insb. § 205 ff., s.a. EGMR, *al-Hawsawi gegen Li-
tauen*, 16. Januar 2024, Nr. 6383/17, betr. Kooperation mit sog. CIA-
Foltergefängnissen in Europa.

4. Recht und Moral, Strafrecht

Kant entwirft intensiv rezipierte Vorschläge für eine begriffliche
Differenzierung zwischen Recht und Moral, ohne selbst von einer
vollständigen Trennung beider Bereiche auszugehen. Eine Eigenschaft des Rechts ist für Kant – im Gegensatz zur Moral als innerer
Tugend – die Möglichkeit des äusseren Zwangs, der mit der Freiheit eines jeden nach allgemeinen Gesetzen zusammen bestehen
kann (MdS, S. 339). Das Recht soll also einerseits die Freiheit des
Menschen respektieren und garantieren, insbesondere die Denk-
möglichkeit eines jeden, und andererseits darf es auf die Menschen
Zwang ausüben, sofern sie die Rechte anderer Menschen unzulässig
einschränken.

Die Möglichkeit zur Zwangsausübung leitet Kant direkt aus der Freiheit ab: Er vertritt die Meinung, wenn das Gesetz vernünftig gemacht
sei und der Mensch frei ist, danach zu handeln oder nicht danach
zu handeln, dann müsse er auch mit aller Gewalt die Konsequenzen
tragen, die er aus einem qualifizierten Verstoss gegen dieses Recht
hervorruft. Kant spricht sich denn auch für die Todesstrafe bei einem
Katalog von Delikten aus. Die Auffassung, die Todesstrafe sei mit der
Menschenwürde vereinbar, muss als überholt angesehen werden. Mit
einer Ausnahme haben sämtliche Mitgliedstaaten des Europarats das
13. Protokoll zur EMRK zur Abschaffung der Todesstrafe auch in
Kriegszeiten ratifiziert. Mittlerweile legt der Gerichtshof Art. 2 der
Konvention (entgegen dem Wortlaut) dahin aus, dass die Todesstrafe
verboten ist (EGMR, *Al-Saadoon and Mufdhi v. UK*, Nr. 61498/08,

2. März 2010, § 120). Schon zuvor beurteilte der Gerichtshof die Auslieferung einer von der Todesstrafe bedrohten Person aus dem Gebiet der EMRK aufgrund der Inhaftierung in sogenannten Todestrakten als Verstoss gegen die Folter und damit gegen die Menschenwürde – das Gericht lehnte die Auslieferung ab (s. EGMR, *Soering v. Vereinigtes Königreich*, Nr. 14038/88 [Plenary], 7. Juli 1989).

Die Überlegungen Kants zum Strafrecht bewegen sich im normativen Bereich und lassen Überlegungen auf der Ebene der gesellschaftlichen Wirklichkeit weitgehend unberücksichtigt, was seine Theorie in diesem Punkt äusserst anfällig macht für Kritik. Insbesondere wird Kant vorgeworfen, spezifische soziale Gegebenheiten, welche eine Straffälligkeit einer Person begünstigen können, völlig unbeachtet gelassen zu haben. Seine Ausführungen zum Strafrecht lesen verschiedene Interpreten als nahe an den sog. absoluten Straftheorien, wobei eine klare Zuordnung in der Forschung zunehmend umstritten ist. Entsprechende Theorien sehen den Grund für die Strafe, unter Ausblendung sozialer Ziele, allein in der Straftat: *«punitur quia peccatum est»* (es wird gestraft, weil etwas Verbotenes getan wurde). Die Strafe will als staatliche Reaktion die Tat und die dadurch verletzten Rechtsgüter durch Auferlegung eines gleichwertigen «Übels» sühnen. Historisch betrachtet basiert dieser Gedanke auf dem *ius talionis* (Talionsprinzip: Gleiches ist mit Gleichem zu vergelten). In der Konsequenz negiert die absolute Straftheorie die Legitimation von Strafen durch nützliche Zwecke für die Gesellschaft und begründet diese allein durch die Vergeltung der Tat.

Die relativen Straftheorien sind präventiv geprägt und sollen von künftigen Straftaten abhalten (Strafzweck). Es lassen sich zwei Stränge der relativen Straftheorien ableiten: Spezial- und Generalprävention. Die Spezialprävention nach Franz von Liszt (1851–1919) stellt auf die Besserung des *Täters* durch Strafvollzug ab. Der Täter soll eine Resozialisierung erfahren und von künftigen Straftaten abgehalten werden. Nach der Generalpräventionstheorie, die insbesondere Paul Johann Anselm von Feuerbach (1775–1833) zugeschrieben wird, soll einerseits die *Allgemeinheit* durch Strafandrohung von der Verbrechensbegehung abgeschreckt werden (negative Generalprävention), andererseits das Vertrauen der Gesellschaft in die Rechtsordnung gestärkt und ein «Verbrechen lohnt sich nicht»-Bewusstsein geschaffen werden (positive Generalprävention).

Die Schweizer Strafrechtslehre und -praxis ist geprägt von der relativen Straftheorie. Der Zweck der Strafe erschöpft sich nicht im Schuldausgleich. Strafrecht dient nicht in erster Linie der Vergeltung, sondern der Verbrechensverhütung (BGE 134 IV 121 E. 3.3.3); im Rahmen schuldangemessener Strafe (Schuldstrafrecht) kommt der Spezialprävention der Vorrang gegenüber generalpräventiven Überlegungen zu (BGE 134 IV 53 E. 4.4.1). In der deutschen Lehre wird versucht, unter der Bezeichnung «Vereinigungstheorie» mit unterschiedlicher Schwerpunktsetzung beiden Straftheorien gerecht zu werden.

5. Freiheiten des Volkes – Grundrechte – Völkerrecht

Von grösserer Aktualität ist Kants Denken hinsichtlich des internationalen Rechts. Kant wendet seine Moralphilosophie (insbesondere den Kategorischen Imperativ) auch auf den Bereich des zwischenstaatlichen Rechts (Völkerrecht) an. Für Kant ist Friede kein natürlicher Zustand zwischen den Menschen und Völkern (der Naturzustand ist ein Kriegszustand); vielmehr muss er gestiftet und abgesichert werden. Kant bezeichnet den Frieden als teleologisches Ziel der Menschen und der Geschichte und als Endzweck der Lehre des Rechts. Er schlägt zur Überwindung der immerwährenden Kriegsbedrohung im Naturzustand in seinem Werk «Zum ewigen Frieden» (1795) den Rechtszustand in der Form eines völkerrechtlichen Friedensvertrags vor. Darin skizziert er einen kosmopolitischen (überall zu respektierenden) Mindestgehalt des Rechts zwischen den Staaten, worin sich die Staaten gegenseitig zu *Erhalt und Sicherung*» ihrer jeweiligen Freiheit verpflichten. Dies soll in der Form eines **Völkerbunds** realisiert werden, einem Zusammenschluss zwischen den Staaten in Form einer Föderation ohne Zwangsmittel (einem «permanenten Staatencongress»). Kant traut dem föderativen Staatenbund – im Gegensatz zu einer «Weltrepublik» mit Zwangsgewalt – einen wesentlichen Beitrag zum ewigen Frieden zu: Er plädiert für die souveräne Gleichheit der Staaten und formuliert ein Einmischungsverbot in die Verfassung und Regierung eines anderen Staates, spricht sich für die Abschaffung «stehender Heere» und von Kriegskrediten aus, die zu Wettrüsten und Angriffskriegen führen; Kant erachtet stattdessen eine ausschliesslich zur Verteidigung ausgerüstete Staatsbürgerarmee als zulässig, ebenso anerkennt er das Recht der Staaten auf Neutralität. Die Schrift hat die Charta der Vereinten Nationen mit dem Verbot des Angriffskriegs in Art. 7 wesentlich beeinflusst.

Als weiteres Element zum Ziel des ewigen Friedens entwirft Kant das sog. **Weltbürgerrecht**. Dazu gehört, dass Menschen nicht nur auf staatlicher, sondern auch auf globaler Ebene als Rechtsträger anzusehen sind; Menschen müssen «endlich sich doch neben einander dulden» (Zum ewigen Frieden, S. 213). So fliesst aus dem Weltbürgerrecht das Recht, «sich zum Güter- und Kulturaustausch anzubieten»; gefördert wird ein Handelsgeist «in gegenseitigem Eigennutz». Weltbürger haben das Recht, mit Fremden in Kontakt zu treten und in fremdes Territorium eingelassen zu werden, ohne feindselig behandelt zu werden. Die Gegenseite ist jedoch nicht verpflichtet, sich darauf einzulassen: Den Einheimischen stehe es frei, den Versuch der Kontaktaufnahme friedlich abzuweisen und den Fremden zum Verlassen des Territoriums aufzufordern. Dabei ist Bedingung, dass dies «ohne seinen Untergang» (a.a.O., 213) geschehen kann. Das so begründete Weltbürgerrecht versteht Kant als allen Menschen zukommendes Naturrecht (a.a.O., 214). Für ihn können einzig in Respektierung der Weltbürgerrechte «entfernte Weltteile mit einander [in] friedliche Verhältnisse kommen, die zuletzt öffentlich gesetzlich werden» (a.a.O.), wie auch zunehmende Handelsverflechtungen unter Völkern in Respektierung dieser Prinzipien langfristig zu Frieden zwischen den Staaten führen.

Die Konzeption ist insbesondere vor dem Hintergrund der scharfen Kritik Kants an den europäischen Kolonialmächten zu lesen. Kant kritisiert die Unterdrückung ebenso vehement wie die Rekrutierung der Eingeborenen für europäische Kriege und die Aufhetzung der neu entdeckten Staaten zu ausgedehnten Kriegen untereinander (Zum ewigen Frieden, S. 215 f.). So hat Kant in Auseinandersetzung mit den Gräueln von Krieg und Unterdrückung die Vision, im Laufe der Zeit einen ewigen Frieden entstehen zu lassen – «obgleich nur in einer ins Unendliche fortschreitenden Annäherung wirklich zu machen» (a.a.O., S. 251) –, so dass die Gemeinschaft «so weit ge-kommen ist, daß die Rechtsverletzung an einem Platz der Erde an allen gefühlt wird» (a.a.O., S. 216).

Ewiger Friede ist nicht nur zwischen Staaten, sondern auch staats-intern relevant. Staatsintern kann er nach Kant nur in einer **republi-kanischen Rechtsordnung** herrschen, die sich die Bürger selbst gegeben haben. Darunter versteht er eine auf Gesetz basierende, rechtsstaatliche Verfassungsordnung mit repräsentativer Beteili-gung der Bürger an Gesetzgebung und Regierung (Gewaltenteilung; Trennung von Legislative und Exekutive: «Der Republikanismus ist das Staatsprincip der Absonderung der ausführenden Gewalt […] von der gesetzgebenden»; Zum Ewigen Frieden, S. 352), die man heute als repräsentative Demokratie bezeichnen könnte. Davon unterscheidet er Despotie, in der Regierung und Gesetzgebung in einer Hand sind und bei der Missbrauch von Macht nicht verhin-dert werden könne, was für ihn auch für die «Demokratie» als ne-gative Form der Volksherrschaft zutrifft. Obwohl sich Kant gegen die «Demokratie» als negative Form der Volksherrschaft wendet und sie als potenziell utilitaristisch kritisiert (vgl. dazu 1. Teil, § 2, Kap. 5.a), hat seine Theorie des eigenständigen Denkens, die auch Recht und Politik umfasst, eine zentrale Bedeutung für das heutige schweizerische halbdirekte Demokratieverständnis. Dieses beruht auf der Kompetenz jedes einzelnen Bürgers, die durch das Recht geschützten Freiheiten zu bestimmen.

5. Teil   Zentrale Konzepte des 20. und beginnenden 21. Jahrhunderts

§ 1   Neue Konzepte

Während über Jahrtausende Gerechtigkeits- und Wahrheitsbegriffe im Zentrum der philosophischen Analyse stehen, löst sich dies bereits in der frühen Neuzeit und spätestens im 20. Jh. jedenfalls in den meisten rechtsphilosophischen Theorien des Mainstream auf.

Seit der Antike werden Überlegungen angestellt über die grundlegende Bedeutung von Begriffen wie Wirklichkeit, Wahrheit, richtiges Handeln oder über die Legitimationsgründe eines Staates. Der Rechtsbegriff, der bis anhin stets sehr eng mit diesen Fragestellungen verknüpft ist, beinhaltet dabei die Schwierigkeit, dass der Mensch letztlich nicht in einer allgemeingültigen und auf alle Lebenssituationen anwendbaren Form bestimmen kann, was Gerechtigkeit, die für alle Einzelfälle richtige Entscheidung oder die richtige Staatskonzeption ist. Damit verbunden ist die Herausforderung, zu bestimmen, was richtig und falsch ist, einerseits für die Gestaltung einer Rechtsordnung als solche und andererseits in Bezug auf die einzelne juristische Entscheidung. Diese Ungewissheit ist Teil der Philosophie und des juristischen Denkens, da Urteile im Rahmen des vom Gesetzgeber Vorentschiedenen zwar so richtig und gerecht wie möglich erfolgen sollen; die letzte Gewissheit, ob ein Konflikt auf gesetzeskonforme und gerechte Weise gelöst wurde, besteht aber nicht. Wie vielfach dargestellt und auch anhand höchstgerichtlicher Urteile ersichtlich, löst das Gesetz einen Rechtsstreit in aller Regel nicht in einer in allen Einzelheiten vorgegebenen Weise, sondern enthält – wie es der deutsche Bundesverfassungsrichter **Andreas Voßkuhle** nennt – einen «Gerechtigkeitsappell» an den Richter. Auf persönlicher Ebene des Richters wird also ein «Mehr» oder ein «Überschuss» an Verwirklichung von demokratisch hervorgebrachten Gerechtigkeitskonzepten verlangt, welcher nicht vollständig durch positiv-rechtliche Normen erfasst werden kann. Das Gericht hat teil an der Verwirklichung von Gerechtigkeitskonzeptionen, für die es – als ein Grundparadox der Philosophie – auch nach Jahrtausenden von Reflexion keine allgemeingültige Formel gibt.

Im 20. Jh. reagiert die Wissenschaft auf dieses Paradox auf eigenartige Weise, indem versucht wird, die grundlegenden Wahrheits- und Gerechtigkeitsfragen offenzulassen und in diesem Sinne «Alternativkonzepte» zu entwerfen. Die Rechtsphilosophie im 20. Jh. stützt sich stark auf den Bereich der Faktizität ab. Der Hauptgrund liegt im Aufstieg der sog. empirischen Wissenschaften: Während die Philosophie bis in die frühe Neuzeit hinein als Königin der Wissenschaften galt, wird dieses Verständnis mit dem (im 16./17. Jh. beginnenden) naturwissenschaftlichen Fortschritt und den technischen Errungenschaften insbesondere im 20. Jh. vermehrt den Naturwissenschaften zuteil. Naturwissenschaftliche Erkenntnisse lassen sich durch wiederholbare Versuche und mathematische Beweise im Rahmen der gesetzten Prämissen objektivieren. Sie beeindrucken die damaligen Rechtsphilosophen, die nunmehr in der Empirik eine neue «objektive» wissenschaftliche Grundlage auch des Rechts suchen. Wissenschaften wie die Physik sind in der Lage, für die im 20. Jh. herrschenden Kriege Waffen zu entwickeln, welche die Welt mitsamt der Menschheit auslöschen könnten. Sie ziehen das Interesse der Öffentlichkeit und der Politik stark auf sich und verdrängen die Philosophie von ihrer Vorrangstellung. Fragen nach dem Sinn des menschlichen Lebens, des gerechten Handelns, nach dem Erkenntnisvermögen etc., die bis anhin als die zentralen Themen des Menschseins schlechthin beurteilt wurden, werden preisgegeben. Das Positiv-Gesetzte bzw. Empirisch-Wirkliche wird im 20. Jh. unter dem Einfluss oder Eindruck dieser Entwicklung stark in den Vordergrund des rechtstheoretischen Diskurses gestellt. Eine metaphysische Diskussion des Rechts wie etwa noch in der Tradition Kants oder die naturrechtliche Reflexion über die Natur des Menschen (und seinen Urzustand), wie sie etwa bei Hobbes, Locke oder Pufendorf als Ausgangspunkt einer Rechtsordnung im Rahmen des Gesellschaftsvertrags als Gesellschaftsform formuliert wird, rückt in den Hintergrund.

Die Denker des 20. Jh. versuchen, das Erfolgsrezept der Naturwissenschaften philosophisch möglichst nachzuahmen, indem ebenso klar definierte Begriffe wie in der Physik eingeführt werden. Anstatt kosmologisch und metaphysisch zu denken, sucht die Philosophie und insbesondere auch die Rechtsphilosophie ihre Grundlagen von spekulativen Konzeptionen zu «reinigen», mithin in positive (empirisch-teilbare) Begriffe zu fassen. Mit dem Fokus der Umgehung von Letztbegründungen werden neue Begriffe für das Recht und sein Verständnis prägend wie etwa **Geltung** und **Verfahren**. Ein erster zentraler Begriff für Alternativkonzepte zur Letztbegründung und zu Wahrheits- und Richtigkeitsfragen ist der *(Rechts-)Positivismus*. Die Strömung setzt sich – anstelle einer spekulativen Reflexion über die Natur des Rechts und dessen Gründe – das positiv-gesetzte, empirisch-wirkliche Recht als Ausgangs- und Analysepunkt für die Reflexion. Die positivistischen Theorien waren über lange Zeit dominierend und sind kurz darzustellen.

In ihrer Radikalität sind sie in neuester Zeit vermehrt in Kritik geraten, verschiedene neueste Theorien sind als Antwort auf den Rechtspositivismus entstanden. Gegenströmungen zum Rechtspositivismus machen geltend, beim Fokus auf das gesetzte Recht würden wesentliche Aspekte der Richtigkeitsintention des Menschen ausgeblendet. Mit sog. *Verbindungstheorien* wird – von einer positivistisch-empirisch verstandenen Rechtswissenschaft ausgehend – der Versuch unternommen, dem Gerechtigkeitsgedanken gleichwohl Tore zu öffnen. Vermehrt werden die Menschenrechte als Ausgangspunkt für Rechtsethik herangezogen. Auch auf diese Theorien, die zu den neuesten Entwicklungen im Bereich der Rechtsphilosophie gehören, ist einzugehen.

Im 20. und 21. Jh. kann darüber hinaus eine starke Fokussierung auf die Sprache selbst festgestellt werden. Die *Sprache* wird zum neuen rechtsphilosophischen Untersuchungsgegenstand und löst damit als Analysefokus grundlegende Gedanken über das Verständnis von Wirklichkeit, Gerechtigkeit und weiteren zentralen Begriffen ab.

§ 2   Ebenen der Geltung

In Bezug auf die Geltung des Rechts wird im 20. Jh. meist zwischen drei Ebenen unterschieden: Faktizität, Normativität sowie Verbindlichkeit. Der faktische Bereich bezieht sich hierbei auf die tatsächliche Existenz des Rechts und wird auch als Positivität im weiten Sinn bezeichnet. Es handelt sich um «tatsächlich existierendes», «wirkliches», «faktisch geltendes» Recht. Eine Rechtsregel kann jedoch nicht nur aufgrund ihres «Gesetzt-Seins» durch Akte einer sozialen Autorität Geltung erlangen, sondern auch psychologisch wirksam sein, indem sie als bindend oder verpflichtend angesehen wird, oder soziologische Wirksamkeit erhalten, indem sie von den Rechtsadressaten tatsächlich befolgt und angewendet wird. Von dem Bereich der Faktizität wird die *normative Geltung* (auch als Soll-Geltung oder juristische Geltung bezeichnet) abgegrenzt. Die Dritte Ebene der *Verbindlichkeit* schliesslich meint die metaphysische oder philosophische Geltung einer Norm, resp. dass eine Norm von einem höheren (philosophischen oder religiösen) Standpunkt aus als gerechtfertigt erscheint.

Dieser letzte Bereich des Verbindlichen oder – insbesondere mit Bezug auf die Konstitution der Wirklichkeit – der Metaphysik wurde im Mittelalter und auch in der Antike eingehend thematisiert und für das Recht fruchtbar gemacht. Zu denken ist beispielsweise an die Ideenlehre von Platon: Die Idee der Gerechtigkeit soll in einer konkreten Staatsordnung verwirklicht werden. Im 20. und beginnenden 21. Jh. steigt die allgemeine Tendenz, dass sich die Soll-Geltung von Normen aus der empirisch-faktischen Ebene speist und sich nicht an der Ebene der Verbindlichkeit orientiert (wenngleich sich auch in dieser Zeit einzelne Theorien an der Verbindlichkeit orientieren). Die herrschende Lehre im 20. und beginnenden 21. Jh. versucht, aus dem faktischen Bereich heraus zu erklären, weshalb Normen rechtsphilosophisch gelten sollen. Damit erfolgt eine Umkehr der Legitimation der Rechtsordnung, die wie folgt skizziert werden kann:

Grafik: Legitimation der Rechtsordnung.

§ 3 Neubetrachtung des Positivismus

1. Trennungsthese

Den Einstieg in den Positivismus bildet die sog. Trennungsthese, die gleichermassen im Recht wie in der Rechtsphilosophie angewendet wird:

> «Das Vorhandensein einer Rechtsnorm ist eine Sache; ihre Richtigkeit oder Unrichtigkeit eine andere. Ob sie besteht oder nicht, ist eine Frage; ob sie einer zugrunde gelegten Idealvorstellung entspricht, eine andere. Ein bestehendes Gesetz ist auch dann ein Gesetz, wenn es uns nicht zusagt oder wenn es von dem Kriterium abweicht, an dem wir unsere Billigung oder Mißbilligung orientieren.»

Das Zitat stammt von **John Austin** (1790–1859; The Providence of Jurisprudence Determined, S. 184), einem Vertreter des Rechtspositivismus. Ersichtlich wird eine neue Haltung in der Theorie des Rechts: Die Herausforderung, zu «Richtig» oder «Falsch» Stellung zu nehmen, ist ein intellektuelles Wagnis, dessen letzte Definition und Antwort immer umstritten, mithin einer Debatte unterworfen sein wird. Was letzter Inhalt von Richtigkeit ist, bleibt auch nach jahrtausendealter Diskussion offen.

Die Wissenschaft und die Rechtsphilosophie nehmen diesen Umstand im 20. Jh. zum Anlass für einen Versuch, die Gültigkeit des Rechts von spekulativen Begriffen und Inhalten generell zu befreien. Rechtsnormen sollen nunmehr nicht mehr in Abhängigkeit davon gelten, ob sie richtig oder falsch sind bzw. ob sie etwa in Übereinstimmung stehen mit dem Naturrecht oder nicht; ihre Wirkungskraft (Soll-Geltung) konstituiert sich unabhängig davon. Im Positivismus ist nunmehr bereits das «Vorhandensein» – eine Anspielung auf die Faktizität – ein Geltungsgrund von Recht.

Im 20./21. Jh. soll demnach die moralische Richtigkeit als Definition des Rechts gestrichen werden, mit der Begründung, ein gutes resp. «richtiges» Rechtssystem sei für den Menschen ohnehin nicht erkennbar. Nicht nur in der Rechtsphilosophie, sondern in der ganzen Philosophie möchte man sich zugunsten einer formalen Überprüfbarkeit vollständig von Richtigkeitsfragen lösen. Ob eine Rechtsordnung gerecht sei, könne niemals objektiv beurteilt werden; eine derartige Einschätzung sei immer nur ein relatives Werturteil (vgl. insbesondere unten 2b; Hans Kelsen). Stattdessen soll neu dem Recht anstelle eines naturrechtlichen ein empirisches Fundament gelegt werden. In diesem Zusammenhang ist von zentraler Bedeutung, dass die Rechtsordnung auf bestimmte menschliche Verhaltensweisen mit einem Übel reagiert, wie etwa der Entziehung von Freiheit oder wirtschaftlichen Gütern. Als zentraler empirischer Begriff wird entsprechend die *Rechtspflicht* eingeführt. Das Recht reagiert auf bestimmte menschliche Verhaltensweisen mit einem Zwangsakt. Die Rechtspflicht sei in diesem Sinne nichts anderes als die Möglichkeit des Zwangs im Falle der Nichtbefolgung eines Befehls. Der eingangs erwähnte John Austin definiert eine Rechtsnorm denn auch durch nichts weiter als einen allgemeinen Befehl und eine Sanktionsanordnung: Eine rechtliche Verpflichtung resultiert aus einem Befehl von jemandem, der die Macht hat, Sanktionen zu verhängen (sog. **Imperativtheorie des Rechts**). Die neue Definition der Positivisten oder Empiristen besagt, jeder mit einer Zwangsgewalt versehene Befehl erzeuge eine Rechtspflicht. Die spezifische Existenz einer Norm wird mit «Geltung» umschrieben. Damit findet ein fundamentaler Bruch zu den bisherigen Denkrichtungen statt. Recht orientiert sich nicht länger am «Richtigen» oder am moralisch Gesollten, sondern *gilt* durch Befehl oder Zwangsgewalt.

Im Ergebnis resultiert die eingangs angesprochene sog. Trennungsthese des Rechts (Trennung von Recht und Moral). Die Vertreter dieser Trennungsthese, die Positivisten, berufen sich auf die Unterscheidung von Kant: Er geht von der Prämisse aus, es gebe einerseits innere, moralische Pflichten, bei welchen sich der Mensch an seine Vernunft zu halten bzw. nach dem Kategorischen Imperativ zu handeln habe (was auch bedeutet, andere Menschen nicht als Mittel, sondern stets als Zweck zu behandeln), und andererseits gebe es äussere Pflichten wie beispielsweise Rechtspflichten, die erzwingbar seien. Die Positivisten übernehmen diese begriffliche Unterscheidung von moralischer Verbindlichkeit und rechtlicher Verbindlichkeit im Sinne eines Zwangs und trennen diese beiden Bereiche voneinander vollständig ab – anders als dies bei Kant der Fall ist (vgl. 4. Teil § 3; vgl. ferner 5. Teil § 3 Kap. 2.d). Der empirische Pflichtbegriff, einer Norm zu folgen, wird zum Inhalt des Rechts. Recht bedeutet im Positivismus mit Zwangsgewalt durchsetzbare Befehle. Dieses Selbstverständnis der Rechtsphilosophie prägt die Diskussion im 20. und beginnenden 21. Jh.

2. Begründungstheorien des Positivismus

a) Grundlagen

Wie findet die Trennungsthese im juristischen Kontext Ausdruck? Als Beispiel kann eine Entscheidung des deutschen Reichsgerichts aus dem Jahr 1928 herangezogen werden, die festhält: «Der Gesetzgeber ist selbstherrlich und an keine anderen Schranken gebunden als diejenigen, die er sich selbst in der Verfassung oder in anderen Gesetzen gezogen hat» (RGZ 118 [1928], 327). Die Gesetzgebung wird zu einem zentralen Massstab für die Richtigkeit (oder eher: Geltung) des Rechts. Damit einher geht ein Bild von Richterinnen und Richtern, das sich ausschliesslich an diesem Massstab orientiert. Die Urteilspassage ist Korrelat zur Aussage des Positivisten **Carl Bergbohm** (1849–1927) hinsichtlich der Haltung der Rechtsanwendenden: «[D]es […] Juristen vornehmste Tugend: die Fähigkeit, seinen Verstand jeder Beeinflussung selbst durch die tiefsten persönlichen Überzeugungen und heißesten Herzenswünsche zu entziehen, die Befriedigung derselben nur auf dem Wege der Rechtsumbildung erwartend.» (Jurisprudenz und Rechtsphilosophie, I, S. 398).

Rasch wird klar, dass vor diesem normativen Hintergrund keine Weiterentwicklung des Rechts durch die Richterschaft erfolgen soll. Die Gesetzgebung als demokratische Legitimation wird zum Massstab. Richterinnen und Richter sollen nicht ihr eigenes Vorverständnis oder eigene Wertungen in die Entscheidung einer Rechtsstreitigkeit miteinbringen, sondern der Gesetzgebung gehorsam sein. Änderungen können nur durch Rechtsumbildung resp. den Erlass eines neuen Gesetzes durch den Gesetzgeber umgesetzt werden. Die Kritik an derart absoluten Formen des Positivismus ist einfach, da – wie dies die moderne Sprachphilosophie darstellen kann (vgl. hierzu 5. Teil, § 6) – kein Begriff je bedeutungsscharf, sondern auf die ihn umgebende soziale Praxis angewiesen ist. Das Recht operiert aus seiner Tradition heraus oftmals mit Begriffen mit einem weiten Bedeutungsfeld (sog. unbestimmte Rechtsbegriffe), um eine angemessene Anzahl von Lebenssachverhalten unter die Norm subsumieren zu können. Auch erfordert die Konfrontation des Rechts mit der Realität regelmässig Wertungen, z.B. bei der Frage, ob eine Quarantäne als Freiheitsentzug zu qualifizieren sei. Was darunter fällt, ergibt sich auch aus sog. ausser- oder vorpositiven Einflüssen. In solchen Fällen besteht für den Rechtsanwender zwar im Rahmen der Gesetzesauslegung die Möglichkeit, sich auf den historischen Willen des Gesetzgebers zu berufen. Das Gesetz wird so ausgelegt, wie es der Zweck gebietet, zu welchem es damals erlassen wurde. Erschwerend wirkt sich hierbei allerdings aus, dass der Wille des Gesetzgebers für konkrete Fragestellungen häufig relativ schwierig zu eruieren ist (vgl. für ein illustratives Beispiel BGE 138 II 524) und im Spruchkörper vielfach umstritten ist.

Dass sich die Bedeutung einer Bestimmung auch an sog. ausserpositiven Einflüssen bestimmt, lässt sich am Beispiel der gerichtlichen Einführung des Stimm- und Wahlrechts veranschaulichen. Auf Bundesebene erfolgt die Einführung des Frauenstimmrechts im Jahre 1971 mittels Volksabstimmung und seit 1981 ist die Gleichberechtigung von Mann und Frau in Art. 4 Abs. 2 aBV auf Verfassungsstufe verankert (heute Art. 8 Abs. 3 BV). Im Kanton Appenzell

Innerrhoden (als letzter Kanton) wurde den Frauen das kantonale Stimmrecht allerdings beinahe zwei Jahrzehnte nach Einführung auf Bundesebene immer noch vorenthalten. Gemäss der damals rechtskräftigen innerrhodischen Kantonsverfassung galt das Stimmrecht für «alle im Kanton wohnhaften Landleute sowie die übrigen Schweizer». Der Passus wurde in ständiger kantonaler Praxis dahingehend ausgelegt, dass damit bloss Männer gemeint sind. In BGE 116 Ia 359 (1990) revidierte das Bundesgericht diese Auffassung: Eine (bundes)verfassungskonforme Auslegung führe zum Ergebnis, dass mit «Landleuten» und «Schweizern» auch Frauen gemeint seien. Damit wurde – über den richterlichen Weg – auch im letzten Kanton das Frauenstimmrecht eingeführt. Anhand desselben Regelungstexts entwickelt sich also die Rechtserkenntnis. Aus eng positivistischer Sicht muss in solchen Fällen grundsätzlich abgewartet werden, bis die Gesetzgebung das Gesetz an die zeitgemässe Rechtsauffassung angepasst hat. Doch kann sich der Rechtsanwender, der für den zu beurteilenden Einzelfall eine gerechte Lösung finden muss, erlauben, auf die Anpassung an die gesellschaftliche Entwicklung durch den Gesetzgeber zu warten? Fragen dieser Art stellen für die Praxis den zentralen Streitpunkt der Auseinandersetzung zwischen Positivisten und Nichtpositivisten dar.

b)   Kelsens hypothetische Grundnorm

Der Rechtspositivismus hat sich in zahlreichen, untereinander teilweise erheblich unterschiedlichen Formen entwickelt. **Hans Kelsen** (1881–1973), einer der Hauptvertreter des Rechtspositivismus, stellt sich auf den Standpunkt, das Recht leite sich nicht aus Gerechtigkeit ab, sondern aus dem ersten normerzeugenden Tatbestand, welchen er als die *hypothetische Grundnorm* bezeichnet. Das Rechtssystem muss menschliches Verhalten regeln; es muss auf bestimmte menschliche Verhaltensweisen mit einem Zwangsakt reagieren, und es muss seine Geltung von einem spezifischen hypothetischen Geltungsgrund ableiten: «Zwangsakte sollen gesetzt werden unter den

Bedingungen und auf die Weise, die die historisch erste Staatsverfassung und die ihr gemäß gesetzten Normen statuieren» (Kelsen, Reine Rechtslehre, S. 203 f.).

In der Regel ist diese **hypothetische Grundnorm** in der Staatsverfassung zu verorten. Die erste Staatsverfassung begründet die Geltung der darauffolgenden Verfassungen des betreffenden Staates und die übrige, untergeordnete Kaskade an Rechtsnormen. Für die Schweiz wäre die Grundnorm entsprechend Art. 140 Abs. 1 lit. a BV, wonach Änderungen der Bundesverfassung Volk und Ständen zur Abstimmung unterbreitet werden sollen. Kelsen versucht, die geltende Rechtsordnung durch die Befolgung der ersten Verfassung als faktische Grundnorm herzuleiten; eine höhere Norm (z.B. die Verfassung) gebietet im Sinne einer Kompetenzgrundlage, die untergeordnete, konkretere Norm (z.B. ein Bundesgesetz) anzuwenden, welche die wiederum konkretere Norm (z.B. die Verordnung) legitimiert. Der Geltungsgrund der heutigen Verfassung kann seinerseits auf die früheren Verfassungen bis jene vom 12. September 1848 zurückgeführt werden, die sich dann auf die *hypothetische* Grundnorm «was Volk und Stände beschliessen, ist Recht» als faktische Erzeugungsregel stützt.

Kelsens Theorie ist der Versuch, eine *Reine Rechtslehre* zu formulieren, die jeglichen Rückgriff auf normativ-ethische Gedanken als Element für die Rechtsgeltung verneint und die Geltung des Rechts lediglich auf dessen Rückführbarkeit auf höhere Normen stützt. Entsprechend kann jeder beliebige Inhalt des Gesetzgebers zu geltendem Recht werden, wenn er formell korrekt erlassen wird. Eine materielle Überprüfung im ethischen Sinn kann als Konsequenz der Trennungsthese nicht stattfinden. Eine Handlung wird im Positivismus zu Unrecht, weil sie die Zwangsgewalt verbietet. Die Identität von Staat und Recht wird proklamiert als faktisch bestimmendes Sein, das abgetrennt ist vom moralischen Sollen. Stattdessen wird eine Bindung an den Gesetzgeber verlangt, die von einer demokratischen anstatt einer moralischen Legitimation der positiven Rechtsordnung ausgeht. Für Kelsen ist das Recht keine durch den Begriff der Gerechtigkeit (bzw. der Gerechtigkeit seines Inhalts) von anderen gesellschaftlichen Ordnungen differenzierbare Ordnung. Da auch das Verhalten von Räuberbanden nach internen Ordnungsregeln darauf ausgerichtet ist, Menschen zu einem bestimmten Verhalten zu bewegen, indem sie ihnen ein Übel androhen, können auch sie eine Rechtsordnung sein (Kelsen nennt als Beispiel die sog. Seeräuberstaaten, die vom 16. bis ins 19. Jh. in Nordafrika existierten). Eine Rechtsordnung wird sich gegen die eine Räuberbande konstituierende Ordnung dann durchsetzen, wenn sie auf Dauer empirisch wirksamer ist; nicht aufgrund der Frage der Gerechtigkeit ihres Inhalts (vgl. das historische Seeräuberbeispiel und die andere Auffassung bei Augustinus als Ausgangspunkt für die Streitfrage 2. Teil § 1 Kap. 6.d).

Damit wird deutlich, dass Kelsens Denken vom *rechtsphilosophischen Relativismus* geprägt ist. Diese Position besagt, dass das Recht unabhängig davon gilt, ob es ethisch richtig ist, sondern allein aufgrund der Tatsache, dass es vom Gesetzgeber geschaffen wurde. Die Position anerkennt keinen objektiven, absoluten Bezugspunkt wie das Naturrecht, welcher das Recht «richtig» erscheinen lässt. Entsprechend lassen sich keine Aussagen über «richtiges» und «falsches» Recht im Allgemeinen treffen. Relativismus steht also in einem engen Zusammenhang mit der rechtspositivistischen Idee. Die Gegenposition dazu bildet der Objektivismus, der besagt, dass es richtiges oder unrichtiges Handeln gibt. Dabei ist die Frage der Richtigkeit unabhängig davon zu betrachten, ob eine spezifische Rechtsordnung die Richtigkeit als solche wahrzunehmen und zu kodifizieren vermag. Nach dieser Auffassung soll sich das Recht an objektiven ethischen Gesichtspunkten orientieren. Auch der rechtsphilosophische Objektivismus geht davon aus, dass das objektiv Richtige vom Menschen nicht einfach erkannt werden kann. An Geboten, die sich als universell richtig herausstellen, sollte sich das Recht aber selbst orientieren. Als Beispiel kann etwa herangezogen werden, dass es ungerecht ist, für etwas verurteilt zu werden, das man nicht begangen hat, oder die universelle Geltung der Menschenrechte.

c) Psychologischer Positivismus

Eine weitere Spielart des Rechtspositivismus ist der psychologische Positivismus. Die psychologische Annäherung versucht, das Recht zu begreifen als das, was faktisch psychologisch als Zwangsgewalt befolgt wird. Der Konsens des überwiegenden Teils der Normadressaten bzw. Rechtsunterworfenen wird untersucht und zur Geltungsgrundlage des Rechts gemacht. Gegenstand der Theorie ist also eine reale Normanerkennung bzw. die empirisch feststellbare Beachtung und Respektierung der Norm, die Voraussetzung der Geltung von Recht sei. In dieser Form des Positivismus wird ausgesagt, das Recht beruhe letztlich auf einem bloss subjektiven Element, auf der Tatsache der Überzeugung seiner Gültigkeit und der Befolgung der Norm durch ihre Adressaten. Wiederum bildet also eine Tatsache Programm dieser Theorie. Einer der Hauptvertreter des psychologischen Positivismus, **Ernst Rudolf Bierling** (1841–1919), definiert den Rechtsbegriff entsprechend folgendermassen: «Recht im juristischen Sinne ist im allgemeinen alles, was Menschen, die in irgendwelcher Gemeinschaft miteinander leben, als Norm und Regel dieses Zusammenlebens wechselseitig anerkennen» (Juristische Prinzipienlehre I, S. 19). Ein Vertreter des psychologischen Rechtspositivismus ist auch **Georg Jellinek** (1851–1911). Für ihn ist das Recht eine «innermenschliche Erscheinung», wobei sich die verpflichtende Kraft des Rechts durch die soziale Normanerkennung ergebe. Für deren Erklärung stützt sich Jellinek – anders als Bierling – nicht auf eine individuelle Normanerkennung, sondern lässt die Anerkennung durch eine Mehrheit der Normadressaten genügen (sog. generelle Anerkennungstheorie). Recht muss nach diesen Standpunkten nicht mehr metaphysisch, naturrechtlich oder ethisch hergeleitet oder legitimiert werden. Allein die faktische Anerkennung von Regeln schafft Recht, ohne dass diese Regeln einen inhaltlichen Mindestgehalt aufweisen müssten.

d) Rule of Recognition bei H.L.A. Hart

Einer der berühmtesten Juristen des 20. Jh. und ebenfalls Rechtspositivist ist **Herbert Lionel Adolphus Hart** (1907–1992). Hart fasst für seine Theorie des Rechts verschiedene Elemente des Positivismus zusammen: Für ihn ist ein Rechtssystem zunächst ein System von verschiedenen Arten von (Wenn/Dann-)Regeln, wobei eine Rechtsregel psychologisch und/oder soziologisch wirksam sei. Harts Ausgangspunkt ist die Vorstellung einer Gemeinschaft ohne Rechtssystem (sozusagen der Naturzustand). In einer solchen Gruppe gelten nach Hart lediglich sog. Primärregeln, die unmittelbare Verhaltensanweisungen (Tun, Unterlassen) beinhalten. Als problematisch erachtet er nun, dass in diesem vorrechtlichen Zustand keine *Regeln über Regeln* existieren. Besteht also Unsicherheit über eine Primärregel, so besitzt die Gemeinschaft kein Verfahren, mittels welchem sie bestimmen könnte, ob die Regel tatsächlich zum relevanten Regelkanon der Gemeinschaft gehört. Auch hinsichtlich der Änderung und Durchsetzung der Primärregeln gibt es kein klar umrissenes Prozedere, so dass die Gemeinschaft nicht angemessen auf veränderte Umstände und Regelverstösse reagieren kann. Gemäss Hart werden diese Defizite in einer Gesellschaft mit Rechtssystem durch **sog. Sekundärregeln** gelöst. Dabei besteht für jedes der drei soeben genannten Defizite (Unsicherheit, Starrheit der Normen und Ineffizienz der Durchsetzung) eine Sekundärregel.

Die Probleme der Statik der Primärregeln und einer ineffizienten Durchsetzung werden durch Änderungsregeln *(Rules of Change)* bzw. durch Regeln betreffend Festlegung der Rechtsdurchsetzung *(Rules of Adjudication)* gelöst. Dem aus seiner Sicht zentralen Problem der Unsicherheit, welche Normen letztlich zum Regelkanon der sozialen Gruppe gehören, begegnet Hart demgegenüber mit der bedeutendsten Sekundärregel, der **sog. Erkenntnisregel** *(Rule of Recognition)*: Sie legt fest, wie die in einer Gesellschaft geltenden Primärregeln identifiziert werden können, d.h. wann eine Regel eine Rechtsregel ist. Dabei existiert die Erkenntnisregel als sozialer Fakt, in einer sozialen Praxis der Anerkennung der Gesellschaft. Die *Rule of Recognition* als sozialer Fakt wäre, um das Denkbeispiel auf die Schweiz zu beziehen: «Was Volk und Stände beschliessen, ist Recht» (vgl. Art. 140 ff. BV).

Dabei ist zu beachten, dass die Erkenntnisregel *(Rule of Recognition)* nicht durch eine weitere, höherrangigere Regel (also nicht durch eine Soll-Geltung wie bei der hypothetischen Grundnorm Kelsens) legitimiert ist. Eine solch fundamentale Norm kann für Hart nicht einfach in einer höheren Norm begründet sein, und ebenso wenig mit einem sanktionsbewehrten Befehl im Sinne Austins. Vielmehr wird die faktisch durch die Rechtsgemeinschaft befolgte Anerkennungspraxis als Grundregel der Rechtsordnung akzeptiert, und zwar unabhängig davon, ob der einzelne Bürger dieser zugestimmt hat oder nicht. So gesehen ist Harts Rechtsbegriff rein formal (nicht inhaltlich) definiert – und auch (durchgehend) nicht normativ, weil sich die Rechtsordnung zuletzt nicht auf eine Regel (wie z.B. der hypothetischen Grundnorm bei Kelsen), sondern auf die soziale Anerkennungspraxis und psychologische Befolgung als Faktum stützt.

H.L.A. Hart erweitert seine Rechtstheorie mit einem weiteren Gedankenschritt, dem viele Positivisten nicht beipflichten: Er behauptet, 90 Prozent der Rechtsordnung seien mit den soeben umschriebenen sozialen Phänomenen oder psychologischen Fakten zu erklären, 10 Prozent jedoch nicht. Er gesteht dem Recht also einen Mindestinhalt an Naturrecht zu, und vertritt die These, eine Rechtsordnung kontrolliere in der Anwendung einen Mindestgehalt des Naturrechts, indem die Regeln für eine Vielzahl von Personen transparent und unparteilich angewendet werden; darin liege zumindest ein «Keim von Gerechtigkeit»; ebenso müsse eine Rechtsordnung wenigstens das Leben einiger weniger Individuen schützen, von denen die Aufrechterhaltung der entsprechenden Rechtsordnung letztlich selbst abhängig sei.

§ 4 Verbindungstheorien

1. Vorbemerkung

An der im 20. Jh. vorherrschenden positivistischen Rechtstheorie wird viel Kritik geübt. Aus einer Anwendungsperspektive ist darauf hinzuweisen, dass die Vielfalt der Lebenssachverhaltskonstellationen regelmässig verschiedene Normen und Normebenen zur Anwendung bringen, und bereits die Frage, ob sie anzuwenden und wie sie für den konkreten Fall zu gewichten sind, eine interpretierende Wertung darstellt. Es sollen entsprechend Ideen vorgestellt werden, die sich als Alternativem zum in der Philosophie noch immer vorherrschenden Positivismus verstehen. Entsprechende Theorien, die noch stark von der Auseinandersetzung mit dem Rechtspositivismus geprägt sind, werden meist als «Verbindungstheorien» bezeichnet. Die Verbindungstheoretiker versuchen Erklärungen dafür zu bieten, warum und in welcher Weise Wertungen im Rahmen der Rechtsanwendung erfolgen sollen, und wie durch solche auch ausserpositive Elemente die Rechtsfindung prägen, die Rechtsanwendung mithin methodologisch nicht völlig «rein» ist.

Zu den Errungenschaften der Verbindungstheorien zählt einerseits, dass äusserst ungerechtes Recht (wie etwa die nationalsozialistische Rassengesetzgebung) aufgrund seiner elementarsten Verstösse gegen den Gerechtigkeitsgedanken keine Rechtswirkung und Verbindlichkeit entfaltet. Andererseits zeigen die Verbindungstheorien auf, dass bei der Auslegung des Rechts der Rückgriff auf moralische Prinzipien unverzichtbar ist. Recht wird mit Moral also wieder in Verbindung gebracht. Verbindungstheorien postulieren – als Antwort auf die Trennungsthese und in Auseinandersetzung mit ihr – die Verbindung von Recht und Moral.

2. Gustav Radbruch

a) Biographisches

Der Übergang von positivistischen Theorien zu einer Verbindungstheorie kann am Leben und Wirken von Gustav Radbruch (1878–1949) nachvollzogen werden. Radbruch ist einer der wichtigsten Rechtsphilosophen des 20. Jh., dessen Überlegungen teilweise direkt in die Leiturteile der Gerichte eingeflossen sind. Mit seinem «Entwurf eines Allgemeinen Deutschen Strafgesetzbuches» aus dem Jahr 1922 stösst er zudem einen wichtigen Reformschritt im Strafrecht an. Radbruch ist Positivist. Er leistet Beiträge dazu, dass Frauen das Richteramt bekleiden dürfen, und kritisiert gewisse antiquierte Rechtsanschauungen im Eherecht. Auch Rechtspositivisten widmen sich also der gesellschaftlichen Entwicklung, verstehen solche Themen aber als ausserrechtliche Fragen, da das Recht selbst eine reine Wissenschaft sei und die Aufgabe der Implementierung der Entwicklungen ins Recht der Gesetzgebung übertragen bleiben soll.

Radbruch ist in drei Regierungen Reichsjustizminister in den Jahren 1921–1923. Er erlebt das Dritte Reich und wird nach der nationalsozialistischen Machtübernahme aufgrund des «Gesetzes zur Wiederherstellung des Berufsbeamtentums» als Professor in Heidelberg entlassen. Nach dem Zusammenbruch des Dritten Reichs wirkt er am Aufbau eines neuen Rechtssystems in Deutschland mit. Zunächst vertritt er einen historischen und sozialen Relativismus und Positivismus des Rechts. Dieser besagt, das Recht sei nach Zeit und sozialen gesellschaftlichen Gegebenheiten unterschiedlich gesetzt und diene insbesondere der Rechtssicherheit: «Auch wenn [der Richter], weil das Gesetz es so will, aufhört, Diener der Gerechtigkeit zu sein, bleibt er noch immer Diener der Rechtssicherheit» (Rechtsphilosophie, S. 83). Ob ein Gesetz moralisch richtig ist oder nicht, ist nicht Bestandteil des Diskussionshorizonts seiner frühen Rechtskonzeption.

b)   Radbruch'sche Formel

Nach dem Ende des 2. Weltkriegs kommt es zur Wende in Radbruchs Denkweise: Er entwickelt eine Neuausrichtung seiner Theorie, die den Rechtsbegriff an Rechtswerte bindet, die nicht relativ sind. In seiner bekannten *Radbruch'schen Formel* postuliert er, vor dem Hintergrund der Erfahrungen der Katastrophe des 2. Weltkriegs, nicht länger Anhänger einer Theorie zu sein, die ganz ohne materiellen Gerechtigkeitsbegriff auskomme:

> «Der Konflikt zwischen Gerechtigkeit und der Rechtssicherheit dürfte dahingehend zu lösen sein, dass das positive, durch Satzung und Macht gesicherte Recht auch dann den Vorrang hat, wenn es inhaltlich ungerecht und unzweckmässig ist, es sei denn, dass der Widerspruch des positiven Gesetzes zur Gerechtigkeit ein so unerträgliches Mass angenommen hat, dass das Gesetz als ‹unrichtiges Recht› der Gerechtigkeit zu weichen hat. […] Wo Gerechtigkeit nicht einmal angestrebt wird, wo Gleichheit, die den Kern der Gerechtigkeit ausmacht, bei der Setzung des positiven Rechts bewusst verleugnet wurde, da ist das Gesetz nicht etwa nur ‹unrichtiges Recht›, vielmehr entbehrt es überhaupt der Rechtsnatur.» (Gesetzliches Unrecht und übergesetzliches Recht, S. 107).

Im ersten Teil der Formel kommt ein noch sehr stark positivistisch geprägtes Element zum Ausdruck. Das durch Satzung bzw. Rechtsetzung gemachte Recht soll auch dann Vorrang haben, wenn es inhaltlich ungerecht und unzweckmässig ist. Der zweite Teil beinhaltet jedoch eine *Öffnungsklausel,* die besagt, wenn das Gesetz die Gerechtigkeit nicht einmal anstrebe und Gleichheit bei der Setzung des positiven Rechts bewusst verleugnet wurde, sei das entsprechende Gesetz nicht nur unrichtiges Recht, sondern überhaupt kein Recht. Mit dieser Aussage bezieht sich Radbruch beispielsweise auf die Eugenik-Gesetze des Dritten Reiches, welche die Unfruchtbarmachung von als «minderwertig» angesehenen Personengruppen vorsahen. Solchen Gesetzen fehlt es nach Radbruch an der

Rechtsnatur; «ganze Partien des nationalsozialistischen Rechts» seien daher «niemals zur Würde geltenden Rechts gelangt» (a.a.O.).

Die Radbruch'sche Formel fasst die grosse Auseinandersetzung zusammen, in welcher die zentrale Frage aufgeworfen wird, ob die vollständige methodologische Trennung von Gerechtigkeit und Recht zur Begünstigung von Unrechtsregimen wie dem Dritten Reich führen könne, den Juristenstand also wehrlos gegen Gesetze schlicht verbrecherischen Inhalts mache. Ein minimaler Gehalt an Gerechtigkeit als Voraussetzung für Rechtsgeltung soll dieser Gefahr vorbeugen. Eine hinsichtlich der konkreten Ausgestaltung nicht unumstritten gebliebene rückwirkende Anwendung erfuhr die Radbruch'sche Formel bei den Nürnberger Prozessen (1945–1949), bei denen Nationalsozialisten verurteilt wurden, die sich für Gräueltaten auf formell korrekt erlassenes Recht stützten.[10]

Die Formel von Radbruch zieht also eine Grenze, ab welcher die Rechtsgeltung nicht mehr zu akzeptieren ist. Wo diese Grenze exakt zu ziehen ist, darüber äussert sich Radbruch nicht explizit und spezifiziert auch nicht den Massstab der Ungerechtigkeit. Es finden sich in seinem Werk jedoch Hinweise, dass die aus dem Naturrecht hergeleiteten Menschenrechte der Anhaltspunkt für den minimalen Gerechtigkeitsinhalt sind: «Es gibt also Rechtsgrundsätze, die stärker sind als jede rechtliche Satzung, so daß ein Gesetz, das ihnen widerspricht, der Geltung bar ist. Man nennt diese Grundsätze das Natur-

---

[10] Vgl. zur Einschränkbarkeit des Rückwirkungsverbots betr. einer Handlung, «die zur Zeit ihrer Begehung nach den von den zivilisierten Völkern anerkannten allgemeinen Rechtsgrundsätzen strafbar war», heute Art. 7 Ziff. 2 EMRK. S. auch BGE 126 II 145 betreffend der Frage der Verjährbarkeit eines Staatshaftungsanspruches eines während des Zweiten Weltkriegs zurückgewiesenen und den deutschen Behörden übergebenen jüdischen Flüchtlings und seiner Verwandten. Das Bundesgericht wandte die Verjährungsregel an, sprach aber eine Parteientschädigung in der Höhe von CHF 100'000.– (die eingeklagte Genugtuungssumme) zu.

recht oder das Vernunftrecht. Gewiß sind sie im Einzelnen von manchem Zweifel umgeben, aber die Arbeit der Jahrhunderte hat doch einen festen Bestand herausgearbeitet, und in den sogenannten Erklärungen der Menschen- und Bürgerrechte mit so weitreichender Übereinstimmung gesammelt, daß in Hinsicht auf manche von ihnen nur noch gewollte Skepsis den Zweifel aufrechterhalten kann.» (Fünf Minuten Rechtsphilosophie, Rhein-Neckar-Zeitung vom 12.9.1945). Rechtsgrundsätze des Natur- bzw. des Vernunftrechts sind nach Radbruch demzufolge stärker als jede Satzung. Auch im stark positivistisch geprägten 20. Jh. hat ein Naturrechtsdenken somit gewissen Einfluss, insbesondere im Rahmen der Kodifizierung und der gerichtlichen Weiterentwicklung der Menschenrechte.

3.   Ronald Dworkin

Im Rahmen der Überwindung des Positivismus im anglo-amerikanischen Raum spielt Ronald Dworkin (1931–2013) eine zentrale Rolle. Die oberste Prämisse des (neueren) Positivismus besagt, das Recht bestehe aus ableitbaren Regeln, wobei die *Rule of Recognition* gemäss H.L.A. Hart als Ausgangspunkt aller ableitbaren Regeln gilt.

Dworkin stellt dazu eine Gegenthese auf: Bei der Beurteilung von «*hard cases*», also besonders schwierigen und strittigen Rechtsfällen, werde unweigerlich nicht nur auf Rechtsnormen (Regeln), sondern auch auf **Prinzipien** zurückgegriffen, die einer solchen «*master rule*» wie der *Rule of Recognition* nicht zugänglich seien. Die *Rule of Recognition,* also die grundlegende Geltungsnorm eines Rechtssystems nach seinem Lehrer H.L.A. Hart, könne gerade anspruchsvolle Fälle nicht lösen. Dworkin verkündet daher: «Ich möchte einen allgemeinen Angriff auf den Positivismus unternehmen, und ich werde H.L.A. Harts Version als Zielscheibe benutzen» (Bürgerrechte ernstgenommen, S. 54).

Aus dieser Kritik entwickelt Dworkin eine eigene Interpretationstheorie des Rechts und differenziert die eingangs erwähnte Unterscheidung von Regeln und Prinzipien weiter aus: Dworkin argumentiert, Gerichte müssten bei der Entscheidung komplizierter Fälle sogleich und unweigerlich auf allgemein gültige Prinzipien wie Verhältnismässigkeit, Treu und Glauben oder das Verbot des Rechtsmissbrauchs zurückgreifen. Das einfache Abstellen auf klar definierte Rechtsnormen kann für Dworkin das Funktionieren des Rechts und die Rechtsanwendung nicht erklären. Dworkin fokussiert seine Analyse demnach darauf, dass nicht nur Rechtsnormen als Regeln, sondern auch Prinzipien Standards für die Entscheidung von Rechtsfällen sind, wobei Regeln definite Rechtspositionen, klar formulierte Gesetze sind und Prinzipien Standards, die beachtet werden, weil sie der Gerechtigkeit («fairness») bzw. Definitionen der Moral zugänglich sind. Prinzipien gründen für Dworkin nicht in einer Entscheidung der Gesetzgebung, sondern wurzeln in einem öffentlichen Sinn für ihre moralische Angemessenheit, der sich historisch entwickelt habe. Deswegen bestehe jenseits klarer Rechtsregeln keine Willkür der Rechtsanwender; vielmehr sei ihre an die Prinzipien gebundene Urteilskraft für verschiedene schwierige Fälle (hard cases) entscheidend.

Ein Fallbeispiel zeigt die Anwendung dieser Theorie veranschaulichend auf: Eine Frau, die ihren Mann umgebracht hatte, hätte von Gesetzes wegen einen Anspruch auf Witwenrente gehabt. Aus dieser Motivation heraus hatte sie das Tötungsdelikt begangen. Das Gericht kam zu dem Schluss, die entsprechende einschlägige Norm nicht anzuwenden und der Frau keine Witwenrente zuzusprechen, da dies treuwidrig sei und einen Rechtsmissbrauch darstelle (EVGE 1951 Nr. 44, 207 ff.). Der Grundsatz von Treu und Glauben führt nicht zu einer klar definierten Rechtsfolge, sondern dem Prinzip wird für die konkrete Fallkonstellation eine solch bedeutende Wichtigkeit zugemessen, dass Gerichte es berücksichtigen, obwohl der Wortlaut des Spezialgesetzes zu einem anderen Resultat führen würde (sog. Gesetzeskorrektur contra legem).[11] Die Bedeutung von

---

[11] Vgl. auch das von Dworkin selbst angeführte Beispiel zum Verbot des Profitierens vom eigenen Unrecht: *Riggs vs. Palmer*, 115 N.Y. 506, 22 N.E. 188 (1889).

Prinzipien zeigt sich auch an der erheblichen Tragweite von allgemeinen Rechtsgrundsätzen in der Verfassungs- und bisweilen auch in der Gesetzesrechtsprechung. Der Umgang mit allgemeinen und hoch abstrakten Prinzipien (Verhältnismässigkeitsgrundsatz, Rechtsgleichheit, Willkürfreiheit etc.) ist unerlässlich. Sie bedürfen nach Dworkin einer Gewichtung bzw. moralischen Konkretisierung durch den Rechtsanwender für den Einzelfall.

Aus der Eigenheit des Rechts, sich auch auf Prinzipien zu gründen, erklärt Dworkin spezifisch auch Rechtfindungskontroversen im Spruchkörper. Sie zeigen sich etwa in öffentlichen Urteilsberatungen oder in Voten von Mehrheits- und Minderheitsmeinungen, die sich allein aus definiten Wenn-Dann-Regeln nicht erklären liessen.[12]

§ 5 John Rawls: Gerechtigkeit als Fairness

1. Leben und Werk

John Rawls (1921–2002) gilt als bedeutendster nordamerikanischer Rechts- und Gesellschaftsphilosoph des 20. Jahrhunderts. Er ist Schüler von Isaiah Berlin (1909–1997) sowie H.L.A. Hart (1907–1992) und übt seine Lehrtätigkeit an der Harvard University bis in die 1990er Jahre aus.

---

[12] In verschiedenen Prozessordnungen werden Mehr- oder Minderheitsmeinungen als schriftliche Stellungnahmen in Form einer abweichenden Meinung *(dissenting opinion)* oder einer abweichenden Argumentation *(concurring opinion)* seitens der Richterschaft oder der Gerichtsschreiber zum Ausdruck gebracht. Kontroversen in der Rechtsfindung kommen am obersten schweizerischen Gericht typischerweise anlässlich der öffentlichen Urteilsberatung – der publikumsöffentlichen Beratung des Falles durch die beteiligten Richterinnen und Richter – zum Ausdruck (Art. 58 lit. b BGG).

Die drei bedeutendsten Werke von Rawls sind *A Theory of Justice* (TJ; 1971), *Political Liberalism* (1993) und *The Law of Peoples* (1999). Insbesondere das Werk *A Theory of Justice*, welches den Begriff der Gerechtigkeit im Zusammenhang mit sozialen Institutionen definiert, löst im nordamerikanischen Raum eine Grundsatzdiskussion zum Thema der Gerechtigkeit in der Gesellschaft aus.

Rawls erstellt einen konkreten Vorschlag, wie Gerechtigkeit in der Gesellschaft der Gegenwart etabliert werden kann. Er versteht seine Theorie als Fortsetzung bzw. Konkretisierung des Kategorischen Imperativs von Kant und Aristoteles' Gerechtigkeitstheorie (im Sinne der distributiven Gerechtigkeit; *«the socially just distribution of goods in a society»*).[13] Ziel seiner Ansätze ist, anhand einer Moraltheorie die rechtsstaatliche Stabilität und gesellschaftliche Ordnung normativ zu begründen. Im Ergebnis soll seine Theorie beschreiben, wie das Gefüge der wesentlichen Institutionen – die sog. «Grundstruktur der Gesellschaft» (*«basic structure of society»*; Grundordnung, z.B. die Verfassung) – für alle gerecht bzw. «fair» ausgestaltet werden kann.

2. Gerechtigkeit sozialer Institutionen

Rawls' Ausgangspunkt sind die *sozialen Institutionen* einer Gesellschaft.[14] Diese definieren in ihrer Gesamtheit als gesellschaftliche Grundstruktur, inwiefern Güter sowie Rechte und Pflichten der Gesellschaft auf deren einzelne Mitglieder verteilt werden (vgl. TJ,

---

[13] Es sei allerdings erwähnt, dass Rawls – im Gegensatz zu Aristoteles – seine Konzeption der Verteilungsgerechtigkeit nicht vom einzelnen Individuum abhängig macht; vielmehr ist gemäss Rawls eine Verteilung gerecht, wenn die ihr zugrunde liegende soziale Ordnung über gewisse moralische Qualitäten verfügt.

[14] Als Beispiele für wesentliche soziale Institutionen seien genannt *«the legal protection of freedom of thought and liberty of conscience, competitive markets, private property in the means of production, and the monogamous family [...]»* (TJ, S. 6).

S. 6 f.). Der fundamentale Einfluss einer solchen Struktur auf die Lebenschancen, -ziele und -gestaltung einer Person veranlassen Rawls dazu, die sozialen Institutionen zum Hauptgegenstand seiner Gerechtigkeitsüberlegungen zu machen (vgl. TJ, S. 7). Dementsprechend bezeichnet er die Gerechtigkeit als die erste Tugend sozialer Institutionen («*Justice is the first virtue of social institutions*», TJ, S. 3). Eingeführt wird somit eine institutionelle Betrachtung: Im Unterschied zur Ethik, die das Verhalten von Individuen moralisch bewertet, soll eine **moralische Beurteilung von Institutionen** erfolgen. Eine Gerechtigkeitstheorie soll nach seinem Ansatz anstelle des Handelns des Individuums primär die gestaltbare Sozialordnung moralisch bewerten; der Begriff der Gerechtigkeit hat die Funktion der moralischen Beurteilung sozialer Institutionen.[15] Es vollzieht sich in der Rawls'schen Theorie ein Übergang von einer interaktionalen zu einer institutionellen Perspektive. Trotz des primär institutionellen Ansatzes besteht durch die politische Mitwirkung des Individuums an der Durchsetzung der gerechten Sozialordnung auch eine ethische Komponente. Denn der Einzelne trägt eine moralische (Mit-)Verantwortung bei der Auswahl der fairen Sozialordnung, d.h. bei der moralischen Beurteilung von Institutionen.

3. Moralisch bedeutsame Güter und Institutionen

Was sind nun die Güter, welche für die Ausgestaltung einer gerechten Ordnung bedeutsam sind? Rawls nennt sie die *gesellschaftlichen Grundgüter* («*social primary goods*», TJ, S. 54). Er definiert Grundgüter als «Dinge, von denen man annehmen kann, dass jeder vernünftige Mensch sie haben will» («*[...] things that every rational man is presumed to want*»; TJ, S. 54; übers. v. Frühbauer, S. 84). Von *gesellschaftlichen* Grundgütern (wie z.B. Rechten, Freiheiten und Ver-

---

[15] Somit ist der Begriff der Gerechtigkeit bei Rawls in einem engeren Sinn – nämlich als moralische Beurteilung sozialer Institutionen (sog. «*social justice*») – zu verstehen.

mögen) spricht Rawls, weil diese anders als *natürliche* Grundgüter (wie z.B. Gesundheit, Intelligenz und Aussehen) **aufgrund von Regeln sozialer Institutionen verteilt werden**. Rawls zählt einerseits die Grundrechte und Grundfreiheiten zu den gesellschaftlichen Grundgütern. Dabei bezieht er sich auf einen eingeschränkten Grundrechtskatalog, der die Meinungsfreiheit, die körperliche Integrität (persönliche Freiheit), die Freizügigkeit und die Freiheit der Berufswahl umfasst. Moralisch relevant sind zudem die berufliche Stellung und die damit verbundenen Vorrechte, das Einkommen, der «Besitz» (Eigentum), die Ausbildung sowie weitere soziale Errungenschaften.

Zur oben bereits erwähnten Ausgestaltung der Grundstruktur (der Institutionen) will Rawls durch seine Theorie der Gerechtigkeit **distributive Prinzipien** formulieren, welche zu einer gewissen Verteilungsstruktur der genannten moralisch relevanten Güter führen sollen («*[The theory is offered] as an account of certain distributive principles for the basic structure of society*»; TJ, S. 9).

Für die Legitimation der gesellschaftlichen Gestaltung von Institutionen bedient sich Rawls der Figur des Gesellschaftsvertrags (vgl. 3. Teil, § 2, Kap. 1 [Hobbes] und 3 [Locke]). Dabei schafft er gedanklich-fiktiv eine Situation, in der mittels rationalen Entscheidungsvorgängen, die von der real gegebenen staatlichen Ausgestaltung der Institutionen abstrahieren, Grundannahmen der Gerechtigkeit (Gerechtigkeitsprinzipien) getroffen werden können.

4. Prämissen der Gerechtigkeit als Fairness («Urzustand»)

Rawls geht davon aus, dass sich Gerechtigkeit letztlich an den realen gesellschaftlichen Gegebenheiten (d.h. den konkreten Auswirkungen auf den Einzelnen) misst. Voraussetzung hierzu ist eine **stabile Grundstruktur** (Grundordnung der Gesellschaft). Genau diese sollen die Bürger durch einen gemeinsamen Konsens über die Gleichheits- bzw. Gerechtigkeitsprinzipien definieren. Mit Blick auf dieses Ziel verweist Rawls zunächst auf die Ambivalenz der Interessen und die Interessenkonflikte in einer Gesellschaft: «*There is a conflict of interests since persons are not indifferent as to how the greater benefits produced by their collaboration are distributed, for in order to pursue their ends they each prefer a larger to a lesser share. A set of principles is required for choosing among the various social arrangements which determine this division of advantages and for underwriting an agreement on the proper distributive shares. These principles are the principles of social justice: they provide a way of assigning rights and duties in the basic institutions of society and they define the appropriate distribution of the benefits and burdens of social cooperation.*» (TJ, S. 4; «Ein Interessenkonflikt ergibt sich daraus, dass es den Menschen nicht gleichgültig ist, wie die durch ihre Zusammenarbeit erzeugten Güter verteilt werden, denn jeder möchte lieber mehr als weniger haben. Es sind Grundsätze nötig, um zwischen verschiedenen gesellschaftlichen Regelungen der Güterverteilung zu entscheiden und eine Einigung darüber zu erzielen. Das sind die Grundsätze der sozialen Gerechtigkeit: sie ermöglichen die Zuweisung von Rechten und Pflichten in den grundlegenden Institutionen der Gesellschaft, und sie legen die richtige Verteilung der Früchte und der Lasten der gesellschaftlichen Zusammenarbeit fest.»)

Um diese Interessenkonflikte zu überwinden und eine gerechte Gesellschaftsordnung zu erreichen, sind die Bürger nach Rawls fiktiv in eine Situation zu versetzen, in der alle Menschen gleich frei sind und sich über eine Verteilungsgerechtigkeit einigen können. Rawls verwendet für diese Ausgangslage – in einer gewissen Analogie zum vertragstheoretischen Naturzustand – das Bild des «Urzustands» («*original position*», TJ, S. 102).[16]

---

[16] Dabei übernimmt Rawls jedoch nicht einfach die Konzeption des Gesellschaftsvertrags von Hobbes, Locke, Rousseau oder Kant; sein Werk stellt vielmehr den Versuch dar, diese Idee des Gesellschaftsvertrags zu abstrahieren und verallgemeinern, indem sie nicht mehr bloss der Begründung staatlicher Macht, sondern der Regelung der gesamten gesellschaftlichen Grundstruktur dient; TJ, S. 10.

Dieser Urzustand ist gekennzeichnet durch ein gleichzeitiges Vorhandensein von gemeinsamen und gegenläufigen Interessen der Menschen: Einerseits ist es im Interesse aller Personen, miteinander zu kooperieren, da so – verglichen mit dem Zustand ohne soziale Kooperation – jedem ein besseres Leben ermöglicht werden kann (sog. *Kooperationsgewinn*). Andererseits ergibt sich ein Interessenkonflikt, weil die Individuen jeweils einen möglichst grossen Anteil an diesem Vorteil für sich selbst beanspruchen möchten. Vor diesem Hintergrund kommt den Menschen die Aufgabe zu, sich **auf Verteilungsprinzipien zu einigen,** welche regeln, wie die knappen Güter in der Gesellschaft zu vergeben sind.

Weil jedoch alle Menschen aufgrund ihrer unterschiedlichen gesellschaftlichen Stellung, ihrer Präferenzen etc. vernünftigerweise Prinzipien wählen würden, die ihnen den grösstmöglichen persönlichen Vorteil bringen würden, könnte alleine unter diesen Annahmen keine gerechte Gesellschaftsstruktur entwickelt werden. Mit anderen Worten wäre gerade *keine* faire Ausgangssituation gegeben (TJ, S. 11). Nach Rawls' Konzeption sind diejenigen Verteilungsprinzipien gerecht, welche die Zustimmung von rationalen Menschen in einem *fairen Ausgangszustand* erhalten würden. Rawls spricht entsprechend von «*justice as fairness*» (TJ, S. 3 ff.).

Wie kann nun Fairness in der Entscheidungsfindung erreicht werden? Rawls bedient sich hierfür eines Gedankenexperiments, mithilfe dessen er verhindert, dass die Menschen Gerechtigkeitsprinzipien zu ihrem eigenen Vorteil und zum Nachteil anderer wählen können: Alle Bürger der sich bildenden Gesellschaft bestimmen die soziale Ordnung, aber niemand kennt seine konkrete Situation in der zu bildenden Gesellschaft.[17] Sie befinden sich hinter dem

---

[17] Dies bedeutet, dass die Menschen hinter dem Schleier des Nichtwissens keinerlei Information haben bezüglich ihrer persönlichen Präferenzen, ihrer sozialen Stellung, ihrer natürlichen Fähigkeiten, der Gesellschaft, in der sie leben, etc. Nicht einmal die Generation, der sie angehören werden, ist ihnen bekannt; TJ, S. 118–123.

«Schleier des Nichtwissens» *(veil of ignorance)*. Rawls stellt sich folglich die Frage, wie die Bürger in Anbetracht dieser Neutralisierung ihrer Information und persönlichen Interessen über die Verteilung von Grundgütern entscheiden würden.

Dabei geht er davon aus, dass die Individuen in dieser Situation rationale Entscheidungen über die Prinzipien der Gerechtigkeit und Güterverteilung treffen, die sich in **zwei Gerechtigkeitsgrundsätze** zusammenfassen lassen.

5. Zwei Gerechtigkeitsgrundsätze

Die beiden Gerechtigkeitsgrundsätze zur Güterverteilung in der durch die Bürger zu bildenden Entität würden nach Rawls wie folgt definiert werden:

- Gerechtigkeitsgrundsatz 1: Die Bürger würden von der Gleichheit der Grundfreiheiten und Grundpflichten ausgehen (sog. *Freiheitsgrundsatz*);
- Gerechtigkeitsgrundsatz 2: Die Bürger würden die Bedingung akzeptieren, dass gesellschaftliche und wirtschaftliche Ungleichheiten ausschliesslich dann zu Recht bestehen, wenn sich daraus auch wieder Vorteile für alle, insbesondere für die Schwächsten der Gesellschaft, ergeben (sog. *Differenzprinzip*).[18]

Es lohnt sich, die beiden Gerechtigkeitsgrundsätze kurz zu vertiefen.

a) Erster Gerechtigkeitsgrundsatz

Den ersten Gerechtigkeitsgrundsatz umschreibt Rawls auch als Prinzip der gleichen Freiheit bzw. als **Freiheitsgrundsatz** (*«principle of equal liberty»*; TJ, S. 221). Er definiert ihn wie folgt: «Jedermann

---

[18] Nach anderer Meinung stellt das Differenzprinzip nur einen Teil des zweiten Gerechtigkeitsgrundsatzes dar. So sei neben dem Differenzprinzip auch das Prinzip der Chancengleichheit im zweiten Grundsatz enthalten; Frühbauer, S. 85.

hat gleiches Recht auf das umfangreichste Gesamtsystem gleicher Grundfreiheiten, das für alle möglich ist» *(«Each person is to have an equal right to the most extensive total system of equal basic liberties compatible with a similar system of liberty for all»*; TJ, S. 266).

In den Freiheitsgrundsatz einbezogen ist demnach ein Katalog von Grundrechten und Grundfreiheiten unter Berücksichtigung wichtiger Verfahrensgarantien. Zu seinem Grundrechtekatalog gehören körperliche Unversehrtheit, Freizügigkeit, Rechtssicherheit, und persönliche Eigentumsrechte.[19] Rawls reduziert also den Grundrechtekatalog etwa gegenüber dem Kanon der meisten westeuropäischen Staaten und der Schweizerischen Verfassung. Die Grundrechte sind dabei so festzulegen, dass es für jeden einen Vorteil darstellt, in einer Gesellschaft mit solchen Grundrechten zu leben.

b)   Zweiter Gerechtigkeitsgrundsatz

Nach dem zweiten Gerechtigkeitsgrundsatz müssen «[s]oziale und wirtschaftliche Ungleichheiten [...] folgendermaßen beschaffen sein: (a) sie müssen unter der Einschränkung des gerechten Spargrundsatzes den am wenigsten Begünstigten den größtmöglichen Vorteil bringen, und (b) sie müssen mit Ämtern (wie z.B. Richter) und Positionen (wie z.B. Manager) verbunden sein, die allen gemäß fairer Chancengleichheit offenstehen». *(«Social and economic inequalities are to be arranged so that they are both: (a) to the greatest benefit of the least advantaged, consistent with the just savings principle, and (b) attached to offices and positions open to all under conditions of fair equality of opportunity»*; TJ, S. 266.)

Der Grundsatz, der von Rawls **Differenzprinzip** genannt wird, betrifft die Ausstattung mit Grundgütern, sog. *«Indexgütern»*, d.h. be-

---

[19] Nicht alle Ausprägungen der Eigentumsgarantie und Wirtschaftsfreiheit sind gemäss Rawls von der ersten Gerechtigkeitsregel umfasst. So sei etwa das Eigentum an Produktionsmitteln oder eine absolute Vertragsfreiheit nicht von dem Prinzip der gleichen Freiheit geschützt; TJ, S. 54.

rufliche Stellung, Vorrechte, Freizügigkeit, Berufswahl, Einkommen und Besitz, soziale Grundlagen der Selbstachtung. Der Grundsatz hält fest, dass die Bevorzugung einzelner weniger nur dann zulässig ist, wenn es allen, insbesondere den in der Gesellschaft am schlechtesten Gestellten, dadurch besser geht. **Soziale und ökonomische Ungleichheiten sind also zu akzeptieren, sie müssen jedoch zum grössten Vorteil der am wenigsten Begünstigten sein.** Der gerechte Spargrundsatz *(just savings principle)* hat die Funktion, den grössten Vorteil der am wenigsten Begünstigten insofern zu begrenzen, als nicht alle Ressourcen einer Gesellschaft für eine Generation aufgebraucht werden. Jede Generation hat vielmehr die Aufgabe, eine Menge an Ressourcen an die nächste weiterzugeben. Das Prinzip wird nicht näher ausgeführt und bleibt vage (vgl. insbesondere TJ, S. 252 ff.).

c)   Vorrangregeln

Gemäss Rawls existieren zwei Vorrangregeln, die das **Verhältnis der beiden Gerechtigkeitsgrundsätze zueinander** gestalten bzw. die Reihenfolge bestimmen, in der die Gerechtigkeitsgrundsätze zu erfüllen sind (sog. *«lexical order»*): Der erste Grundsatz hat Vorrang vor dem zweiten (Vorrang der Freiheit), wobei die Grundfreiheiten des ersten Grundsatzes ihrerseits nur um der Freiheit willen eingeschränkt werden könnten. Die Grundfreiheiten dürfen also nur dann eingeschränkt werden, wenn sie mit (einer oder mehreren) anderen Grundfreiheiten kollidieren, nicht aber aus anderen (wirtschaftlichen oder gesellschaftlichen) Gründen, auch nicht aus Gründen des Gemeinwohls. Die Regel verbürgt den Grundfreiheiten demnach einen gesicherten Status (*«basic liberties can be restricted only for the sake of liberty»*). Die zweite Vorrangregel verlangt, dass im Rahmen des zweiten Gerechtigkeitsgrundsatzes die faire Chancengleichheit jeweils noch vor dem Differenzprinzip zu gewährleisten sei.

d) Differenzprinzip

Das Differenzprinzip, das dem zweiten Gerechtigkeitsgrundsatz zugrunde liegt, versteht Rawls – und hier zeigt sich die ökonomische Ausrichtung seiner Theorie besonders deutlich – als Maximin-Prinzip (Maximierung der Minimumsposition). Das Maximin-Prinzip besagt, dass bei Entscheidungen mit erheblichen Unsicherheitsfaktoren unter rationalen Bedingungen ein Ergebnis gewählt wird, das im schlechtesten Fall immer noch besser ist als eine andere Entscheidung.

Im Hinblick auf die Beurteilung einer fairen Güterverteilung im Urzustand strebt Rawls, wie zuvor dargelegt, mit dem Schleier des Nichtwissens (vgl. oben 4.) das Ziel eines Universalismus mit Anonymitätsbedingung an. Zur Realisierung desselben schlägt er den sog. **Maximin-Standard** vor, mit dem die spezifische Relevanz der Position der am schlechtesten Gestellten für die Verteilung der Güter berücksichtigt wird.

Das Prinzip lässt sich anhand von Beispielen veranschaulichen:
- Beispiel: G1 = (23:15:13); G2 = (13:23:19); G2 ist besser, weil das gleiche Minimum vorliegt, jedoch eine höhere Gesamtsumme;
- Beispiel: G3 = (23:15:13); G4 = (18:25:12); obwohl die Gesamtsumme bei G4 höher ist, ist nach dem Differenzprinzip G3 vorzuziehen, weil dieses ein höheres Minimum enthält.

Mit der Interpretation des Differenzprinzips gemäss dem Maximin-Standard kommt zugleich Rawls' dezidierte Abgrenzung zum Nutzenprinzip (bzw. der Nutzensummenmaximierung) des damals im angloamerikanischen Raum vorherrschenden Utilitarismus zum Ausdruck. Der Utilitarismus erlaubt es im Grundsatz – in scharfem Widerspruch zur von Rawls postulierten selbstbestimmten und konsensfähigen Freiheit und Gleichheit aller Mitglieder in einer Gesellschaft –, einzelne Personen zugunsten eines grösseren Gesamtnutzens schlechter zu stellen (vgl. 1. Teil § 2 Kap. 5.a).

6. Ergebnis und Kritik

Rawls legt mit seinem modernen Kontraktualismus eine argumentativ hochstehende Alternative zum Utilitarismus vor, die in der nordamerikanischen Rechtsphilosophie zu einem Paradigmenwechsel geführt hat. Der Zweck von Rawls' Theorie besteht darin, eine stabile Grundrechtsordnung zu ermöglichen, unter welcher Menschen ihre Interessen erfolgreich verfolgen können. Die stabile Grundrechtsordnung sollte möglichst durch politische Beteiligungsmöglichkeiten hergestellt werden, die Ausdruck einer gesellschaftlichen Vernunft sind. Rawls geht also davon aus, dass die Gesellschaftsmitglieder spezifischen Prinzipien der Gerechtigkeit zustimmen können, die die sozialen Institutionen ihrer politischen Gemeinschaft definieren. Es gibt dementsprechend einen sog. «overlapping consensus» bestehend aus gewissen allgemein akzeptierten normativen Ideen, die er in der politischen Kultur seiner Gesellschaft vorfindet. Dies impliziert die moralische Gleichheit aller Menschen, da die Legitimität der Prinzipien von ihrer Zustimmung abhängt, und gleichzeitig eine liberale selbstbestimmte Staatskonzeption.

Das Werk von Rawls ist noch immer Hauptgegenstand der nordamerikanischen rechtsphilosophischen Debatte. So bedeutend sein Werk ist, so viel wurde es diskutiert und auch kritisiert. Aufgeworfen wird etwa die Frage, ob auf der von Rawls explizit angerufenen tatsächlichen Ebene Kooperationsbereitschaften der Menschen für einen Grundkonsens bestehen. So könnte das Unterlaufen des Kooperationswillens partielle Vorteile für einzelne Individuen mit sich bringen. Weiter wird hinterfragt, ob die Prämisse der Freiheit der Menschen und ihrer Entscheidungen letztlich haltbar sei. Stimmt das Argument der allgemeinen Rationalität, wonach alle Menschen frei von zweckfremdem Denken entscheiden würden (z.B. frei von Sozialneid)? Von kommunitaristischer Seite wird Rawls die Überbetonung des Individuums und eine unzulängliche Berücksichtigung der Wichtigkeit gemeinsamer Strukturen vorgeworfen. So kritisiert z.B. Michael Walzer in seinem Werk *Spheres of Justice. A Defense of Pluralism and Equality* (1983) die rationale Abstraktheit und hinterfragt die Realisierbarkeit der Gerechtigkeitsgrundsätze in der gesellschaftlichen Realität. Ausgeblendet werde das Erfordernis, sich in der Realität einem gesellschaftlichen Diskurs zu stellen, der – verglichen mit einer abstrakten rationalen Entscheidung – rechtliche Pflichten deutlich besser zu legitimieren und durch die gesellschaftliche Anerkennung politische Entscheidungen überhaupt erst zu rechtfertigen vermag (vgl. 5. Teil § 5 Kap. 2 [Habermas]). Erwähnt sei auch die Kritik von Thomas Pogge, welcher bemängelt, dass Rawls' Theorie lediglich auf Gerechtigkeit innerhalb einer Gesellschaft zielt, dabei aber die Effekte gesellschaftlicher Entscheidungen auf die globale Gerechtigkeit ausser Acht lässt (weiterführend hierzu Pogge, Rawls and Global Justice, S. 227 ff.). Diese vielfältige Auseinandersetzung ist nicht zuletzt auch ein Zeichen der Bedeutung, welche dem Werk in der politischen Philosophie unserer Zeit zugesprochen wird.

§ 6 Recht als Ausdruck von Sprache

1. Grundlagen

Zu den zentralen Konzepten im 20. und beginnenden 21. Jh. gehören auch die sprachphilosophischen Deutungen des Rechts. Anstatt das Recht auf die Faktizität einer psychologischen Wirklichkeit oder auf naturrechtliche Elemente zu stützen, wird es als Ausdruck von Sprache selbst analysiert. Sprachphilosophische Texte sind zwar bereits aus der Antike überliefert, man denke etwa an den platonischen Dialog *Kratylos;* die Bedeutung der sprachphilosophischen Analyse hat im 20. Jh. allerdings insofern stark zugenommen, als sie vermehrt die Sprache selbst als äussere Wirklichkeit des Menschen und insofern auch als Massstab des Rechts zu umschreiben sucht.

Zentral für das Konzept des Rechts als Ausdruck von Sprache ist zunächst das Werk von **Ludwig Wittgenstein** (1889–1951), der die Sprache als Lebenswelt darstellt. Der Begriff der Lebenswelt hat die Gesamtheit der Praktiken oder Handlungsweisen zum Inhalt, die von einer Gemeinschaft ausgeübt werden. Wittgenstein zeigt sowohl in seinem Spät- als auch in seinem Frühwerk insbesondere die *soziale Funktion* von Sprache auf. Er zeigt auf, dass durch die reinen Begriffe die Bedeutung eines Wortes noch nicht verstanden werden kann, und stellt stattdessen vielmehr fest: «Die Bedeutung eines Wortes ist sein Gebrauch in der Sprache» (PU, § 43). Erst im Rückgriff auf die soziale Praxis also, d.h. in Verwendung der Begriffe im gesellschaftlichen Kontext, wird auch der Bedeutungsinhalt eines (auch juristischen) Begriffs definiert. So lässt sich beispielsweise aus dem Begriff der Sittenwidrigkeit in Art. 20 OR und dem Wortlaut dieser Bestimmung («Ein Vertrag, der [...] gegen die guten Sitten verstösst, ist nichtig») allein noch nicht die Bedeutung des Normtexts erschliessen. Verständlich wird er erst durch den gesellschaftlichen Kontext, in dem der Begriff benutzt wird: Um zu verstehen, was «sittenwidrig» ist, muss der Rechtsanwender auf ein in der Gemeinschaft vorherrschendes Verständnis im Sinne einer sozialen Praxis zurückgreifen können. Aus dem Wort «sittenwidrig» allein lässt sich das normativ Gesollte nicht hinreichend ableiten. Während etwa ein Prostitutionsvertrag früher als «sittenwidrig» erachtet wurde (vgl. z.B. BGer vom 26.10.2011, 6B_188/2011, E. 2.3), lehnt dies die Rechtsprechung in neuerer Zeit – unter Berufung auf den identischen Wortlaut – zumindest mit Blick auf die Möglichkeit der Durchsetzung der Forderungen ab. So anerkennt die Rechtsprechung mittlerweile den Anspruch auf Entgelt für sexuelle Dienstleistungen (BGE 147 IV 73 E. 7.2); die Nichtherausgabe des aus dem Prostitutionsvertrags erzielten Verdienstes stellt ebenso eine Konventionsverletzung dar (s. EGMR, *Krachunova c. Bulgarien*, Nr. 18269/18, 28. Februar 2024).

Ausgehend von solchen Erkenntnissen wird die Analyse der Funktion der Sprache selbst immer mehr als Erklärungsmodell des

Rechts verwendet: In einer Form der Rezeption der Erkenntnistheorie v.a. Kants werden Erkenntnismöglichkeiten aus einer Aussenwelt bezweifelt, es wird nach Alternativkonzepten im Bereich der Kommunikation gesucht. Während Kant sich auf die Bedingungen der Möglichkeit der Erkenntnis eines Individuums fokussiert und das Bestehen einer Aussenwelt als solche nicht in Frage stellt, wird nun versucht, Erkenntnis als das (alleinige) Ergebnis eines intersubjektiven Kommunikationsprozesses zu verstehen. Die Theorien weisen entsprechend stark konstruktivistische Elemente auf.

Der sog. **Konstruktivismus**, dem verschiedene sprachphilosophische Positionen zuzuordnen sind, basiert auf der Idee, dass ein wahrgenommenes Objekt substanziell von uns abhängt, also letztlich all das, was der Mensch für wirklich hält, ein Konstrukt seines Sinnes- und Denkapparats (Sinnesorgane, Gehirn) ist. Im Gegensatz etwa zum Empirismus geht die konstruktivistische Strömung namentlich in der Regel nicht davon aus, dass der Mensch durch seinen Sinn- und Denkapparat eine objektive Wirklichkeit abbildet. Die Position orientiert sich in diesem Sinne vielmehr an der erkennenden Instanz, nicht an einer erkennbaren Realität. Unter Bezugnahmen auf das Universalienproblem (vgl. 2. Teil, § 2, Kap. 3) ist der Konstruktivismus als eine nominalistische Position zu verstehen. Verschiedene sprachtheoretische Ansätze werden zudem durch sog. strukturalistische Elemente geprägt. Die konstruierte Realität zeichnet sich gemäss dem **Strukturalismus**, der insbesondere systemtheoretische Ansätze (nachfolgend 3.) prägt, nicht durch einzelne Individuen oder deren Handlungen aus, sondern durch eine hinter diesen liegende Struktur. Das Subjekt ist bloss Resultat der Strukturen.

2. Jürgen Habermas

Einen ersten Ansatzpunkt bildet Jürgen Habermas (geb. 1929) mit seiner Diskurstheorie. Anders als viele Moraltheoretiker versucht Habermas nicht direkt zu formulieren, was moralisch geboten ist.

Vielmehr entwickelt er ein **Verfahren**, mit welchem die Richtigkeit von Normen durch die Gesellschaft selbst ermittelt werden soll. Unter den Begriff der Norm werden dabei sowohl rechtliche als auch moralische Normen subsumiert.

Ausgangspunkt von Habermas ist die Frage, wie die Geltung einer sozialen Ordnung stabilisiert werden kann. In der komplexen, modernen Gesellschaft und der ihr gemäss Habermas eigenen Pluralisierung der Weltanschauungen komme eine entsprechende integrative Funktion verstärkt dem **Recht** zu, da andere stabilisierende Elemente (wie etwa Religion) an Bedeutung verlieren. Konflikte könnten nur stabilisiert werden, wenn die beteiligten Subjekte sich miteinander verständigen, und dafür die Freiheiten der anderen als geschützt anerkennen (vgl. bereits 4. Teil § 3 Kap. 2 [Kant]), also durch die Anerkennung der gleichen formalen Regeln des Rechts.

Rechtsnormen zeichnen sich nach Habermas durch einen ihnen inhärenten Doppelcharakter aus: Einerseits wird eine Positivierung der Norm inklusive der Möglichkeit ihrer Durchsetzung mittels **faktischen Zwangs** vorausgesetzt. Andererseits müssen Rechtsnormen aber auch eine **legitime Geltung** (verstanden als die von rationalen Begründungen ausgehende Überzeugungskraft) aufweisen. Eben diese Verbindung von «*Faktizität und Geltung*» (so der Titel eines zentralen Werks Habermas') konstituiert die sozial stabilisierende Funktion des Rechts.

Davon ausgehend fragt Habermas nach den Voraussetzungen dafür, dass eine Rechtsnorm als verbindliche und legitime Handlungsgrundlage der Gesellschaft betrachtet werden kann. Als zentrales Element hierfür zieht Habermas deren sprachliche Konstruktion sowie eine autonome Begründungsfähigkeit heran: Recht könne nur das sein, worauf sich alle **von einer Norm potentiell Betroffenen in einem Diskurs einigen** können; Verpflichtungen an die Adressaten des Rechts können nur auf der Grundlage intersubjektiv anerkannter normativer Geltungsansprüche auferlegt werden (vgl. Faktizität und Geltung, S. 44).

Dabei ist dieser Diskurs im Idealfall *herrschaftsfrei* ausgestaltet, d.h., es gibt keine Machtstrukturen, die den Diskurs beeinflussen. Einzig das bessere Argument soll über den Ausgang des Diskurses entscheiden. Dies impliziert für Habermas auch, dass jeder die gleiche Möglichkeit hat, Diskurse zu beginnen und fortzuführen, seine Beiträge wahrhaftig und aufrichtig vorbringen kann und dass die Diskursteilnehmer bereits vor Beginn des Diskurses über die gleiche Machtposition verfügten. Ein so gearteter Diskurs genügt den Anforderungen an eine «ideale Sprechsituation» und stellt für Habermas einen rationalen Diskurs dar.

Die wesentliche Regel für solche Diskurse ist die **Argumentationsregel U**, wonach «jede gültige Norm [...] der Bedingung genügen [muss], dass die voraussichtlichen Folgen [...], die sich aus ihrer allgemeinen Befolgung für die Befriedigung der Interessen eines jeden voraussichtlich ergeben, von allen Betroffenen zwangslos akzeptiert (und den Auswirkungen der bekannten alternativen Regelungsmöglichkeiten vorgezogen) werden können». Der auf dieser Grundlage basierende Diskurs erzeugt eine **prozedurale Vernunft**, die erst die Legitimität von Normen zu begründen vermag. Als Kernsatz von «Faktizität und Geltung» gilt denn auch das sog. *Diskursprinzip*: «Gültig sind genau jene Handlungsnormen, denen alle möglicherweise Betroffenen als Teilnehmer an rationalen Diskursen zustimmen könnten» (Faktizität und Geltung, S. 138). Das Diskursprinzip findet gleichermassen Anwendung auf Normen der Moral sowie des Rechts. Es definiert die Bedingungen, unter denen die Normen als gültig betrachtet werden können.

Auch das Recht ist in seiner Legitimität an einen Diskurs zurückgebunden, nämlich denjenigen des demokratischen Verfahrens, wie Habermas präzisierend festhält: Für Rechtsnormen wird das Diskursprinzip durch das *Demokratieprinzip* spezifiziert. Es besagt, «dass nur die juridischen Gesetze legitime Geltung beanspruchen dürfen, die in einem ihrerseits rechtlich verfassten diskursiven Rechtsetzungsprozess die Zustimmung aller Rechtsgenossen finden können» (Faktizität und Geltung, S. 141). Die Fokussierung auf

demokratische Prozesse impliziert eine spezifische Qualität des öffentlichen politischen Diskurses, mit der sich Habermas ausführlich auseinandersetzt, und den Begriff der *deliberativen Demokratie* entwickelt: Sie steht für eine auf den Austausch von Argumenten und Verständigung ausgerichtete Form der politischen Entscheidungsfindung, für eine kritische Öffentlichkeit, in der sich die Mitglieder der Gesellschaft trotz unterschiedlicher Bedürfnisse und Auffassungen, die nunmehr zur Sprache kommen, auf gemeinsame Rechte verständigen können.

Habermas betont den inneren Zusammenhang zwischen den Menschenrechten und dem sie sichernden Rechtsstaat. Seine Fokussierung auf demokratische Prozesse zur Legitimation des Rechts wirft auch Fragen auf, etwa nach dem Verhältnis zwischen den Grundrechten des Einzelnen und der Volkssouveränität. Menschenrechte geben dem Souverän moralische Grundlagen, die ihn typischerweise einschränken. Inwiefern ist es auf der Grundlage seiner Theorie so z.B. möglich, Minderheiten vor Mehrheitsentscheiden zu schützen? Habermas versucht aufzuzeigen, dass das Verhältnis zwischen demokratischer Rechtserzeugung und Menschenrechten komplementär ist. Einerseits sind Menschenrechte bereits Bedingung eines funktionierenden demokratischen Diskurses, indem dieser die Freiheit und Gleichheit der Menschen voraussetzt. Gleichermassen seien Menschenrechte als vernünftige Übereinkunft Resultat dieses Diskurses: Habermas vertritt die Meinung, dass sich z.B. Mehr- und Minderheitsauffassungen gerade durch den notwendigen Ausgleich unterschiedlicher Interessen im institutionellen Diskurs der deliberativen Demokratie lösen und letztlich in der Verfassung einer pluralistischen Gesellschaft gemeinsam verwirklichen lassen.

Die Grundlage des herrschaftsfreien Diskurses hat auch erkenntnistheoretische Implikationen. Mit Kant hatte sich die Philosophie dem Erkenntnisprozess des autonomen Individuums zugewandt. Bei Habermas wird das Erkennen nun prinzipiell als kommunikativer Prozess gesehen. Damit wird auf einen *intersubjektiven* (und nicht mehr individuellen) Prozess des Erkennens abgestellt. Anstatt eines Apriori des Erkennens im Sinne von Kant wird die **ideale Sprechsituation** als neues Apriori eingeführt, die der Kommunikation vorausgesetzt ist. Ein Rechtssystem fundiert also in einer geteilten sprachlichen Aussenwelt, in der gleichwohl versucht wird, sich auf – konsensual entstandene – Elemente der Richtigkeit für die Herausbildung ebendieser Ordnung zu stützen. Es offenbart sich insgesamt ein grosser Unterschied zum natur- bzw. vernunftrechtlichen Denken: Diese Theorien gehen davon aus, dass sich objektive Elemente von Erkenntnis, Richtigkeit oder Wirklichkeit im Menschen oder im überpositiven Recht finden lassen (vgl. insbesondere 1. und 2. Teil); demzufolge ist Ziel des positiven Rechts, Elemente von Richtigkeit und Wahrheit abzubilden. Für Habermas' Diskurstheorie gibt es demgegenüber keine vorbestehende, objektive Wahrheit. Vielmehr wird «Wahrheit» erst durch den Dialog konstruiert. In gleicher Weise sollen die diskursiven Rechtspraktiken selbst eine autonome Wirklichkeit produzieren: Gesellschaftliche Normen werden durch den Konsens im Diskurs erschaffen; Habermas spricht von der evolutionären Funktion des Rechts. Im Ergebnis führt die Diskurstheorie – wie dies für das 20. und beginnende 21. Jh. verbreitet ist – auch für das Recht ein Konzept ein, das sich von einer Korrespondenztheorie der Wahrheit (als Abbild der äusseren Wirklichkeit) löst; das Kriterium für Richtigkeit bildet vielmehr ein **kooperativer Konsens der demokratischen Gesellschaft.**

Habermas ist nicht von **Kritik** verschont geblieben. So stellt das Wahrheitsstreben der Menschen einen typischen Einwand gegen seine Theorie dar: Wenn sich die Gesellschaft auf einen Konsens einigt, der letztlich wissenschaftlich klar als überholt gelten kann, ist dies als Grundlage für ein Rechtssystem unbefriedigend. Zu denken ist etwa an frühere Konsense über Folgen von biologischen Unterschieden, die sich als überholt erweisen. In der Literatur wird auch oft das illustrative Beispiel herangezogen, dass es für den Menschen letztlich unbefriedigend sei, wenn die Erde tatsächlich rund ist, jedoch im Diskurs eine Einigung zustande kommt, die Erde sei eine

Scheibe. Das Ausschalten eines Wahrheitsdrangs, der auch auf das Recht schlägt, ist entsprechend ein Hauptkritikpunkt an der Habermas'schen Diskursethik. So kann **Konsens** Wahrheit nicht garantieren. Eine weitere Kritik fragt danach, ob es überhaupt einen herrschaftsfreien Dialog gebe. Faktisch könnten nicht alle Betroffenen am Diskurs teilnehmen. Und diejenigen, die teilnehmen können, hätten nicht alle das gleiche Vorwissen. Selbst in der halbdirekten Demokratie wird in Frage gestellt, ob Bürger tatsächlich so frei sind, wie Habermas dies voraussetzt. Einige soziologische Studien legen nahe, dass Meinungsbilder den Diskurs stark prägen (vgl. bereits Kriesi, Bewegung in der Schweizer Politik: Fallstudien zu politischen Mobilisierungsprozessen in der Schweiz; Kriesi, Grundlagen der politischen Willensbildung; Kriesi, Direct Democratic Choice; Wagschal, Diskurs der Machtpolitik). Hinterfragt wird ebenso, ob heute Gehalte fairer Sprachformen im Rahmen von z.B. bewusst geplanter digitaler Unterwanderung noch als reelle Grundlagen normativer demokratischer Verhältnisse verstanden werden können. Kritisiert wird schliesslich auch die **Selbstreferenzialität** der Diskurstheorie, bzw. dass es für einen Diskurs keine Letztbegründung geben kann («die Verfahren des Diskurses können nur durch einen Diskurs gerechtfertigt werden»; Teubner, S. 121).

Insbesondere für den rechtsphilosophischen Kontext erscheint der vollständige Verzicht auf das Wahrheitskriterium für viele Richterinnen und Richter problematisch. Gerichtliche Erkenntnisakte sind eingebettet in ein kontradiktorisches Verfahren als Mittel zur Wahrheitssuche: Jeder rechtliche Beweis und jede Zeugeneinvernahme zielen auf die materielle Wahrheit, oder anders ausgedrückt: Auf den Konsens der Richterinnen und Richter, X sei der Täter, kommt es bei der juristischen Erkenntnis gerade nicht an. Trotz diesem fundamentalen Unterschied stützten sich aktuelle Theorien des Rechts u.a. auf die Diskurstheorie ab. **Robert Alexy** (geb. 1945), einer der am meisten rezipierten zeitgenössischen Rechtsphilosophen, entwirft einen Kanon von Diskursregeln, die die Rationalität von juristischen Diskursen garantieren sollen, und zwar anhand eines idealen Verfahrens der Normprüfung (als Pendant zur idealen Sprechsituation). Zum Kanon gehört u.a. das Verbot des Widerspruchs und das Gebot, jedes Urteil mit mindestens einer universellen Norm zu begründen. Alexy knüpft ebenso an Dworkin und dessen Unterscheidung zwischen Regeln und Prinzipien an (s. 5. Teil § 4 Kap. 3), und macht dessen Theorie für das kontinentale Recht fruchtbar: So seien Grundrechte als Prinzipien zu verstehen: Sie folgen nicht dem Wenn-Dann-Schema einer Regel, sondern sollen in ihrer Anwendung jeweils in möglichst hohem Masse verwirklicht werden (sog. *Optimierungsgebot*).

3. Niklas Luhmann

Im Gegensatz zu Habermas möchte Niklas Luhmann (1927–1998) den Konstruktivismus – die Darstellung der Welt als vom Menschen produziert – nicht mehr aus Individuen als Akteuren, sondern durch weitere, sich letztlich aus Kommunikation ergebende soziale Netzwerke erklären. Luhmann schliesst zunächst die aus seiner Sicht naive Wirklichkeitsannahme aus, dass menschliche Subjekte als Akteure die Basiselemente der Gesellschaft darstellen; er erachtet das Denken individueller Akteure als sozial überformt. Für Luhmann besteht die moderne Gesellschaft vielmehr aus einer Vielzahl von ausdifferenzierten und selbständigen **sozialen Systemen** (z.B. das Wirtschaftssystem, das politische System, das religiöse System etc.).

Die sozialen Systeme sind für Luhmann, wie bereits angeführt, nichts anderes als **Kommunikation**. Dabei folgt die Kommunikation innerhalb eines Systems dessen eigener Handlungslogik, die nicht kompatibel ist mit derjenigen anderer Systeme. Das Wirtschaftssystem muss demzufolge anders kommunizieren als das System des Rechts. Aus diesem Grund operieren soziale Systeme für Luhmann in sich geschlossen.[20] Die Kommunikation solcher

---

[20] Die Theorie Luhmanns kann für das Recht z.B. im Hinblick auf die häufig bestehende Schwierigkeit einer Differenzierung zwischen recht-

Systeme erfolgt mit anderen Worten nur scheinbar mit der Aussenwelt; tatsächlich bezieht sie sich auf die von ihnen nach ihren eigenen Gesetzen wahrgenommene innere Abbildung der Umwelt, also letztlich auf sich selbst.

Diese **Selbstbezüglichkeit**, auch als Selbstreferenzialität oder Autoreferenzialität bezeichnet, bildet die Basis der Konstruktion von Wirklichkeit (sog. sozialer Konstruktivismus). Das System produziert sich und seine Anerkennung (durch Lernprozesse) selbst. Eine Eigenschaft sozialer Systeme ist nach Luhmann entsprechend, dass diese sich selbst produzieren und reproduzieren, ähnlich wie die Selbstreproduktion von Organismen. Luhmann bezeichnet dies als soziale *Autopoiese* (altgriechisch *autos* «selbst» und *poiein* «machen»). Luhmanns Theorie fragmentiert die Gesellschaft in eine Vielheit von *autonomen Autopoiesen*. Jedes soziale System bildet seine eigene Realität, die für Luhmann mit den Wirklichkeitskonstruktionen anderer Netzwerke inkompatibel ist.

Vor diesem Hintergrund stellt das **Rechtssystem** ebenfalls ein autonomes und selbstreferenzielles soziales System dar. Für Luhmann besteht das Rechtssystem aus allen Kommunikationen, die sich auf die Frage nach Recht und Unrecht richten. Das Rechtssystem beurteilt seine Beobachtungen laut Luhmann nach dem binären Code legal/illegal. Die hierfür benötigten Normen würden vom Recht als sozialem System selbst geschaffen. Das Recht sei in diesem Sinne ein autonomes, autopoietisches und operativ geschlossenes Kommunikationssystem, das sich selbst definiert und (re)produziert. Dies hat zur Folge, dass das Recht unabhängig von anderen Massstäben

---

lichen und politischen Gesichtspunkten herangezogen werden. Die Rechtsanwendung impliziert regelmässig bestimmte Wertungen, die jedoch im System des Rechts – sofern sie auf stabilen dogmatische Folgerungsbeziehungen im Rahmen der Rechtsbindung beruhen – nicht als politische Wertungen, sondern als Prüfung am rechtlichen Massstab zu betrachten sind. Dies gilt selbst dann, wenn die getroffene Entscheidung politische Auswirkungen haben kann.

wie beispielsweise Gerechtigkeit, Moral oder Politik sei. Mit dieser Trennung von Recht und Moral versagt Luhmann dem Recht eine erzieherische Funktion. Er vertritt vielmehr die Meinung, dass sich das komplexe Konstrukt der Gesellschaft durch seine ausdifferenzierten Untersysteme selbst im Gleichgewicht halte und versteht Gerechtigkeit als «Kontingenzformel» eines Rechtssystems, die sich aus diesem selbst ergibt. Aus der Autonomie des Rechts ergibt sich so auch, dass die Gültigkeit der Rechtsnorm nicht durch ihren Inhalt definiert werde, sondern vielmehr durch das *Verfahren* (z.B. Gesetzgebungsverfahren, Gerichtsverfahren); das Konzept kommt im Titel des Werks «Legitimation durch Verfahren» pointiert zum Ausdruck. Positives Recht ist insofern für Luhmann selbstreferenziell und dadurch gekennzeichnet, dass es vom sozialen System gesetzt (erlassen) ist; inhaltlich sei es kontingent: Alle Rechtnormen können anders sein; ihre Änderung sei jederzeit möglich und in institutionalisierten Verfahren von Anfang an vorgesehen. Grundlage sei entsprechend eine strukturelle Variabilität.

Luhmann unterscheidet zwischen einer **Reihe von sozialen Systemen**: Wirtschaftssystem, Gesundheitssystem, Politisches System, Rechtssystem, Kunstsystem, Wissenschaftssystem und viele mehr. Allen Systemen gemeinsam ist, dass sie eine spezifische Funktion für die Gesellschaft übernehmen. Allgemein formuliert stabilisieren soziale Systeme gemäss ihm Erwartungen, nach denen sich ihre Teilnehmer richten. Die Funktion aller Systeme ist für Luhmann dabei einerseits die Reduktion von Komplexität und andererseits die Bewältigung von Kontingenz (Möglichsein; Zufälligkeit). Die Systembildung dient also dazu, auf einem für die jeweilige Gesellschaft adäquaten Abstraktionsniveau das doppelte Problem der Komplexität und Kontingenz zu bewältigen. Die konkrete Funktion eines sozialen Systems ergibt sich für Luhmann gemäss seinem funktionell-strukturellen Ansatz erst aus der Beziehung des Systems zu seiner Umwelt (System-Umwelt-Analyse). Das Wirtschaftssystem beispielsweise sichert die künftige Versorgung unter Bedingungen der Knappheit mit dem Kommunikationsmedium Geld. Das Recht übernimmt laut Luhmann die Funktion, normative Erwartungen menschlichen Verhaltens zu stabilisieren. Der Mensch soll sich durch diese Erwartungen auf eine unbekannte Zukunft einstellen können (Das Recht der Gesellschaft, S. 124 ff.). Recht befähige in einer komplexen Gesellschaft dazu, wissen zu können, mit welchen Erwartungen man sozialen Rückhalt findet und mit welchen nicht (Das Recht der Gesellschaft, S. 132).

Während lange Zeit das Individuum als Subjekt der Erkenntnis im Fokus rechtsphilosophischer Überlegungen stand, lässt bereits die Terminologie selbstreferentieller Systeme die Möglichkeit nicht zu, **Individuen** als (Kern-)Elemente sozialer Systeme zu definieren. Für Luhmann sind lediglich Kommunikationen und soziale Handlungen Bestandteile sozialer Systeme: «Auf die Frage, woraus soziale Systeme bestehen, geben wir mithin die Doppelantwort: aus Kommunikationen und aus deren Zurechnung als Handlung» (Soziale Systeme, S. 240). Diese Konzeption hat insbesondere zur Folge, dass Menschen als Akteure keinen handlungsrelevanten Teil des Rechtssystems bilden; sie sind vielmehr seine Umwelt. Ist innerhalb des Rechtssystems die Rede von Menschen, erfolgt dies lediglich als funktionelle Eigenkonstruktion des Systems: Richter, Gesetzgeber, Vertragsparteien etc. sind für Luhmann nichts anderes als eine innere Erfindung in der Autopoiese des Rechts. Die Rechtsgemeinschaft konstruiert sich ihre Aussenwelt selbst, anstatt sie abzubilden.

Luhmann formuliert mit seiner Vorstellung von Recht einerseits eine Kritik der realistischen Prämissen im Recht, d.h. aller Annahmen einer beobachtungsunabhängig existierenden Aussenwelt, aus der man Rechtserkenntnisse ableiten kann (erkenntnistheoretischer Realismus). Andererseits kritisiert er die individualistischen Prämissen im Recht (methodologischer Individualismus): Luhmann verneint den Ansatz, das Recht aus einer Individualperspektive zu sehen (Steuerungsdenken; «Akteure»). Ebenso distanziert er sich von Habermas, insofern dieser seinem herrschaftsfreien Diskurs für die Konstruktion des Rechts das autonome Subjekt zugrunde legt.

Ein häufig erhobener **Kritikpunkt** richtet sich gegen die *Autopoietik* des Rechtssystems. Luhmanns These von der operativen Geschlossenheit der Systeme scheint zu verhindern, dass das Recht auf Informationen von ausserhalb des Systems reagieren kann. Dies bedeutet nichts anderes als die Abkapselung des Rechts von Moral, Politik, Religion oder Wirtschaft. Angesichts dieser Unabhängigkeit des Rechts von nichtrechtlichen Standards erhält Luhmanns Theorie einen positivistischen Einschlag. Fraglich ist sodann, ob gesellschaftliche Systeme hinreichend ähnlich wie biologische Systeme funktionieren (z.B. wie Fliessgleichgewichte beim Stoffwechsel oder ökologische Systeme), die sich Luhmann für seine Theorie als Modell herangezogen hat (und die auch in der Biologie zunehmend umstritten sind). Der Vorwurf ist naheliegend – umfasst die Betrachtung als System letztlich nicht auch bloss Teilaspekte des relevanten Bereichs, hier des Rechts?

Ein weiterer Kritikpunkt an Luhmanns Systemtheorie besteht darin, dass nur Kommunikationen als Elemente der Systeme akzeptiert werden und Menschen als Akteure ausgeschlossen sind, was etwa der Prägung einer Rechtsprechung durch Einzelpersonen – z.B. im Umweltbereich (etwa ein spezifisches Engagement einzelner Richter im Klimarecht) – prinzipiell entgegensteht. Dem setzen die Systemtheoretiker entgegen, dass das Individuum letztlich nur als Repräsentant eines Systems (hier des Rechtssystems) zu verstehen ist, das auch angesichts neuer gesellschaftlicher Probleme, unter Rückgriff auf systemeigene Begriffsbildungen und Präjudizien (und damit unter ausschliesslicher Bezugnahme auf die Operationen des Rechtssystems selbst), zu reagieren vermag.

§ 7 Gegenwart und Ausblick

1. Postmoderne Theorien

Der **Postmodernismus** fasst eine Reihe von Positionen in der Philosophie zusammen, deren Gemeinsamkeit in der Kritik an den Paradigmen der Philosophie, insbesondere der Neuzeit, Aufklärung und Moderne liegt. Darunter fallen Christentum, Rationalismus, Kapitalismus etc. Während die bisher dargestellten Strömungen Wirklichkeit oder zumindest das menschliche Zusammenleben bzw. sprachliche Handeln auf möglichst teilbare Grundprinzipien zurückführen, möchte die Postmoderne auf diesen Konsens verzichten. Auch Begriffe, die das Denken bis in die Moderne geprägt haben (Einheit, Wahrheit, Begriff, Wissenschaft, Sinn etc.), werden als universalistisch in einem negativen Sinn (bzw. als «totalitär») gewertet. Das postmoderne Zeitalter zeichnet sich gemäss J.-F. Lyotard (1924–1998) entsprechend dadurch aus, dass den grossen «Metaerzählungen», die in der Moderne noch die sozialen Institutionen zu legitimieren vermochten, kein Vertrauen mehr geschenkt wird.

Die postmoderne Philosophie setzt sich daher typischerweise kritisch mit den Grundannahmen eines vermeintlich «modernen» Denkens auseinander. Sie versucht, die dahinterstehenden «Ideologien» zu verabschieden. Sie setzt auf Pluralität im Sinne der Akzeptanz verschiedener gleichberechtigter Perspektiven auf philosophische Fragestellungen und dabei auch auf die Auflösung etablierter Begriffe. Dem Gerechtigkeitsbegriff soll sich – soweit der Begriff überhaupt verwendet wird – in starker Betonung von Heterogenität (*héteros;* anders, abweichend) angenähert werden. Daraus entwickeln sich verschiedene philosophische Positionen, die davon ausgehen, die Sprache schaffe die Wirklichkeit durch ihre Kategorien und Unterscheidungen, insbesondere auch bezüglich der Machtverhältnisse. Dementsprechend wird versucht, die unterschiedlichen Möglichkeiten und die Kontingenz gesellschaftlicher

Entwicklungen im Detail zu analysieren. Theorien, die sich mit der Wirkung sprachlicher Kategorien in einer Gesellschaft auseinandersetzen, werden oft auch als **poststrukturalistische Positionen** bezeichnet, wobei sich die Begriffe postmodern und poststrukturalistisch bisweilen überschneiden. Zu den poststrukturalistischen Denkern gezählt wird etwa Judith Butler (geb. 1956). Butler beschreibt mit grosser Resonanz die performative Kraft der Sprache bzw. die Wirkungsmacht gesellschaftlicher Diskurse, insbesondere über Geschlecht, Körper, Sexualität etc. Durch Sprechakte werden definite Identitäten (männlich/weiblich) erzeugt, die eher soziohistorisch anstatt biologisch zu erklären und insofern insbesondere auf ihre Machterzeugung und ihr Diskriminierungspotenzial hin zu prüfen seien: «Die Naturalisierungen der Heterosexualität wie auch der männlichen sexuellen Aktivität sind diskursive Konstruktionen» (Unbehagen der Geschlechter, S. 74). Zu den bekanntesten poststrukturalistischen Philosophen gehört auch Slavoj Žižek (geb. 1949). Er fordert eine «Repolitisierung» der Ökonomie, um die «scheinbar unveränderlichen Bedingungen der Ökonomie» wieder «in die Gesellschaft zurückzuholen» bzw. einer – von ihm synonym verwendeten – offenen und kontingenten demokratischen Debatte zur Disposition zu stellen, die definitionsgemäss ohne feststehende Inhalte, insbesondere ohne eine Naturalisierung der bestehenden vorherrschenden Wirtschaftsformen, auskommen muss. Die poststrukturalistische Position soll in der Folge näher behandelt werden, und zwar am Beispiel der Entwicklung des Denkens bei Michel Foucault (1926–1984).

Gemäss Gianni Vattimo (1936–2023) «kann [man] mit Recht behaupten, dass die philosophische Postmoderne im Werk Nietzsches entsteht» (Das Ende der Moderne, S. 178 f.). Nietzsche (1844–1900) untersucht die Welt nicht auf ein Entwicklungsziel hin, sondern betont ihre Kontingenz (Zufälligkeit; Nicht-Notwendigkeit). Diese Tendenz ruft insbesondere neue Erklärungen bzw. Infragestellungen unserer sozialen Wirklichkeit hervor. So versteht **Michel Foucault** die Geschichte nicht mehr als Verwirklichung von im Menschen angelegten Fähigkeiten (vgl. dazu etwa 1. Teil, § 2, Kap. 4.c, bb; 2. Teil, § 2, Kap. 2.c), sondern verweist auf die Unbeständigkeit (Inkonsistenz) des so verstandenen Menschen als Identitätsfigur bisheriger Epochen: «[W]ie am Meeresufer ein Gesicht im Sand» werde eines Tages das verschwinden, was die Geschichte und Philosophie als «Mensch» umschreibe (Die Ordnung der Dinge, S. 462). Foucault wendet sich stattdessen gesellschaftlichen Kräfteverhältnissen zu. Im Zentrum seiner Analyse stehen nicht einzelne Individuen als Akteure; es ist umgekehrt: Für Foucault, der während des Zweiten Weltkriegs aufwächst, sind Menschen immer schon in anonyme Strukturen eingebettet, gegen die sie sich letztlich nicht wehren können. Diese untersucht Foucault in minutiöser Arbeit und stellt sie letztlich als Strukturen gesellschaftlicher Machtausübung dar.

Foucaults Werke über den Wahnsinn, die Kriminalität und Überwachung sowie das Verhältnis von Sexualität und Macht setzen sich intensiv-kritisch damit auseinander, wie der Einzelne von machtausübenden gesellschaftlichen Institutionen beeinflusst oder geformt wird (vgl. Histoire de la folie à l'âge classique [1961]; Surveiller et punir [1975]; Histoire de la sexualité [1976]). Seiner Analyse liegt eine eigene Methodik zugrunde: Statt sich auf die traditionelle Geschichtsschreibung zu stützen oder (rechts-)philosophische Werke in ihren Hauptthesen oder Rechtstheorien zu zitieren, arbeitet Foucault historisch-archivarisch: Unter Beibezug der Archive, Gesetze, Parlamentsreden, Gerichtsprotokolle, Anstaltsanweisungen etc. trägt er – ungeheuer detailreich – die Geschichte der Institutionen und gesellschaftlichen Praktiken für die ihn interessierenden Fragestellungen zusammen (sog. *Archäologie*). Erst gestützt auf die sozialhistorische Zusammentragung, deren Ziel die wertfreie Erfassung sozialer Praktiken ist, erfolgt seine philosophische Einordnung.

So im Werk «Überwachen und Strafen», in dem Foucault die Entwicklung der **Disziplinartechniken** in der modernen Gesellschaft untersucht. Während er deren Ursprung in der Klosterdisziplin sieht, wie sie Mönche und Nonnen seit dem Hochmittelalter praktizierten, haben sich nach dem 17. Jh. verschiedene Formen der Disziplin verweltlicht: Zunächst als Massnahme städtischer Behörden gegen die Pest durch die Pestordnungen, die eine erstmalige lückenlose Regelung der Kontrolle aller Grenzen und Übergänge darstellen. Für Foucault ist es ein erstes Modell eines «lückenlos überwachten Raums», der «jedes Individuum ständig erfasst», sodass dieses «unter die Lebenden, die Kranken und die Toten aufgeteilt wird» (ÜS, 253). Foucault geht weiter über den im Drill abgerichteten Soldaten und die Ausbildung des Polizeiapparates ab dem 18. Jh.; neu werden die Gesten und Haltungen bis ins Kleinste reguliert: Soldaten, Schüler und Häftlinge werden in den neuen Erziehungs- und Zwangsanstalten seit dem frühen 19. Jh. einer Form der Verhaltenssteuerung unterworfen, die auf einer genau geregelten «sequenziellen Befehlskette» basierte (s. Sarasin, S. 141); sie werden als tauglich/geeignet etc. qualifiziert. Foucault umschreibt die Entwicklung als Akt der Normierung und Beherrschung: Die Praktiken wirken «normend», «normierend», «normalisierend» (ÜS, 236).

Die vollendete architektonische Metapher jeder Überwachung sieht Foucault im sog. *Panopticon*, dem Ursprung des modernen Gefängnisses. Es handelt sich um ein ringförmiges Gebäude mit Einzelzellen, die keinen Kontakt zueinander haben, aber alle vom zentralen Turm in der Mitte einsehbar sind, wo ein Wärter genügt, den «Gefangenen das wohlbegründete Gefühl zu vermitteln, jederzeit kontrolliert zu werden». Das Panopticon ist so ein elaboriertes Konzept verallgemeinerter Sichtbarkeit durch Kontrolle; Foucault betont jedoch, dass es sich um ein «demokratisches», kein «totalitäres» System der Macht handle: Der Wächter im Zentrum ist weder der König noch ein Diktator, sondern ein blosser Funktionsträger, der seinerseits von allen Mitgliedern der Gesellschaft überwacht und ausgetauscht werden kann (vgl. Sarasin, S. 144 f.). Foucault führt aus: «Sind die Gefangenen Sträflinge, so besteht keine Gefahr eines Komplotts […]; handelt es sich um Kranke, besteht keine Ansteckungsgefahr; sind es Irre, gibt es kein Risiko gegenseitiger Gewalttätigkeiten; […] sind es Arbeiter, gibt es […] keine

Verbindungen und Zerstreuungen, welche die Arbeit verzögern» (ÜS, 257 f.); Foucault spricht von einer «flächendeckenden» Verteilung der Macht, die darauf abzielt «Assoziation und Kommunikation ausserhalb ihres kontrollierenden Blicks zu verhindern». Hinter den Disziplinierungsmassnahmen steht die Angst vor Ansteckungen, vor Aufständen, vor Desertionen, vor «leben und sterben» (ÜS, 254). Als System der verallgemeinerbaren Kontrolle durch Sichtbarkeit ergänzt es die Wirkungen der eingeübten Disziplinen in Familie, Schulen, Fabriken etc. und entgrenzt diese; in jedem dieser Fälle «programmiert es auf der Ebene eines einfachen und leicht übertragbaren Mechanismus das elementare Funktionieren einer von Disziplinarmassnahmen völlig durchsetzten Gesellschaft» (ÜS, 268). Alle Angehörigen unserer modernen Gesellschaft seien «eingeschlossen in das Räderwerk der panoptischen Maschine, die wir selbst im Gang halten – jeder ein Rädchen» (ÜS, 279). Foucault umschreibt einen gesellschaftlichen Diskurs, den er – völlig anders als bei Habermas – nicht als herrschaftsfrei und staatslegitimierend, sondern vielmehr als stark normierend und disziplinierend versteht. Aktuell wird das Thema des Zwangs zum Normalen bzw. der normierenden Funktion von Machtpraktiken (Machtdispositive) etwa anhand der Profilerstellung im Internet diskutiert oder auch hinsichtlich der Macht von Leitmedien, die den gesellschaftlichen Diskurs aus foucaultscher Perspektive in panoptischer Weise standardisieren und bei abweichenden Interpretationen wirksam sanktionieren (vgl. zum Ganzen unter Einbezug der Künstlichen Intelligenz auch 5. Teil § 7 Kap. 4).

Nicht weniger einschneidend ist Foucaults Gesellschaftskritik bezüglich der Geschichte des Wahnsinns. Seine These ist, dass die Grenze zwischen Vernunft und Unvernunft – entgegen dem Anspruch der modernen Wissenschaften selbst, hier der Psychiatrie, seit dem 19. Jahrhundert, objektive Wissenschaft zu sein – kulturell und historisch bedingt ist. Er belegt seine These wiederum sehr detailliert mit Anschauungsmaterial, z.B. mit der Internierung von Homosexuellen, Landstreichern, Aussenseitern, die mit ihrer Einsperrung zugleich mit dem Verlust ihrer Rechtspersönlichkeit (bzw. Urteilsfähigkeit) einhergeht. Für Foucault sagt die Abgrenzung des Unvernünftigen zunächst einmal etwas darüber aus, wer als vernünftig gilt, ebenso sind Recht und Medizin eng miteinander verbunden. Foucault äussert sich sodann zum Arzt-Patient-Verhältnis, das er zu seiner Zeit zunehmend asymmetrisch als Experten-Laien-Verhältnis versteht: Es unterliegt im Vergleich zu früher nicht mehr der Beobachtung der Angehörigen, sondern der Fachkolleginnen und -kollegen in der Klinik im Rahmen einer anonymen, auf die biologische Körperfunktion reduzierten Spitaldisziplin. Sein Gesamtprojekt umschreibt Foucault als die Aufgabe, die «Geschichte der Wahrheit» zu schreiben (GL 13) oder Verfahrensweisen der Wahrheit zu analysieren (DE III, 433). Seine Analyse elaboriert die Summe strategischer Regeln für ein Machtgefüge.

Ob es sich bei postmodernen und -strukturalistischen Darstellungen um eine kritische Auseinandersetzung mit den etablierten Positionen der Philosophie handelt oder vielmehr um einen epochalen sozialen Wandel, ist umstritten. Unbestritten leisten verschiedene der postmodernen und -strukturalistischen Theorien indes wertvolle Beiträge, um die soziale Gleichheit zu verbessern, und geben – mit oder ohne Erwähnung – neue **Impulse für die Interpretation der Freiheitsrechte und Gleichheitsgebote** in der Verfassung. Einflüsse poststrukturalistischer Positionen hinsichtlich des Geschlechterdiskurses finden sich in den Rechtsordnungen, so z.B. betreffend Adoptionsfreiheit gleichgeschlechtlicher Paare, feministische Perspektiven etc. Wegweisend für die Kontingenz gesellschaftlicher Geschlechterrollen war etwa der Österreichische Verfassungsgerichtshof, Urteil G 258-259/2017-9 vom 4. Dezember 2017 zur grundrechtlichen Anerkennung der Ehefreiheit für homosexuelle Paare wie ebenso des freien Zugangs heterosexueller Paare zur Eingetragenen Partnerschaft.

Auch die postmoderne Reflexion über die Machtausübung ist Gegenstand der aktuellen Gesetzes- und Grundrechtsinterpretation, zum Beispiel im Rahmen von medizinischen Heilbehandlungen beim verfassungsrechtlichen Grundsatz der Selbstbestimmung der Patientinnen und Patienten (Art. 7 und 10 Abs. 2 BV): Nach der Rechtsprechung stellt jeder noch so geringfügige medizinische Eingriff einen Eingriff in die Persönlichkeit dar. Er ist nur dann nicht widerrechtlich, wenn eine Einwilligung des – über den Eingriff umfassend und in einer für ihn verständlichen Art aufgeklärten – Patienten vorliegt (vgl. BGer 2C_172/2024 E. 7.3.2; 6B_730/2017 E. 2.3; s. bereits BGE 117 Ib 197 E. 2 [1991]). Entsprechend ist die Missachtung des Selbstbestimmungsrechts des Patienten praxisgemäss auch dann als schwerer Eingriff in dessen persönliche Freiheit zu qualifizieren, wenn die fragliche ärztliche Handlung in seinem therapeutischen Interesse liegt (BGE 148 I 1 E. 6.2.3);[21] dies gilt ebenso in lebensbedrohlichen Situationen (EGMR, *Pindo Mulla gegen Spanien*, Nr. 15541/120 [GK], 17. September 2024, insb. §§ 177 ff., 123, betr. Bluttransfusion). Namentlich müssen Patientinnen und Patienten unabhängig ihrer Entscheidung für oder gegen eine Therapie oder andere medizinische Handlungen vor Druck und Missbrauch geschützt werden (s. EGMR, *Mortier gegen Belgien*, Nr. 78017/17, 4. Oktober 2022, § 139, betreffend Euthanasie). Ähnliche Grundsätze haben die Gerichte im Zusammenhang mit medizinischen Zwangsbehandlungen herausgearbeitet. Zwangsbehandlungen sind nach neuerer Rechtsprechung gerichtlich anfechtbar (BGE 143 III 337 ff.; EGMR, *X gegen Finnland,* Nr. 34806/04, 3. Juli 2012; Recht auf Freiheit und Sicherheit [Art. 5 Abs. 1 EMRK]; Recht auf Privatleben [Art. 8 EMRK]). Das Bundesverfassungsgericht stellt das Kriterium auf, dass Zwangsmassnahmen erst nach ohne Zeitdruck

---

[21] Bei Personen, die sich nicht mehr äussern können, wird das Selbstbestimmungsrecht durch die *Patientenverfügung* gestützt. Diese gilt bei eingeschränkter oder fehlender Urteilsfähigkeit als Surrogat des Patientenwillens: Die Ärztin oder der Arzt befolgt die Patientenverfügung, es sei denn, es bestünden begründete Zweifel, dass sie noch dem mutmasslichen Willen entspreche (Art. 372 Abs. 2 ZGB). In Notfällen hat der Therapeut nach dem mutmasslichen Willen und den Interessen der betroffenen Person zu handeln (Art. 379 ZGB).

erfolgtem Bemühen um eine auf Vertrauen gegründete freiwillige Zustimmung erfolgen dürfen (2 BvR 2003/14 vom 19. Juli 2017).

2. Spekulativer Realismus

Neben den die traditionellen Begriffe der Philosophie auflösenden Strömungen und auf der Annahme der menschlichen Konstruktion der Wirklichkeit basierenden Theorien finden sich – in allerneuester Zeit – auch wieder Gegenpositionen hierzu. Der sog. **Spekulative Realismus** stellt die konstruktivistischen Ansätze in Frage und nimmt wieder die Traditionen der klassischen Ontologie und des metaphysischen Realismus auf. Dies insbesondere hinsichtlich der konstruktivistischen Grundannahme, es gebe keine von subjektiven geistigen Leistungen und Fähigkeiten (Denken, Erkenntnis, Sprache) unabhängig existierende Realität.

Die Strömung setzt sich mit der wirkungsmächtigen, jedoch verkürzten Kant-Rezeption des *Korrelationismus* auseinander, wonach es nichts Seiendes ohne subjektiven Zugang gebe (vgl. etwa Quentin Meillassoux, geb. 1967, Nach der Endlichkeit, 2008; Markus Gabriel, geb. 1980, Der neue Realismus, 2014). Aus den subjektiven Bedingungen des Erkennens schliesst Kants Erkenntnistheorie – entgegen verschiedener Rezeptionslinien – namentlich nicht auf die Nichtexistenz einer äusseren Wirklichkeit (vgl. 4. Teil [Kant]). Den Spekulativen Realisten zufolge existiert denn auch eine autonome Realität, die vom Menschen und seinem Bewusstsein unabhängig ist, entwickelt wird mithin eine neue Metaphysik bzw. eine «Ontologie der Objekte» – gemeint ist die Reflexion über die Dinge an sich im Sinne von Kant. Die Strömung des Spekulativen Realismus bewegt sich weg vom Dogma, die Vorstellungen des Menschen als Wirklichkeit zu verstehen; vielmehr soll der Mensch aus Respekt vor der Realität einen Schritt zurücktreten. Im Zentrum der Arbeiten steht, die Beziehung von Subjekt und Objekt real – nicht konstruktivistisch – zu fassen.

Der Begriff «spekulativ» (lat. *speculatio* bzw. gr. *theoria*) wird dabei im ursprünglichen Sinne auf das Wesen der Dinge und ihre ersten

Prinzipien verstanden. Ebenso entwickelt wird die Ontologie der Objekte, die auch mit einer Kritik des anthropozentrischen Naturverständnisses verbunden wird. Indem spekulative Realisten eine vorsubjektive Realität ausserhalb der Selbstreferenzialität erklären und die ontologische Fragestellung wieder in den Vordergrund rücken, findet eine Rückbesinnung auf die Tradition der abendländischen Philosophie statt. Die variablen Positionen sind nunmehr auf aktuelle Fragen der Umweltethik, der Tierethik sowie der Entwicklung der Technik zu beziehen. Die rechtsphilosophische Rezeption der Theorie steht noch weitgehend aus.

3. Ausblick

Insgesamt zeichnen sich die philosophischen Positionen, die die rechtsphilosophische Reflexion prägen, durch eine unreduzierbare Vielfalt von unterschiedlichen Bedeutungs- und Bezugssystemen zum Recht aus. Sie sind als variable Perspektiven auf die Wirklichkeit und das Leben des Menschen in unsere Verfassungsordnungen integriert und zeigen sich ebenso im Rahmen deren konkreter inhaltlicher Ausformung und Interpretation durch die Gerichte. Gerade in der rechtsphilosophischen Reflexion wird die integrative Funktion des Rechts ersichtlich, das – gleichzeitig, wenn auch in unterschiedlichen Bezugsebenen – sowohl klassische antike Positionen als auch postmoderne Theorien in sich einschliesst. Es ist insofern kennzeichnend, dass sowohl metaphysische wie auch säkulare, ebenso religionsphilosophische wie rationalistische Positionen ihren Niederschlag in den Verfassungsordnungen und in der Verfassungsrechtsprechung gefunden haben. Die Gleichzeitigkeit der Ansätze zeigt sich nicht zuletzt dadurch, dass in jüngsten Urteilen postmoderne Denkprägungen nachweisbar sind und umgekehrt die jüngste Entwicklung der rechtsphilosophisch bedeutsamen Strömungen sich am Realismus der antiken Denker rückorientiert. Daraus ergibt sich ein **offener Horizont**, der wegführt von der Vorstellung der wissenschaftlichen Reflexion als eingleisigem Fortschrittsmodell, sondern vielmehr die Vielgestaltigkeit des Lebens und seiner juristischen Ordnungsprinzi-

pien in sich sammelt, ohne Kriterien für die Richtigkeitsintention auf-
zugeben (vgl. Hänni, Phänomenologie der juristischen Entscheidung;
Hänni, Vom Gefühl am Grund der Rechtsfindung).

4.   Zweiter Ausblick: Künstliche Intelligenz (KI)

Die technische Entwicklung in den letzten Jahren hat den Ruf nach
einer Ethik der Regulierung von Künstlicher Intelligenz laut werden
lassen. Auch in dieser Hinsicht ist ein kurzer Blick auf aktuelle und
zukünftige Problemstellungen angezeigt.

Zunächst: Was bedeutet Künstliche Intelligenz (KI)? KI ist ein Teil-
gebiet der Informatik, das sich mit der Automatisierung intelli-
genten Verhaltens und maschinellem Lernen befasst. Im Zentrum
rechtsphilosophischer Betrachtung sind Fragestellungen zu intel-
ligenten Maschinen als äussere programmierbare Entitäten, die
immer autonomer agieren. Dazu zählen Chatbots, selbstfahrende
Autos, Pflegeroboter, Polizeiroboter oder autonome Maschinen
(wie Drohnen), die eigenständig Kriegsoperationen durchführen.

Im Vordergrund steht dabei die Thematik der ethischen Program-
mierung. Diese lässt sich am Beispiel der selbstfahrenden Autos
diskutieren. Etwa am sog. **Trolley-Problem**, einem Entscheidungs-
dilemma, bei dem sich ein autonomer KI-Apparat in der fiktiven Situation eines ausweglos bevorstehenden tödlichen Unfalls befindet,
jedoch durch seine Entscheidungen noch beeinflussen kann, welche
der verschiedenen in die Situation Involvierten zu Tode kommen
sollen. Ein nach Grundsätzen der utilitaristischen Ethik programm-
mierter Computer wird eine andere Entscheidung treffen als ein
nach deontologischen Gesichtspunkten programmierter Computer
(vgl. 1. Teil § 2 Kap. 5 [Hedonismus, Utilitarismus]; 4. Teil § 2 Kap. 2
[Kant]). Solche Themen werden in der Literatur aktuell sehr stark
mit der Ethik der KI assoziiert.

Die neuere Literatur weist allerdings zu Recht darauf hin, dieser
Fokus gehe zu sehr von einer («Science-Fiction-»)Vorstellung aus,

wonach KI uns primär in der Form äusserer verkörperter Entitäten wie Maschinen oder Robotern etc. gegenübertritt (vgl. Mühlhoff, Macht der Daten, 2022, S. 10). Für den allergrössten Teil der derzeit relevanten KI-Systeme trifft dies jedoch nicht zu. Bei der KI, die bereits Auswirkung auf Milliarden von Menschen hat, handelt es sich nicht um robotergestützte Gebrauchsgegenstände oder Drohnen, sondern um datenbasierte KI-Systeme im Kontext **sog. vernetzter Medien**. Die Funktionsweise solcher datenbasierter KI-Systeme basiert nicht auf Robotik, sondern auf der Auswertung von Informationen, die wir als Nutzer digitaler Dienste im Internet täglich bereitstellen. Gesammelt werden z.B. *likes*, die Verweildauer auf einer bestimmten Seite, die Information, wie weit ein Nutzer auf einer Ergebnisseite herunterscrollt etc. Es handelt sich insofern um hybride Netzwerke aus technischen Komponenten und «menschlicher Mitarbeit» (*Human-Aided AI;* Mühlhoff, 2022, S. 18); gesprochen wird auch von «soziotechnischen» Systemen (a.a.O., S. 18).

Nutzerdatenbasierte KI-Systeme erlangen typischerweise durch die Auswertung der bereitgestellten Informationen die Kompetenz, Prognosen z.B. über die Gesundheit, über die wirtschaftlichen Verhältnisse oder über die politische Gesinnung von Nutzerinnen und Nutzern zu treffen (sog. prädiktive Analytik). Die Vorhersagen können in der Folge für diverse Zwecke eingesetzt werden. Dazu gehören zunächst kommerzielle Zwecke von privaten Anbietern (etwa die automatisierte Empfehlung ähnlicher wie bereits gekaufter Produkte). Entsprechende Anwendungen, die auf eine spezifische Zielgruppenansprache abzielen (sog. Targeting), beeinflussen jedoch gleichermassen, welche Postings oder Nachrichten oder welche politische Werbung wir sehen. Daher können diese KI-Systeme nicht als einfache Interaktionspartner bezeichnet werden; vielmehr stellen sie **strukturelle Faktoren** nicht nur unserer Kommunikation, sondern auch der wahrgenommenen Wirklichkeit dar (vgl. Mühlhoff, 2022, S. 11; Tufekci, 2015; Persily, 2017).

So generierte Informationen verschaffen grossen Datenunternehmen soziale, politische und ökonomische Macht. Dabei hat die Nutzung der Daten den Interaktionsbereich zwischen Privaten (business to customer; «*B2C*») bereits länger überschritten und wird auch im Verhältnis von Staaten und Bürgern (sog. Governance to Citizen; «*G2C*») eingesetzt. Staatliche Strukturen nutzen für die Kommunikation zwischen Staat und StaatsbürgerInnen auch die private Infrastruktur mit ihren Informations- Analyse- und Strukturierungsmöglichkeiten der Kommunikation. KI **bringt so neue Formen des Regierens**, des gesellschaftlichen Umgangs, der Arbeit und **der Weltbeziehungen hervor** (Mühlhoff, 2022, S. 6, s.a. Persily, 2017).

Hinter den technischen Entwicklungen, die wir als KI bezeichnen, stehen also gleichermassen politische Machtfragen, die gesellschaftlich-ethisch und rechtlich neu zu durchdringen sind, z.B. im Hinblick auf das Diskriminierungsverbot und den Ausschluss von Gruppen aufgrund der Prognose von Nutzungsdaten, aber auch demokratietheoretisch, z.B. hinsichtlich der freien Meinungsbildung angesichts ständig zugespielter personalisierter, massgeschneiderter Information (sog. «Microtargeting»; im Detail: Tufekci, 2014). Aktuelle Datenschutzregulierungen fokussieren sich auf die individuelle Einwilligung in die Preisgabe von (bei der täglichen Nutzung des Internets harmlosen) Informationen. Sie sind insofern noch wenig ausgerichtet auf das Phänomen der weit verbreiteten KI-basierten maschinellen Lernverfahren aus empirischem Datenmaterial, um Vorhersagen zu erstellen und diese zur Verwendung für verschiedene Akteure bereitzustellen. So sind die Entwicklungen zwar in vollem Gange, aber noch nicht vollständig im rechtlich-gesellschaftlichen Bewusstsein angekommen; verschiedene Autoren sprechen von einem «blinden Fleck unseres kulturellen Bewusstseins» (Mühlhoff, 2022, S. 8), den es nun – in deutlich stärkerem Masse – auch staatsrechtlich und rechtsphilosophisch zu reflektieren gilt.

6. Teil   Asiatische Rechtsphilosophie

§ 1   Einführung

1.   Asiatischer und europäischer Kulturraum

Ausgehend von (vor) der Achsenzeit haben auch die verschiedenen *asiatischen Denkströmungen* versucht, Realität und Wahrheit in Grundprinzipien zu erklären und entsprechende Einsichten für rechtlich-gesellschaftliche Fragen heranzuziehen. Auf diese Ansätze, die gegenwärtig im Okzident stark rezipiert werden, ist zum Schluss der Abhandlung zurückzukommen.

Asien (Morgenland; vom lat. Wort *asia*, das möglicherweise vom assyrischen Begriff *assu* abgeleitet wurde; «Sonnenaufgang, Osten») ist der grösste Kontinent der Erde, tektonisch mit Europa verbunden, und nimmt einen Drittel der Landmasse der Erde ein. Rund die Hälfte bis zwei Drittel der Menschen leben im asiatischen Raum. Die philosophisch-religiöse Strömung, der ursprünglich die vedischen Weisheitslehren zugrunde liegen und die heute als Hinduismus bezeichnet wird, ist eine der ältesten Weisheitslehren. Nach den Veden entstehen in Asien Buddhismus, Daoismus und Konfuzianismus, aber auch Religionen wie das Judentum und ab dem 8. Jh. der Islam. Zunächst sei festgehalten, dass das griechische Denken ab dem 3. Jh. von den vedischen Weisheitslehren beeinflusst ist. So überrascht es nicht, dass die in Asien und Europa entstandenen Denktraditionen durchaus Parallelen aufweisen: Bis ins 17. Jh. kann der europäische Kulturraum mit den einzelnen asiatischen Kulturen verglichen werden, indem auf ein System der «Letztbegründung» Bezug genommen wird.

Allerdings verändert sich im europäischen Kulturraum ab dem 18. Jh. die Denktradition, indem sich die Hauptrichtung der philosophischen Betrachtung vermehrt der Methoden der aufkommenden Naturwissenschaften bedient und sich – insbesondere im

20. Jh. – mehr und mehr von ihrer religiös-metaphysischen Tradition ablöst. In Europa kommt ab dem Spätmittelalter ein linear-kausaler Denkstil auf, während in Asien eine Vermittlung von Wissen unter Einbezug von Letztbegründungsfragen auch neben vom Westen geprägten Wissenschaftssystemen (insb. der Bereich der Naturwissenschaften) üblich bleibt. Die Philosophie hat neben empirischen Wissenschaften als eigenes auch metaphysisches Denksystem ihren Raum. Zeitgenössische und im Kern nicht positivistische westliche Strömungen wie etwa die Phänomenologie werden in Asien gegenwärtig stark rezipiert. Insbesondere soll Philosophie aus dem traditionellen asiatischen Denken auch heute nicht (hauptsächlich) Begriffsbestimmung sein, sondern Weisheitslehre, die sowohl lebensweltlich als auch als Denkschule bedeutsam ist.

Gerade vor dem Hintergrund, dass die Denkweisen der asiatischen Philosophie in Europa und auch Nordamerika derzeit immer mehr Anhänger finden, soll im Folgenden zunächst die älteste dieser asiatischen philosophischen Strömungen eingeführt werden: der Hinduismus. Zur Veranschaulichung werden das gesellschaftliche und rechtliche Umfeld in Indien sowie die Grundkonzepte des Hinduismus erläutert.

2.   Indien: Ein Überblick

Die Forschung identifiziert sieben Einflusssphären rechtsphilosophisch bedeutsamer Religions- und Gesellschaftsformen für die indische Zivilisation: Indien, Pakistan, Bangladesch, Sri Lanka, Nepal, Bhutan und die Malediven. Diese sieben Staaten gründeten 1985 auch die SAARC *(South Asian Association for Regional Cooperation)* als Vereinigung für regionale Zusammenarbeit in wirtschaftlicher, technischer und kultureller Hinsicht. Den Beginn der indischen Religionsrichtungen bildet die **Hindu-Lehre**. Im Gegensatz zu anderen Religionen gibt es beim Hinduismus keinen Religionsstifter. Vielmehr entwickelt sich die Glaubensrichtung über einen Zeitraum von ca. 3'500 Jahren. Während die frühe Zeit noch geprägt ist von den Veden (ca. 1750 bis ca. 500 v. Chr.), bildet sich später der klassische Hinduismus (200 v. Chr. bis 1850 n. Chr.) heraus. Die Zeit zwischen 500 und 200 v. Chr. wird als asketischer Reformismus bezeichnet, aus dem sich die Glaubensrichtung des **Buddhismus** entfaltet. Als Begründer des Buddhismus gilt Siddhartha Gautama, der sich ab 525 v. Chr. als Buddha (der Erleuchtete) bezeichnet. Ein ebenso wichtiger Vertreter der buddhistischen Philosophie ist Nagarjuna (ca. 2. Jh.).

In Bezug auf die Gesellschaftsentwicklung Indiens sind zwei bedeutsame imperiale Einflüsse zu erwähnen: Zum einen führt die arabische Expansion ab ca. 630 n. Chr. zur Ausdehnung des Islams und somit zur steigenden Bedeutsamkeit des muslimischen Rechtsdenkens ab dem 8. Jh. Zum anderen folgt mit der Kolonialisierung Indiens im 19. Jh. eine Phase britischen Einflusses, welche Mitte des 20. Jahrhunderts vom modernen Indien abgelöst wird (Unabhängigkeit 1947). Indien ist mit rund 1,43 Milliarden Menschen der gegenwärtig bevölkerungsreichste demokratische Rechtsstaat der Welt (zum Vergleich: Die Volksrepublik China zählt ca. 1,4 Milliarden Einwohner). Hervorzuheben sind an dieser Stelle darüber hinaus die Kontakte zwischen der ostasiatischen oder auch der südasiatischen Religion mit der hellenistischen Tradition ab dem 3. Jh. n. Chr., auf die die neuere Forschung vermehrt hinweist.

Sanskrit («zusammengesetzte Sprache») ist die älteste aller indischen Sprachen und geht auf die Veden zurück. Die Entstehung wird bei ca. 1200 v. Chr. eingeordnet; um 400 v. Chr. wird die Grammatik durch den berühmten Sanskrit-Grammatiker Panini kodifiziert. Im Vergleich dazu entwickelt sich Altgriechisch um ca. 800 v. Chr. Sanskrit gehört zur indoeuropäischen Sprachfamilie und hat damit denselben Ursprung sowohl der modernen europäischen Sprachen als auch der klassischen Sprachen wie Latein (entstanden ca. 300 v. Chr.) und Griechisch. Obschon Sanskrit die heilige Sprache der Hindus ist – insbesondere wurden alle religiösen Schriften in Sanskrit verfasst – wird es heute wie Latein oder Altgriechisch nicht mehr gesprochen.

§ 2 Hinduismus

1. Grundlagen

a) Begriff

Der Begriff des Hinduismus bildet sich in seiner heutigen Bedeutung, d.h. im Sinne einer Religionsgemeinschaft, erst während der britischen Kolonialzeit heraus. Die Bezeichnung wird heute sowohl wegen ihrer generalisierenden Zusammenfassung unterschiedlichster Strömungen als auch aufgrund ihrer inhaltlichen Missverständlichkeit kritisiert. Angesichts der weiten Verbreitung des Begriffs wird er im Folgenden zwar verwendet, jedoch im Bewusstsein, dass heterogene religiöse und philosophische Lehren darunterfallen.

b) Textsammlungen Samkhya, Veden und Upanishaden

Rund 1500 v. Chr. migrieren indo-iranische Hirtenstämme (sog. Arier) schrittweise nach Indien. Ihrer Kultur und ihrem Denken liegen verschiedene Philosophiesysteme zugrunde. Ein erstes Philosophiesystem ist die in 72 Lehrstrophen erhaltene **Samkhya**. Sie wird etwa zwischen 350 und 450 n. Chr. aufgezeichnet und ist atheistisch: Sie umschreibt einen Gegensatz von geistiger Welt *(Purusha)* und materieller Welt *(Pakriti)* als Ursprung der Geschöpfe. Die materielle Welt *(Pakriti)* ist durch drei wesentliche Wahrnehmungsqualitäten *(Gunas)* gekennzeichnet: Dunkelheit/ Chaos, Bewegung/Energie und Klarheit/Harmonie. Die von den Hirtenstämmen mitgebrachte Kultur und Spiritualität basiert auch auf durch die Samkhya beeinflussten Opferritualen, welche zur Aufrechterhaltung der kosmischen Ordnung praktiziert werden sollen.

In den sog. **Veden** («Wissen, heiliges Gesetz») sind ebenfalls die Hymnen, Melodien, Opfer- und Zaubersprüche festgehalten, die während diesen Ritualen von speziellen Priestern rezitiert werden. Durch eine möglichst präzise Ausführung des Opferrituals sollen die Götter dieser Stämme zur Annahme der Gaben angehalten werden, was in der Folge eine göttliche Gegenleistung auslösen kann. Die Veden sind damit theologisch orientiert; es handelt sich gemäss der hinduistischen Tradition um ein nicht-menschliches, ewiges (unveränderliches) Wissen, welches den vedischen Dichtern *(rishis)* offenbart und durch mündliche Überlieferung während Jahrhunderten (ca. 1500–800 v. Chr.) innerhalb von Priesterfamilien bewahrt und weitergegeben wird. Die Veden rekurrieren auf die Einheit als religiöse Kumulation (insbesondere Advaita-Vedanta) und führen die für den Hinduismus zentralen Konzepte des *Atman* und *Brahman* ein (vgl. sogl. unten Kap. 1.c).

Die Inhalte der vedischen Literatur, welche den Grundstein der hinduistischen Lehre bilden, werden mit der Zeit transformiert und von neuen Lehren überlagert. Dies manifestiert sich in der Literaturgattung der **Upanishaden**, die (neben anderen Texten) den Abschluss der vedischen Literatur darstellen. In den Upanishaden (ab 800 v. Chr.) werden kosmologische Konzeptionen und ein Menschenbild entworfen, was alle darauffolgenden Strömungen prägen wird. Darunter fallen insbesondere die (wieder aufgenommene) Lehre von Brahman und Atman, die Lehre des *Karma* sowie die bereits in der Samkhya grundgelegte Lehre der *Wiedergeburt*.

c)   **Brahman und Atman**

Die Philosophen der Upanishaden beantworten die Frage nach dem Ursprung der Welt mit dem **Brahman** (meist übersetzt als «Weltseele»), welches die unveränderliche und unzerstörbare Realität, mithin die letzte Ursache darstellt, die sich in allem Seienden (geistig und materiell) manifestiert, ohne selbst erkennbar zu sein. Brahman ist ein unpersönliches Konzept als Urgrund des Seins, ohne Anfang und ohne Ende, als solcher Hintergrund der Wirklichkeit. Es wird auch oft als das Absolute oder als die *Einheit* übersetzt. Obwohl ihm keine Attribute zukommen, wird es mit Wahrheit, (unpersönliches) Bewusstsein und Freude assoziiert (सच्चिदानन्द; sog. *Sat-Chit-Ananda*).

Die Konzeption des Brahman hat auch für das Menschenbild Konsequenzen: Als alles umfassender Urgrund ist das Brahman auch im Menschen existent, und zwar als sog. **Atman**. Atman ist das Abbild des Brahman im einzelnen Menschen («Lebenshauch, Atem»; meist mit «Seele» übersetzt). Es ist wie Brahman selbst unzerstörbar und kann als unzerstörbarer Teil des Geistes, als das unvergängliche Selbst des Menschen verstanden werden.

d) Wiedergeburtslehre (Samsara) und Karma

Eine weitere entscheidende Neuerung der Upanishaden kann in der weiteren Ausdifferenzierung der **Wiedergeburtslehre** (*Samsara*; «beständiges Wandern») erblickt werden, nach welcher der Körper die Einzelseele *(Atman)* beherbergt und einem Kreislauf von Geburt und Tod unterliegt. Die Vorstellungen von Karma und Samsara sind etwa ab dem 6. Jh. v. Chr. in den Schriften nachweisbar.

Dabei bestimmt sich die Qualität der einzelnen Leben nach dem Prinzip, dass jede Handlung – physisch wie geistig – unweigerlich eine Folge nach sich zieht (**Karma**; कर्म; «*Wirken, Tat*»; Sanskrit: Karman). Die Folge kann, aber muss nicht unbedingt im gegenwärtigen Leben wirksam werden, sondern sie kann sich auch erst in einem zukünftigen Leben manifestieren. Je nach spiritueller Disposition einer Person hat diese ein «anderes» Karma. Das persönliche Karma ergibt sich aus den bisherigen mentalen wie physischen Handlungen einer Person. Das Karma ist also ein Ursache-Wirkungs-Prinzip zu der Frage, wie sich die Früchte der Taten realisieren; das Karma zeigt sich als das, was dem Individuum in seinen Leben (als Angenehmes oder Schwieriges) begegnet. In diesem Sinne führt die Konzeption von Karma zu einer vollständigen Eigenverantwortlichkeit des Individuums für sein Leben. Karma ist eine natürliche ethische Gesetzmässigkeit des Ausgleichs (vgl. insoweit 1. Teil, § 2, Kap. 2.b [Anaximander]); es existiert in diesem Konzept gerade kein Weltenrichter, welcher ein Individuum nach einer schlechten Tat bestrafen könnte. Alle guten Werke können religiöse Verdienste *(punya)* schaffen, die Karma abbauen. Solche besonderen Verdienste erwarten sich Gläubige etwa von religiösen Riten, Fasten, Wallfahrten oder Geschenken an Brahmanen oder auch Hilfeleistungen für schlechter gestellte Menschen sowie Tiere, ebenso von allgemeiner Milde *(danam)* und Tempelbauten. Die geschilderten Ansätze gehören zum Standpunkt der «Werktätigkeit» *(pravritti)*: Man tut etwas, um eine gute Wirkung zu erzielen. Die gegensätzliche Strömung besteht in der «Nichttätigkeit» *(nivritti)*. Hier besteht der Weg darin, sich aus der Welt zurückzuziehen (Kontemplation, Askese).

Zur Frage, wie der Einzelne seinen bisherigen Taten begegnet, gibt es mehrere Auffassungen. Vorherrschend ist die Auffassung, wonach die Seele *(atman)* den Körper nach dem Tod verlässt und in einem neuen, durch das bisherige Karma bedingten Leib neu geboren wird. Durch sein Karma ist der Mensch also an das Rad der **Wiedergeburt** *(samsara)* gebunden. Er ist mit der Summe seiner bisherigen Taten konfrontiert. Dies ist einerseits Chance, indem er auf diese Weise das Wesentliche seines eigenen Handelns durchschauen und das, was er bisher missachtete, verstehen lernen kann. Unabhängig von der Qualität der einzelnen Leben wird das durch die stetige Abfolge von Reinkarnationen ausgelöste «Lebenmüssen» jedoch andererseits als erheblich leidvoll erachtet. Jede Geburt, jeder Tod und letztlich alle Veränderungen sind schmerzlich. Als Ursache des leidvollen Zustands gilt der Lebensdurst, d.h. der Wille zum Leben, die etwa in der Schrift *Bhagavad Gita* u.a. als «hängen am eigenen Werk» umschrieben wird («Ans Dasein bindet jedes Tun, das nicht geschieht aus Opferpflicht; vollbringe darum zwar ein Werk, doch hänge an demselben nicht»; Bhagavad Gita 3. 8–9; vgl. dazu auch unten 2.). Die durch den Lebensdurst bewirkte Wiedergeburt bringt indessen nur eine neue vergängliche Existenz. Deshalb liegt das Ziel stets darin, den Kreislauf von Geburt, Tod und Wiedergeburt zu überwinden und überhaupt kein Karma mehr zu erzeugen. Dabei bewirkt nicht nur «schlechtes» Karma den Kreislauf der Wiedergeburten, sondern gleichermassen das «gute». Die Überwindung des Kreislaufs der Wiedergeburten wird erst durch die Befreiung von allem Karma möglich, da sich dann das Selbst von dem jeweiligen Körper lösen kann (*moksha*, symbolisiert mit dem Om-Zeichen; ॐ).

Gemäss den Upanishaden ist der Schlüssel zu diesem Loslassen der Seele vom Körperlichen die **Einsicht**, dass *Atman* (Individualseele) mit *Brahman* (Weltseele) identisch ist.[22] Es geht mit anderen Worten um einen Erkenntnisschritt, der sich über die facettenreiche, polare und letztlich vom Denken selbst erzeugte Wirklichkeit (*Maya*, Illusion: «*a subjective misperception of the world as ultimately real*»; Sarvepalli Radhakrishnan, 1888–1975) der Einheit aller Dinge *(Brahman)* bewusst wird. Je nach Strömung kann diese Beziehung des Selbst zum *Brahman* als Einheit durch unterschiedliche Wege (oder eine Kombination derselben) erkannt werden. Es sind dies die Wege der Erkenntnis, der Askese und des Handelns. Um das zu erkennen, braucht es nach den Hindu-Epen zahleiche Inkarnationen (leidvoll und chancenreich zugleich, vgl. oben). Obwohl Karma ein Gesetz von «Ursache und Wirkung» bedeutet, vertrauen verschiedene hinduistische Strömungen auf eine Gnade Gottes, welche die Wirkung von Karma vernichten und den Menschen erretten kann.

Historisch betrachtet ergibt sich durch all diese Neuerungen im Unterschied zur weiter oben beschriebenen Opferpraktik der Samkhya und der frühen Veden ein gewissermassen **verinnerlichtes Opferritual**. Dieses hat nicht mehr zum Zweck, den Göttern eine materielle Gabe zu erbringen, sondern introspektiv das Selbst als Ursprung der äusseren Wirklichkeit zu erkennen und so den Illusionen und dem Anhaften an weltlichen Dingen zu entkommen. Insbesondere der Buddhismus nimmt diese Entwicklung auf (s. unten § 3, Kap. 1).

---

[22] Dies ist eine Parallele zu Platons Seelenbegriff, der ebenfalls davon ausgeht, dass die Einzelseele sich zurück in einen ursprünglichen Kosmos sehnt, aus dem sie herkommt, wobei ihre Individuation im Platonismus bleibt (vgl. hiervor 1. Teil, § 2, Kap. 4.b, aa).

e)   Dharma

Vor diesem Hintergrund stellt sich die Frage nach dem richtigen Handeln, um sich von Karma zu befreien. Bereits hier setzt in der hinduistischen Tradition ein sehr weit verstandener Rechtsbegriff ein. Die Verknüpfung der Karma- mit der Dharma-Vorstellung enthält eine sehr starke ethisch-moralische Komponente. Die Richtlinien für das Verhalten eines Menschen ergeben sich in den hinduistischen Traditionen aus der Summe der bisherigen Taten eines Menschen. Entsprechend diesen Taten hat jeder Mensch seinen eigenen **Dharma** («Gesetz, Recht, Sitte»)[23], mithin seine eigenen Rechts- und Sittenpflichten, die es einzuhalten gilt. Deren Erfüllung ist ausschlaggebend dafür, ob die Taten weiter gutes oder weiter schlechtes Karma bewirken. Dabei beinhaltet der eigene Dharma sowohl *allgemeine* als auch *individuelle* Pflichten: Der Dharma ist einerseits ein kosmisches (allgemeingültiges) und andererseits ein soziales Gesetz, das eine gesellschaftsspezifische Pflichtenerfüllung erfordert. Unter den Dharma fallen demnach allgemeine Gesetze *(sadharana-dharma),* welche von jedem Individuum einzuhalten sind; dazu gehören Gewaltlosigkeit *(ahimsa),* Wahrhaftigkeit *(satya),* Geduld *(ksanti),* Selbstkontrolle *(dama),* Milde *(danam)* und Gastfreundschaft *(ahithi).*

Daneben gibt es spezifische Pflichten *(svahdharma),* welche in Abhängigkeit von Lebensphase und (nach gewissen Traditionen) von Kastenzugehörigkeit je nach Individuum variieren. Das Kastensystem sieht folgende vier soziale Schichten *(varna;* «Klasse, Stand, Farbe») vor:

– Brahmanen: Priester, intellektuelle Elite;

– Kshatriyas: Krieger, Fürsten, höhere Beamte;

– Vaishyas: Kaufleute, Händler, freie Bauern;

– Shudras: Dienstleute, Knechte, Taglöhner.

---

[23] *Dharma* umfasst hierbei sowohl eine abstrakte Vorstellung von Rechtschaffenheit als auch konkrete Anweisungen betreffend soziale Interaktionen und rituelle Handlungen.

Zudem existiert eine fünfte Gruppe (*Paria* oder *Harijans;* «Unberührbare»), welche aus denjenigen Personen besteht, die aufgrund unterschiedlicher Gründe kastenlos sind. Es ist ausserdem zu beachten, dass innerhalb der obigen Kasten eine weitere, viel differenziertere Unterscheidung durch zusätzliche Gruppen und Untergruppen erfolgt. Das Kastensystem als soziales Phänomen wird in hinduistischen Bevölkerungen an gewissen Orten noch praktiziert, andernorts nicht mehr und etwa durch soziale Wohlstandshierarchien nach westlichem Vorbild deutlich überlagert.

2.   Handlungslehre und Rechtssystem

Im Hinduismus werden zwei Textarten unterschieden: zum einen die *Shruti* als geoffenbartes bzw. von Sehern/Brahmanen «gehörtes» (unmittelbar vernommenes) Wissen (vgl. oben Kap. 1.d). Darunter fallen z.B. die Veden *(Rigveda, Samaveda, Yajurveda, Atharvaveda).* Andererseits existieren die *Smriti,* d.h. aus dem geoffenbarten Wissen abgeleitete «erinnerte» Texte. Beispiele für *Smriti* sind das *Mahabharata-* und das *Ramayana*-Epos, die bereits erwähnte *Bhagavad Gita* (sie ist Teil des *Mahabarata*) sowie das *Dharma-Shastra.*

Die hinduistische Handlungs- und Erkenntnislehre ist festgehalten in hunderten von **Dharma-Shastra-Texten**, welche zur Gattung der *Smriti* gehören *(«Dharmasmriti»).* Sie sind mit rechtlichen Handlungsanweisungen verknüpft, weshalb das *Dharma-Shastra* bisweilen mit «Gesetzesbuch» übersetzt wird; verglichen mit westlichen Rechtstexten ist es jedoch sehr stark mit moralisch-ethischen Gehalten angereichert. Es ist zudem zu beachten, dass diese Texte Kompilationen sind. Im Unterschied zu europäischen Kodifikationen findet man somit eine Zusammenstellung von Bestimmungen vor, die unterschiedlichen Normqualitäten entsprechen (darunter z.T. auch Elemente, die nie praktiziert wurden). Die Texte haben dementsprechend partiell im Nachhinein durch ihre Interpretation mehr Normengehalt zugesprochen bekommen, als sie in der Zeit ihrer Entstehung tatsächlich hatten.

In den *Dharma-Shastra* werden Rechte und Pflichten der Gesellschaft und gleichzeitig die Pflichten eines jeden Einzelnen adressiert; das *Dharma-Shastra* wird mithin als «ethische Rechtsauffassung» umschrieben. Der Zweck aller Regelungen ist das Finden der Glückseligkeit als Rückkehr in den ursprünglichen, unveränderlichen und vollkommenen Zustand *(Brahman).* Es sollen dementsprechend nur Normen erlassen werden, die den Massstäben dieser Dharma-Texte entsprechen. Einige, insbesondere die sozialen *Dharma-Shastras,* münden in erhebliche Diskriminierungen, etwa durch sozialmoralische Deutung des Frauenideals im *Ramayana-*Epos, was bis zu Witwenverbrennungen *(sati)* oder zu Tempelzutrittsverweigerungen gegenüber Unberührbaren führt.

Dies steht im Widerspruch zum modernen Rechtsstaat: Indien löst sich 1947 vom britischen Kolonialreich und wird unabhängig. Da Indien das System der Gewaltenteilung kennt, ist die Judikative von Legislative und Exekutive strikt getrennt. Das Amt des Premierministers (Exekutivgewalt) ist nach britischem Vorbild errichtet; das Zweikammersystem im Parlament ist mit Haus des Staates (Oberhaus) und Haus des Volkes (Unterhaus) hingegen vom nordamerikanischen Charakter geprägt. Indien besteht heute aus 29 Bundesstaaten sowie 7 Unionsterritorien. In den Bundesstaaten sind *High Courts* errichtet, welchen die *District Courts* unterstellt sind. Als oberste Berufungsinstanz für Individualbeschwerden, auch für Streitigkeiten zwischen den Bundesstaaten, ist der oberste Gerichtshof des Landes, der *Supreme Court* mit Sitz in Neu-Delhi, zuständig. Die Verfassung von 1950 enthält freiheitliche Grundrechte sowie nicht einklagbare Leitprinzipien wie Recht auf Arbeit, Recht auf Bildung, die Pflicht zur staatlichen Fürsorge oder das Recht auf Zugang zu Nahrung. Die Leitprinzipien erhalten durch eine progressive Interpretation des Indischen Supreme Courts in Verbindung mit freiheitlichen Grundrechten gleichwohl justiziable Wirkungen. So das Beispiel des Rechts auf Zugang zu Nahrung in Verbindung mit dem Grundrecht auf Leben, das zu einer staatlichen Verpflichtung der Nahrungszuteilung an besonders arme Bevölkerungsschichten geführt hat (*People's Union for Civil Liberties vs. Union of India and others* on 2 May 2003; Supreme Court of India, Petition [Civil] No. 196 of 2001).

Bemerkenswert ist, dass die Auslegung der Verfassung oftmals unter besonderer Berücksichtigung einzelner traditioneller Verständnisse erfolgt. So wird das allgemeine Dharma der Gewaltlosigkeit *(ahimsa)* etwa bei Tierschutzfällen herangezogen; Persönlichkeitsrechte für Tiere werden neuerdings u.a. gestützt auf dieses Prinzip begründet; eine Schutzpflicht von Menschen gegenüber Tieren *loco parentis* begründet (vgl. *Narayan Dutt Bhatt vs. Union of India & others,* High Court of Uttarakhand at Nainital, 2018, z.B. para. 88, 99A; vgl. auch Art. 51a lit. g der indischen Verfassung) – eine Entwicklung, die sich im Okzident in dieser Form noch nicht zeigt (vgl. immerhin zur Würde der Kreatur [Art. 120 Abs. 2 BV] als jedem einzelnen Tier zustehend BGr. 2C_958/2014 E. 4.2.3 mit Hinweisen auf die Literatur). Andererseits werden vom Supreme Court diskriminierende Praktiken aus den sozialen Dharma-Shastras vor dem verfassungsrechtlichen Diskriminierungsverbot verworfen, so z.B. die Tempelzutrittsverbote gegenüber Unberührbaren (vgl. *Indian Young Lawyers Association vs. The State Of Kerala* on 13 October 2017, Supreme Court of India, Writ Petition [Civil] No. 373 of 2006).

§ 3 Buddhismus

1. Buddhismus als Reform des Hinduismus

Im 5. Jh. v. Chr. entstehen mehrere Reformbewegungen zum Hinduismus, aus denen u.a. der Buddhismus hervorgeht. Während die vorherrschenden priesterlichen Privilegien und die Orthodoxie innerhalb dieser Reformbewegung auf Ablehnung stossen, werden gewisse Elemente der Upanishaden übernommen. Sie bilden auch das Fundament des Buddhismus. Dazu gehört v.a. die Wiedergeburts- und Karmalehre.

Siddhartha Gautama (563–483 v. Chr.), der historische **Buddha**, wird (der Legende nach) als Königssohn in wohlhabende Verhältnisse geboren. Dieses Leben in Luxus und Überschwang lässt ihn jedoch innerlich unbefriedigt: Als ihm ein Greis und ein Kranker begegnen und er einen Leichnam sieht, wird ihm die Vergänglichkeit des Menschen bewusst. Ein Bettelmönch führt ihm vor Augen, wie der Weg zur Befreiung des Anhaftens an dieser vergänglichen Existenz aussehen könnte. So beschliesst Siddhartha, den Palast zu verlassen und als Mönch und Asket zu leben. Nach einigen Jahren strengster Askese bemerkt er allerdings, dass ihn die Kasteiungen allein seinem Ziel nicht näherbringen. Er fasst den Entschluss, sich der Meditation ohne Askese zu widmen. So findet er unter einem Feigenbaum bei der Meditation seinen Mittleren Weg (sog. Achtfacher Pfad; vgl. unten Kap. 5.) und erlangt die **Erleuchtung** *(bodhi)*, durch welche ihm ein «*dreifaches Wissen*» zuteil wird: Erinnerung an seine Vorleben, Einsicht in das karmische Weltengesetz sowie Erkenntnis der sog. Vier Edlen Wahrheiten. Fortan wird Siddhartha, nun als Buddha bezeichnet, diese Einsichten durch seine Lehrtätigkeit an seine Zeitgenossen weitergeben.

Abb. 4: Buddha-Statue

2. Ausdehnung und Schulrichtungen des Buddhismus

Nach dem Tod Buddhas kommt es im 3. Jh. v. Chr. zu einer starken Ausbreitung des Buddhismus unter König **Ashoka**. Ashoka erweitert sein – die heutigen Gebiete Indien, Pakistan und Afghanistan umfassendes – Territorium anfänglich durch kriegerische Eroberungen. Auf dem Höhepunkt seiner Macht angelangt, verspürt Ashoka Reue für seine Taten und konvertiert zum Buddhismus. Er regiert nun nach buddhistischen Prinzipien (beispielsweise werden Spitäler für Tiere gegründet) und entsendet Missionare in fremde Gebiete (auch nach Europa). Der Buddhismus entwickelt sich dadurch in eine «potentiell weltgestaltende Ethik» weiter, die Werte für grossflächige kulturelle Räume schafft, und wird in der Folge mehr und mehr in ganz Ost- und Südostasien verbreitet. Allerdings findet in Indien ab dem 7. Jh. n. Chr. ein Wiedererstarken der vedischen Philosophie statt, welche den Buddhismus verdrängt. Gerade in neuerer Zeit erlebt der Buddhismus im Westen eine starke Rezeption.

Der Buddhismus kann in die drei Hauptrichtungen *Theravada, Mahayana* und *Vajrayana* unterteilt werden. Der Theravada («Schule der Ältesten; kleiner Weg») führt seinen Ursprung auf die ersten Anhänger des Buddha zurück. Im Mittelpunkt stehen hauptsächlich Verhinderung von Leid, Beruhigung des Geistes und Vermeidung von Alltagsschwierigkeiten. Der Theravada ist heute v.a. in Sri Lanka, Thailand und Kambodscha verbreitet. Das Mahayana («grosser Weg») interpretiert die buddhistischen Ideale und Grundwerte des Theravada neu. Im Zentrum der Mahayana-Lehre stehen die Werte Mitgefühl (*Karuna;* Erlösung nur, wenn alle anderen Geschöpfe ebenfalls erlöst sind) und Weisheit *(Prajna).* Aus der Mahayana-Strömung sind zahlreiche Schriften *(Sutras)* entstanden, deren Studium teilweise zur Gründung von neuen Schulen führte. **Nagarjuna** ist ca. im 2. Jh. die erste überlieferte historische Persönlichkeit des Mahayana-Buddhismus, der mit seiner «Philosophie der Leere» den philosophischen Grundstein des buddhistischen Denkens überhaupt legt. Das Mahayana ist heute in Indien, Nepal, Tibet, China, Korea und Japan verbreitet. In Nepal und Tibet nimmt der Mahayana-Buddhismus schliesslich tantrische Praktiken und schamanische Elemente auf, und es bildet sich das Vajrayana («Diamantweg») heraus. Zen ist die japanische Strömung des Mahayana-Buddhismus, welche wesentlich vom Daoismus beeinflusst ist.

3. Nähe und Abgrenzung zum Hinduismus

Insbesondere die hinduistische Wiedergeburts- und Karmalehren üben grossen Einfluss auf die im Buddhismus vertretenen Gerechtigkeitslehren aus. Ethische Überlegungen stellen auch im Buddhismus in erster Linie einen Weg dar, um den Kreislauf der Wiedergeburten zu verlassen. Auch angenehme Daseinsformen bewerten Buddhisten als letztlich leidvoll (vgl. hierzu exemplarisch den Lebenslauf Buddhas) und streben nach einem endgültigen Austritt aus dem Wiedergeburtskreislauf.

Da der Buddhismus als Reform der Lehren zu verstehen ist, welche später summarisch als Hinduismus beschrieben werden, stellt sich die Frage nach den Unterschieden zwischen diesen beiden Religionsphilosophien. In diesem Zusammenhang sind im Wesentlichen drei Aspekte hervorzuheben: Erstens lehnt Buddha das Kastensystem und insbesondere die privilegierte Stellung der brahmanischen Priesterschaft ab. Diese Kaste beansprucht und erhält aufgrund ihres Opferwissens und ihrer Autorität, das Opferritual zu vollziehen, eine Vorrangstellung innerhalb der Gesellschaft. Die buddhistische Lehre hingegen will nicht abhängig von Status und gesellschaftlicher Macht sein, sondern betont ihren universellen Charakter. Zudem stellen die Opferrituale nach dem Buddhismus keine Befreiung des Selbst, sondern ein Anhaften an einer Welt dar, welche Leid mit sich bringt. Aus buddhistischer Sicht gibt es sodann kein Reich der Götter oder eines Gottes (in diesem Sinne keine Theologie).

Drittens gibt es im Buddhismus auch kein beständiges, eigenexistentes *(svabhāva)* Ich (Lehre des *anatman*; «*Nicht-Ich*»), stattdessen wird oft vom Selbst gesprochen. Die Verneinung des Ich ist nicht mit der kategorischen Ablehnung eines Seelenbegriffs etwa im Sinne der westlichen Naturwissenschaften gleichzusetzen; vielmehr wird das Konzept eines statischen, unveränderlichen, personalisierten Kerns eines Menschen verworfen, das als «Ich» die Einheitlichkeit der Erfahrung sichern könnte. Wesentlich ist vielmehr die Seele als lediglich ein «ununterbrochen weiterfliessender Bewusstseinsstrom», der sich zwischen den einzelnen Leben erhält (vgl. Schmidt-Glintzer, S. 16).[24]

4. Daseinsformen des Individuums: Skandhas als stetiger Wandel

In Anbetracht der Tatsache, dass der Buddhismus einen permanenten Kern des Menschen im Sinne des «Ich» ablehnt, stellt sich die Frage, woraus sich ein Individuum konstituiert. Dabei ist die Veränderlichkeit des Daseins ein Hauptmotiv: Der Buddhismus verweist auf die **fünf Daseinsgruppen** *(Skandhas):* (1) Körperlichkeit, (2) Empfindungen, (3) Wahrnehmungen, (4) Geistesformationen (d.h. Reaktionen des Willens auf die Wahrnehmung von Objekten) und (5) Bewusstsein. Lebewesen sind aus buddhistischer Sicht Konfigurationen dieser einzelnen Daseinsgruppen, welche dem Kreislauf von Entstehen und Vergehen unterliegen. Das Individuum besteht aus unbeständigen Grundbausteinen und kann auch in seiner Gesamtheit nicht beständig sein.

Die einzelnen Daseinsgruppen sind dabei nicht unabhängig und isoliert voneinander zu verstehen. Sie wirken vielmehr bei jedem Bewusstseinsvorgang zusammen: (1) Zuerst ergibt sich ein körperlicher Kontakt mit dem Objekt, gefolgt von (2) einer Empfindung, (3) einer bewussten Wahrnehmung und (4) einem Willen, diese

---

[24] In der Forschung wird auch vom «Selbst» als einer Disposition gesprochen, die die fünf Daseinsgruppen entsprechend dem Karma in der konkret-persönlichen Weise inkarnieren lässt; vgl. z.B. von Brück, und zu den Daseinsgruppen sogl. Kap. 4.

Wahrnehmung einzuordnen. Schliesslich erfolgt (5) das bewusste Erfassen des Objekts bzw. des vorangegangenen Vorgangs.

Dies veranschaulicht, dass die Wahrnehmung eines Objekts lediglich ein Zusammenspiel der fünf unbeständigen Daseinsgruppen mit dem betrachteten Objekt ist. Aus buddhistischer Sicht ist die vermeintliche objektive empirische Wirklichkeit bloss ein **Konstrukt**, welches vom Menschen selbst geschaffen wird. Der Begriff der Wirklichkeit bezieht sich allerdings nur auf die sinnlich wahrnehmbaren Dinge, nicht hingegen auf eine Weltordnung als Ganzes: Gerade hier wird ein Mechanismus im Sinne eines unwandelbaren natürlichen Gesetzes vorausgesetzt, der den Lebewesen «Angenehmes» und «Schweres» unparteilich zuteilt und sich dabei an einem ethischen Standard orientiert (siehe Karma, hiervor §2, Kap. 1.d; vgl. zum Konstrukt der Wirklichkeit auch 4. Teil, § 2).

Nach dem Buddhismus entsteht **Leiden**, wenn der Mensch sich den oben genannten unbeständigen Elementen verschreibt, sich mit ihnen identifiziert und insofern glaubt, sie seien beständiger Teil seiner Selbst. Aus buddhistischer Sicht wird ein Mensch solange leiden, als er nicht bereit ist, dem Anhaften an das Vergängliche (d.h. insbesondere an die Daseinsgruppen) vollständig zu entsagen.[25] Erst durch die Erkenntnis dieser Tatsachen und durch das Loslassen aller Bedingungen des Anhaftens kann das Leiden überwunden werden. Die Zerstörung der Leidenschaften für das Vergängliche bedeutet in diesem Sinne das Vergehen der fünf Daseinsgruppen und stellt das Ziel des Buddhismus dar.

Zusammenfassend kann somit festgehalten werden, dass das Individuum und die Welt (Wirklichkeit) durch drei Kennzeichen charakterisiert werden können: Vergänglichkeit, Leidhaftigkeit und Nicht-Ich: «Ich», «mein», «gehören» etc. entsprechen aus buddhistischer Sicht keiner Realität.

---

[25] Schumann, S. 64, beschreibt treffend: «Es ist die geistige Identifikation mit den Fünf Gruppen, aus der für den Betreffenden Leiden resultiert.»

5. Moralische Prinzipien zur Überwindung des Leidens

Diese Überlegungen leiten zum Kern der buddhistischen Philosophie, die letztlich die Überwindung des Leidens zum Ziel hat («Nur eines lehre ich: Das Leiden und die Aufhebung des Leidens», *Majjhima-Nikaya*).

Da aus buddhistischer Sicht einerseits die eingangs dargestellte **reifizierende** (ergreifende und anhaftende) **Tendenz des Denkens** und andererseits die **Unwissenheit** *(avidyā)* Hauptquellen des Leidens sind, kann nur die Einsicht in die Grundtatsachen des Lebens Überwindung des leidhaften Daseins bringen. Dessen Überwindung sind aus buddhistischer Sicht nur mit ethischem Wissen und einer vollendeten moralischen Praxis möglich. Dieses Wissen vollzieht sich zunächst über das Wissen der sog. Vier Edlen Wahrheiten. Sie beinhalten folgende Einsichten *(prajñā)*:

1. Wahrheit über das Leiden *(dukkha;* «Schwererträgliches»): Das Dasein ist ein leidvoller Kreislauf des Lebens und daher unbefriedigend. Geburt ist Leiden, Altern ist Leiden, Krankheit ist Leiden, Tod ist Leiden; Kummer, Schmerz und Verzweiflung sind Leiden. Auch Gesellschaft mit dem Ungeliebten ist Leiden, das Gewünschte nicht zu bekommen, ist Leiden. Grundlage des Lebens ist ein stetiger Wandel (Geburt, Altern, Krankheit, Tod).

2. Wahrheit über die Anhaftung *(samudaya;* «Verlangen») als Ursache für die Entstehung von Leiden: Leiden entsteht aus dem Verlangen, diesen Wandel nicht zu akzeptieren bzw. mit dem verbunden zu sein, was man liebt und begehrt, und umgekehrt dem Verlangen, getrennt von dem zu sein, was man nicht will. Die Entstehung des Leidens hat seinen Grund in diesem «Verhaftetsein», was insbesondere zu falschen Vorstellungen führt und u.a. Gier und Hass erzeugt, die letztlich als Unwissenheit wiederum ans Dasein binden.

3. Wahrheit der Befreiung vom Leiden durch Loslassen aller Anhaftung *(nirodha,* «Innehalten»): Nach der dritten Wahrheit gibt

es Befreiung vom Leiden, wenn die Anhaftung des Bewusstseins an das stets im Wandel Befindliche aufgegeben werden kann; so erlischt auch das Leiden und damit die «Verhaftung» im Daseinskreislauf. Es handelt sich also letztlich um einen Akt der Erkenntnis.

4. Wahrheit des edlen Achtfachen Pfads *(magga)*: Der sog. Achtfache Pfad ist als vierter Wahrheitssatz die **Form der Ausübung**, die zur Beendigung des Leidens führt: Die Aufhebung des ewigen Leidens ist möglich (dritter Wahrheitssatz), und zwar durch die Beachtung und Einhaltung des sog. Achtfachen Pfads (vierter Wahrheitssatz; «Pfad der Ausführung»), der sich in rechte Einsicht, rechte Absicht, rechte Rede, rechte Handlung, rechten Lebenserwerb, rechtes Streben, rechte Achtsamkeit sowie rechtes sich Sammeln eingliedern lässt. In neueren Übersetzungen wird «rechte» (Einsicht etc.) auch mit «vollkommene» (Einsicht etc.) übersetzt.

Der **Achtfache Pfad** (*Digha-Nikaya*, Pali-Kanon, 22; oder auch der «Mittlere Weg»), der von allen buddhistischen Schulen als gemeinsamer Lerninhalt angesehen wird, reflektiert die Merkmale der Wiedergeburts- und Karmalehre in einer Reihe von moralischen Prinzipien, die als Lehrwege oder Leitprinzipien (bzw. konkrete Anweisungen) zur Befreiung vom Leiden formuliert sind. Einige Interpreten verstehen sie als moralische Verbote, andere als Formulierung eines Ideals, die die **Ausbildung einer mitleidsvollen und gewaltlosen Charakterposition** zum Ziel hat. Der Achtfache Pfad wird dabei im Sinne einer moralischen Praxis wie folgt gegliedert:

1. Rechte Einsicht: Einsicht in die Vier Edlen Wahrheiten;

2. Rechte Absicht: Entschluss zur Entsagung (von Gier und Hass) sowie zu Wohlwollen und zur Nicht-Schädigung von Lebewesen;

3. Rechte Rede: Vollkommene Rede (üble Nachrede, Lüge, Geschwätz vermeiden); das Gebot ist erfüllt, wenn das Wort zur rechten Zeit gesprochen wird, wenn es wahr, höflich, zweckmässig ist und aus liebevoller Gesinnung kommt;

4. Rechte Handlung: Vollkommenes Handeln (kein Töten, Stehlen, keine Berauschung etc.);

5. Rechter Lebenserwerb: Vollkommener Lebenserwerb, d.h. Meiden einer Tätigkeit, die anderen Lebewesen schadet (Töten, Jagen, Handel mit Lebewesen, Tierzucht, Handel mit Waffen, Rauschmitteln oder Fleisch);

6. Rechtes Streben: Affekte wie Hass, Begierde, Zorn, Ablehnung zu zügeln, d.h. Fördern des karmisch Heilsamen und Meiden des karmisch Unheilsamen;

7. Rechte Achtsamkeit: Vollkommene bzw. beständige Achtsamkeit auf die eigenen Gefühle, sein Denken sowie seinen Körper; Bewusstsein des ständigen Flusses der Bewusstseinszustände;

8. Rechtes sich Sammeln: Vollkommenes Sammeln des Geistes im Sinne einer Meditation.

6. Leerheitserfahrung als Ziel

Höchste Einsicht *(prajñā)* ist in der buddhistischen Lehre die **Leerheitserfahrung**. Sie umschreibt die Einsicht, dass alles Veränderliche wechselseitig bedingt ist und eine Eigenschaft hat, nämlich leer (nicht existent) zu sein: Es geht um einen Lernprozess über Bedingtheit und Vergänglichkeit aller Phänomene, einschliesslich der eigenen Person, die ebenso dem stetigen Wandel unterworfen ist, auch hinsichtlich Körper, Empfindung, Wahrnehmung, Geistesformation und Bewusstsein. Die radikale Akzeptanz dieses Wandels ist letztlich Einsicht und führt aus buddhistischer Sicht zur Befreiung von der uns umgebenden Welt, was als *Nirvana* umschrieben wird (*Nirvana*, «das Erlöschen»; vgl. demgegenüber die Identifikation des Atman mit Brahman als philosophisches Ziel des Hinduismus, hiervor § 2, Kap. 1.d).

Nirvana wird oft mit «Nichts» übersetzt, gemeint ist dabei jedoch kein Nihilismus, vielmehr die Beendigung der falschen Identifikation des Bewusstseins mit dem Vergänglichen, mithin der falschen

Vorstellungen über die Phänomene und die Wirklichkeit oder genauer: die Befreiung von der Identifikation des Bewusstseins mit den 5 Daseinsformen *(Skandhas)*. Die Auflösung (das Erlöschen) dieses Bewusstseins bewirkt den Austritt aus dem Wandel *(Samsara, Welt der Wiedergeburt)*. *Nirvana* bezeichnet die höchste Verwirklichungsstufe des Bewusstseins, in der jede Anhaftung des Denkens, auch die Ich-Anhaftung, und somit alle Vorstellungen von entstehender und vergehender Wirklichkeit erloschen sind. Das *Nirvana* hat weder Vorbedingungen noch Entstehungsgeschichte, ist nicht entstanden und unvergänglich. Als leer kann man das *Nirvana* weder selbst «haben» noch es (als Bewusstseinsobjekt) verstehen. Es ist weder Bewusstsein noch Denken noch Erkenntnis. Als zeichenlos besitzt *Nirvana* nichts, woran es zu erkennen wäre. Es ist entleert von allem, das nicht ist. Es hat mit Gegenständen, über die sich etwas aussagen lässt, nichts gemeinsam. *Nirvana* ist frei von jeder Form von Leid und Vergänglichkeit (etwa Geburt und Tod), frei von allen Bedrohungen, frei von innerer Selbstentfremdung durch *Skandha*-Identifikationen; in Schriften wird oftmals von der *«Geborgenheit des Nirvana»* gesprochen. Den Zustand des *Nirvana* können sowohl Nonnen und Mönche als auch Laien erreichen *(arhat)*. In der Schule des Mahayana ist das Eintreten in den *Nirvana* zudem erst möglich, wenn alle Wesen Befreiung erlangt haben. Dem *Nirvana* kommt insofern auch eine kollektive Bedeutung zu.

Der **Urteilsvierkant** *(catuṣkoṭi;* buddhistisches Tetralemma, *tetra* «vier», *lemma* «Voraussetzung, Annahme») ist ein logisches Stilmittel, welches Nagarjuna zur Erklärung des Nichts heranzieht. Es besteht aus vier Elementen resp. vier möglichen logischen Alternativen. Alle Gegenstände können entweder:

- sein;

- nicht sein;

- sowohl sein als auch nicht sein;

- weder sein noch nicht sein.

Es wird überliefert, dass schon Buddha dieses didaktische Instrument auf Fragestellungen seiner Schüler anwandte. Der Urteilsvierkant nimmt in seinem Aufbau Bezug auf den Satz vom Widerspruch und den Satz vom ausgeschlossenen Dritten (Prinzip der Zweiwertigkeit, vgl. Aristoteles, 1. Teil, § 2, Kap. 4.c). Denkgesetze selbst führen zu einem Widerspruch, wie die letzten beiden Aussagen *(koti)* deutlich zeigen, oder: Logischer Widerspruch ist der Wirklichkeitsdiskussion inhärent. Alles, was über ein Objekt gesagt werden kann, führt insgesamt zu einem Widerspruch. Mithilfe dieses theoretischen Modells sollen nicht etwa Behauptungen als wahr oder falsch bewiesen werden, sondern es geht vielmehr darum, Defizite in Argumentationen und Gedankengängen aufzudecken, die letztlich auf die Leere des Argumentierens verweisen. Ziel der Philosophie kann in diesem Sinne nicht die Begriffsbestimmung sein, sondern – letztlich – Stille, Kontemplation, radikale Unabhängigkeit *(Sunyata)*. Sie ist zugleich gewaltige Denkschule.

7. Tugend- und Rechtslehre

Gleichwohl ist die Erreichung der Leerheitserfahrung in konkrete Lebensregeln eingebettet. Das Buddha-Dharma beinhaltet das Ziel, Regelverstösse zu vermeiden. Dabei können fünf Ebenen des Regelverstosses unterschieden werden: Handlungsobjekt, Handlungsabsicht, Wahrnehmung des Handelnden, Bemühungen des Handelnden und Ergebnis. Das Buddha-Dharma hat indessen ursprünglich wie bereits das Hindu-Dharma keine Rechtspflicht im Sinne einer autoritären Verhaltensnorm zum primären Gegenstand. Vielmehr häuft ein Regelverstoss primär sowohl bei Laien als auch bei Nonnen und Mönchen ungünstiges Karma an.

Der Austritt aus dem Wiedergeburtsverlauf setzt die Vermeidung von Regelverstössen als ethisches Wissen sowie eine vollendete moralische Praxis voraus. Basierend auf der Lehre des **Achtfachen Pfads** existiert auch für Laien eine Tugendlehre, die in verschiedenen Ländern auch als Rechtsgebote kodifiziert wurde.

Für Laien bestehen folgende fünf Tugenden:

1. keine Tötung von Lebewesen;
2. kein Nehmen von Nichtgegebenem;
3. keine Lügen;
4. Sittlichkeit in sexueller Hinsicht;
5. keine Rauschzustände; kein Essen zu Unzeiten.

Ausdifferenziertere Regeln existieren dagegen für die Nonnen und Mönche. Diese variieren je nach der Ausrichtung, in der die Ordinierten tätig sind.

Der Achtfache Pfad dient also als **Orientierungsgrund auch des Rechts.** Es soll eine möglichst hohe Verträglichkeit des Rechts mit inneren Pflichten aus dem Achtfachen Pfad erreicht werden. Aus diesem Grund ist eine rechtliche Regelung anzustreben, die die Freiheit der Bürger innerhalb der Rechtsordnung so gewährt, dass sie ihren Achtfachen Pfad gehen können. Zu diesem Verständnis einer gerechten Grundordnung kommt in der buddhistischen Lehre noch eine Gleichheit aller Lebewesen hinzu. Nahezu alle buddhistischen Strömungen anerkennen die Erleuchtungsfähigkeit aller Lebewesen (vgl. insofern 2. Teil, § 1, Kap. 4.f *[apokatastasis panton]*). Die meisten buddhistischen Strömungen lehnen entsprechend die Annahme «naturgegebener» Rangunterschiede zwischen Lebewesen als Speziesismus wie andere Formen des Diskriminierens wie des Rassismus oder des Kastenwesens gleichermassen ab. Der Gleichheitsbegriff bezieht sich dabei auf das Ziel bzw. die Fähigkeit des Austritts aus dem Kreislauf der Wiedergeburten; er wird traditionell wenig in der Form von Rechtsansprüchen thematisiert.

Dies ändert sich ein Stück weit in der Gegenwart. Die fünf Tugenden werden heute im **sog. engagierten globalen Buddhismus** neu interpretiert und vermehrt auf die Ausgestaltung der gesellschaftlichen Ordnung bezogen. Die erste Tugend wird dahingehend ausgelegt, dass nicht nur Handlungen des Individuums, sondern auch Krieg, Umweltzerstörung, Massentierhaltung, Waffenhandel,

Rassenkonflikte, Nord-/Südgefälle und die Verwendung von Pestiziden zur Insektenbekämpfung untersagt sind. Die zweite Tugend wird auf das globale Wirtschaftssystem ausgeweitet, die internationale Wirtschaftsordnung als Thema der Gerechtigkeit verstanden. In Bezug auf die dritte Tugend werden die meinungsbildenden Praktiken der Massenmedien angeprangert (Gefährdung der Presse- und Meinungsäusserungsfreiheit). Die vierte Tugend wird als Kritik an den globalen patriarchalischen Strukturen herangezogen. Unter der fünften Tugend werden auch Rauschmittel gezählt.

Vor allem im engagierten globalen Buddhismus wird die rechtliche Verankerung der traditionellen buddhistischen Ethiklehre in Form von durchsetzbaren Rechten wie Persönliche Freiheit und Gleichheit vermehrt gefordert. Entsprechende Rechte werden auch hier insbesondere als notwendige Güter bzw. als elementare gesellschaftlich-institutionelle Voraussetzung verstanden, um den Austritt aus dem Kreislauf der Wiedergeburt überhaupt begehen und verwirklichen zu können.

8. Japanische Bioethik als Beispiel

Verschiedene Denkprämissen wie insbesondere das Gebot der Achtsamkeit und die Daseinsformen des Individuums *(Skandhas)* schaffen spezifische Implikationen im Bereich der konkreten Rechtsanwendung. Dies lässt sich am Beispiel der japanischen Bioethik veranschaulichen, welche sich in einigen Aspekten von der westlichen Vorstellung von Ethik und Medizin unterscheidet.

Ausgangspunkt auch der japanischen Bioethik ist die Erkenntnis, dass das Leben Leiden bedeutet und dass Geist und Körper unbeständig sind. In diesem Sinne ist die Krankheit als das Bestimmtwerden von Naturprozessen, die im Körper wirksam werden, zu verstehen. Sie ist eine Variante des Leidens, der nicht zu entrinnen ist. Deshalb kann der Mensch in der japanischen Krankheitskonzeption nie vollständige Kontrolle über seinen Körper erlangen und der endgültige Sieg über die Krankheit bleibt ein illusorisches

Ziel. Daraus resultiert, dass eine Therapie nicht zur ursprünglichen körperlichen Funktion zurückführen soll, sondern vielmehr die angepasste, neue physische Situation begleiten muss.

Diese Begleitung geht mithin tiefer und länger als nach dem westeuropäischen Verständnis. So verstehen verschiedene Autoren Organe als durch die Persönlichkeit beeinflusst, dies insofern, als sie durch das gesamte Dasein des Individuums mitgeprägt seien: Nach Nakano Tôzen repräsentieren Organe insofern Teile der Persönlichkeit, als das gesamte Leben des betreffenden Menschen einschliesslich seiner Gewohnheiten, Gefühle, Wertvorstellungen und Gedanken sie konstituiert; gleichermassen seien sie durch seine Umwelt beeinflusst. Organe werden in diesem Sinne nicht als auswechselbare Teile des Körpers, sondern – «in Abstufung nach Graden an Prägsamkeit» – als Teile der Person verstanden, die diese auch nach der Herauslösung repräsentieren. Dementsprechend wird der Organismus nicht trennscharf in eine auf den Funktionen des Grosshirns basierende kognitive und eine vegetativ-autonome Kategorie unterteilt,[26] vielmehr stehen beide in unauflöslicher Beziehung zur Persönlichkeit (vgl. Steineck, Der Leib in der japanischen Bioethik, S. 138 f.; Kulturübergreifend, S. 125).

Diese Konzeption der Leiblichkeit steht auch in Japan in einem Spannungsverhältnis zur medizinischen Exigenz und Nachfrage, hinreichend Organe zur Verfügung stellen zu können. Sie führt jedoch mitunter zu unterschiedlichen juristischen Praktiken als in Europa. Dies lässt sich bspw. anhand der Organspende bei Hirntoten aufzeigen: Während in der Schweiz der Hirntod als Todeszeitpunkt gilt (und entsprechend als der Zeitpunkt, zu dem eine Organentnahme im Rahmen einer erweiterten Widerspruchs-

---

[26] Die trennscharfe Zweiteilung wird auch in westlichen Publikationen insofern kritisiert, als das Gehirn z.B. nicht das gesamte Nervensystem umfasst; s. etwa Stoeker, in: Düwell/Steigleder, S. 300.

lösung[27] möglich ist; heute Art. 9 in Verbindung mit Art. 8 Transplantationsgesetz), waren in Japan bis 1997 Organspenden nur gegenüber Familienmitgliedern und nach einem Kreislaufstillstand möglich. Der Hirntod hat sich auch heute nicht als Todeskriterium gesellschaftlich etabliert. Seit 1997 dürfen Personen zwar ihren Willen bekunden, im Falle der Feststellung ihres Hirntodes Organe zu spenden, und seit 2010 ist die Organentnahme auch ohne eine entsprechende schriftliche Einverständniserklärung zulässig, wenn sich die Familie des Verstorbenen nicht ausdrücklich dagegen ausspricht. Gleichwohl werden sehr wenige Transplantationen vorgenommen. Die Auffassung, dass ein Mensch erst dann nicht mehr lebt, wenn Herz und Lunge versagen, wird wissenschaftlich stark rezipiert. In der japanischen Bioethik wird insbesondere den Berichten von Angehörigen, Ärzten (v.a. Neurologen und Anästhesisten) und des Pflegepersonals grosses Gewicht beigemessen, die ihrer Erfahrung mit hirntoten Menschen Ausdruck verliehen. Sie umschreiben etwa eine eingeschränkte Kommunikation, indem die hirntoten Patienten auf Berührungen und Gespräche mit einer Stabilisierung des Blutdrucks und Steigerung des Pulses reagierten, die man im Westen vermehrt als Veränderungen des vegetativen Zustands bezeichnen würde. Ihre Behandlung wird meist erst nach dem Versagen des Kreislaufs beendet. Im (vergleichsweise seltenen) Falle einer Spende nach festgestelltem Hirntod muss auch die Familie damit einverstanden sein. So gilt der Hirntod nur im Zusammenhang mit der Organtransplantation als Todeszeitpunkt und seine

---

[27] Nach der erweiterten Widerspruchslösung gilt jede verstorbene Person als Spender, deren Organe entnommen werden dürfen; anders ist es nur, wenn sie Gegenteiliges geäussert hat oder die Angehörigen vermuten oder wissen, dass sie sich gegen die Organentnahme entschieden hätte. Die im Jahr 2022 per Volksentscheid angenommene Regelung hat die sog. erweiterte Zustimmungslösung abgelöst. Im Falle einer fehlenden Erklärung erfolgte die Entscheidung über die Entnahme durch die nächsten Angehörigen unter Berücksichtigung des mutmasslichen Willens der verstorbenen Person.

Feststellung ist nur im Zusammenhang mit Organtransplantationen zulässig (Art. 6 Abs. 3 des Gesetzes über die Organtransplantation; s. Shimada, S. 81). Ersichtlich wird, wie das einem Rechtssystem zugrunde gelegte Menschenbild die konkreten Regelungen und die Praxis bestimmt.

Sachregister

Die Essenz des Rechts

— **in a nutshell**

Bereits über 60 Titel

Jaag | Bucher | Häggi Furrer

Staatsrecht der Schweiz

IN A NUTSHELL

Alain Griffel

Raumplanungs- und Baurecht

IN A NUTSHELL

Kaufmann | Stöckli

Öffentliches Verfahrensrecht

IN A NUTSHELL

DIKE

DIKE